앞으로의 책방 독본

앞으로의 책방 독본

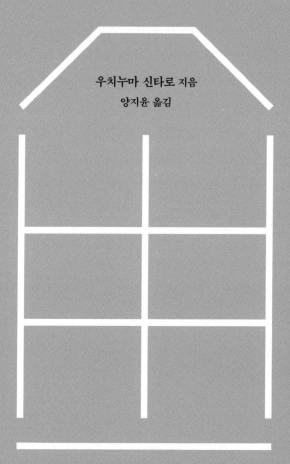

우치누마 신타로 지음

양지윤 옮김

haru

시작하며

책이 좋아서, 2003년에 대학을 졸업하자마자 입사한 회사를 두 달 만에 그만두고 프리터(일정한 직업 없이 아르바이트로 생계를 꾸려가는 젊은 층을 일컫는 말-옮긴 이)가 되었다. 어떻게든 책과 관련된 직업으로 먹고살 궁리를 했다. 올해는 2018년, 그로부터 15년이라는 세월이 흘렀다.

현재는 도쿄 시모키타자와에서 '책방 B&B'라는 45평짜리 신간 서점을 운영하고 있다. 'B&B'란 'BOOKS & BEER'의 줄임말로, 매장 안에서 맥주를 마실 수 있다. 평일에는 밤마다, 주말 및 공휴일에는 낮과 밤으로 나누어 각 한 차례씩 다양한 게스트를 초대하여 매일 이벤트를 개최하고 있는데, 평균 50명에서 최대 100여 명 정도의 사람들이 모인다.

'책방 B&B' 외에도 'NUMABOOKS'라는 이름의 출판사 운영, '북코디네이터'라는 직함으로 책과 사람과의 만남을 만드는 다양한 일 등을 하고 있다. 15년 전의 나를 생각하면 대단한 행운이나 마찬가지이다. 행정 기관에서부터 이런저런 업종의 민간 기업까지, 주로 출판업계의 외부로부터 책과 관련한 흔치 않은 상담 업무가 들어온다. 신간 서점의 경영자이자 헌책방의 사외 이사이기도 하며, 작년에는 출판사까지 차리면서 다각적 측면에서 업계 내부 사정을 통감할 수 있게 되었다. 때로는 중압감에 짓눌릴 지경이지만, 불러주는 곳이 늘어나는 것은 개인적으로도 커다란 기쁨이다.

이 책 《앞으로의 책방 독본讀本》은 책 관련 일을 하면서 15년이라는 기간 동안 책방에 대해 스스로 조사하고 생각해왔던 내용을, 현재 책과 책방을 사랑하는 사람들에게 전하고 싶은 마음에 쓰게 되었다.

옛날 방식 그대로의 책방은 살아남기 힘들다. 물론 그 배경에는 인터넷과 스마트폰이 있다. 그럼에도 한편에서는 작은 책방을 시작하는 사람이 늘어나고 있다. 이는 일본만의 특수한 현상이 아니라 아무래도 세계적으로, 특히 독서 인구가 많은 선진국에서는 공통으로 유행하는 듯하다. 반드시 돈벌이가 되는 일은 아니다. 그저 책을 사랑하는 사람이 책을 사랑하는 사람을 위해 책방을 연다. 거기에는 대체로 기존 책방에는 없는, 앞으로의 시대로 이어지는 새로운 아이디어가 존재한다.

앞으로의 작은 책방이 지향해야 할 모습에 대해 알고 싶고 생각해보고 싶어 하는 사람들을 위해 이 책을 썼다. 책에서 소개하는 사례는 일본의 국내 사정이 중심이지만, 이웃 나라 한국과 타이완의 사례도 조금씩 언급했다. 비록 일본어이지만 책에서 내세우는 전제 상황이 비슷한,

세계 각 나라의 동지들에게 도움이 되는 책을 목표로 썼다(번역판이 나온다는 전제가 따르기는 하지만).

이 책에서는 명백히 하고 싶은 부분이 세 가지 있는데, 책의 흐름에 따라 설명하겠다.

첫 번째는 책과 책방의 매력이다. 이토록 어렵고 돈벌이가 되지 않는다고 말하면서도, 왜 다들 책방에 애착을 가지고 계속 이어가길 바라거나 스스로 책방을 시작하는 것일까. 새삼 그 점을 명백히 하고 싶다. 우선, 손님의 관점에서 정리하려 한다(제1장). 그다음에는 대체 책의 정체가 무엇인지 실마리를 푼 뒤(제2장), 책을 취급하는 책방의 관점에서 생각해본다(제3장).

두 번째는 작은 책방을 지속해나가기 위한 사고방식이다. 제3장까지가 전반의 기초 편이라면, 그 이후부터가 후반의 실전 편이나 마찬가지이다. 일단 소매업으로서의 책방에 대해 설명한다(제4장). 그다음은 책방으로 생계를 꾸려가기 위한 두 가지 접근법으로써 '소형화하는 법'(제5장)과 '곱셈하는 법'(제6장)에 대해 이야기하고, 그 실제 사례로 세 사람의 정담을 수록하였다(Talk). 그 후, 책방으로 굳이 생계를 꾸리지는 않으면서 접근하는 두 가지 방법으로써 '본업으로 끌어들이기'(제7장)와 '본업에서 분리하기'(제8장)에 대해 썼다. 마지막으로 본인의 사례를 소개하였다(제9장).

세 번째는 도서 매입 방법이다. 작은 책방을 시작하고 자 하는 열정을 가진 개인이 이만큼이나 존재하는데, 웬일인지 그 방법에 대해서는 체계적으로 정리된 정보가 없다. 그러한 정보를 총망라하여 명시하고 싶었다. 유통 사정은 나라마다 다르기 때문에 이 파트만은 일본 고유의 이야기이다. 종이 색도 회색으로 달리하여, 이른바 '별책'으로 만들 심산으로 썼다. 필요한 분만 읽어주기 바란다 (별책).

주제로 다루려는 대상의 크기에 비해 자그마한 책이기는 하나, 실무를 겸하면서 쓰느라 집필에만 자그마치 3년이 걸렸다. 책방에 대해 쓴 책이라면 이제 신물이 난다고 말하는 사람이 있을지도 모른다. 다만, 이 책은 포괄성과 실용성이라는 측면에서 과거의 어느 책들과는 확연히 다르다.

부족할지라도 한눈에 들여다볼 수 있는 지도가, 되짚어볼 수 있는 교과서가 필요한 법이다. 염려 속에서도 초심자들이 지향하는 것은 바로 그러한 책이다.

Talk   **책방으로서 살아간다는 것**

우치누마 신타로×호리베 아쓰시(세이코샤 점주)×

나카무라 유스케(책방 루누강가 점주)

제7장   **책방을 본업으로 끌어들이기**

제8장   **책방을 본업에서 분리하기**

제1장

책방의
즐거움

몇 시간이든 머물 수 있는 공간

워낙 무슨 일이든 곧잘 잊어버리는 성격이지만, 이따금 떠올리곤 한 덕분인지 책방에 대한 기억은 그나마 남아 있는 편이다. 한 사람의 손님으로서 느끼는 책방의 즐거움이란 무엇일까. 그것을 생각하기에 앞서, 우선 개인의 기억부터 더듬어보고 싶다. 책방에 대한 최초의 기억. 내게는 사이타마현 우라와시(현재의 사이타마시)에 살던 초등학생 시절의 기억이 최초로, 책방 두 군데가 떠오른다.

당시 살던 아파트에서 조금 걸어가다 보면, 17번 국도 건너편의 세이유 슈퍼마켓 앞에 있었던 작은 신간 서점이 첫 번째 책방이다. 아쉽게도 이름은 잊어버렸다. 서점 바깥에는 잡지 가판대가 늘어서 있었다. 쇼가쿠칸 출판사의 학습지 로고가 새겨진 전용 가판대도 있었다. 안으로 들어가면 벽면과 중앙에 높다란 서가가 두 열쯤 배치되어 있었다. 거기에 서서 '게이분샤 출판사 대백과' 시리즈를 읽었던 기억이 희미하게 남아 있다. 《월간 코로코로 코믹》부터 《주간 소년 점프》까지 분명히 그 서점에서 샀다. 점원이 아저씨였나, 아주머니였나.

궁금한 나머지 스트리트 뷰(구글이 제공하는 3차원 지도 서비스로, 실사 촬영한 거리의 모습을 그대로 보여줌-옮긴 이)

로 찾아보니, 대충 장소는 특정할 수 있었다. 하지만 그곳에 책방은 없었다. 당시의 그 길가에 어림짐작할 만한 건물이 두 군데 있기는 했으나, 미용실과 동전 세탁소 중 어느 쪽이 서점의 터였는지도 가늠하기 힘들었다. 그렇지만 확실히 자주 다니기는 했다.

또 다른 책방은, 가끔 부모님을 따라서 가곤 했던 우라와역 앞의 코루소라는 건물 안에 위치한 '스하라야 코루소점'이다. 2018년 현재 이 서점은 건재하다. 스하라야는 창업 140년의 역사를 지닌 서점으로, 특히 출판업계에서는 서점 후계자 2세를 양성하는 '스하라야 연구소'를 운영한 것으로 잘 알려져 있다. 아래의 예처럼 현역 서점 경영자의 이야기에서도 스하라야에 대한 에피소드가 자주 등장한다.

> 교분도 서점은 쇼와 2년(1927년)에 창업한 노포로, 다나카는 3대째 내려오는 경영자이다. 대학을 졸업한 후, 사이타마현에 있는 대형 서점 스하라야에서 2년 동안 업무를 배운 뒤 교분도 서점의 경영자가 되었다.
>
> _사노 신이치 지음, 《누가 책을 죽이는가》 (시아출판사, 2002)

1975년부터 2006년까지 모두 졸업생 177명을 배출했으니 그럴 만도 하다.[•] 당시 초등학생이었던 나는 그 사실을 알 턱이 없었으므로 내게 스하라야는 그저 '커다란 서점'일 뿐이었다.

　다른 가게에서 쇼핑을 하는 동안 부모님은 으레 나를 책방에 데려다놓았다. 그럴 때면 책방 여기저기를 기웃거렸는데, 당시 어려워 보이는 제목의 책등을 바라보며 세상에 이토록 많은 책이 있다는 사실에 압도당하던 감각은 지금도 고스란하다. 질린 적은 없었다. 되도록 부모님이 좀 더 오래 쇼핑하길 바랐다. 돌이켜 보니 이 무렵부터 책방에서라면 몇 시간이든 머물 수 있다고 생각했던 것 같다.

책방의 터무니없는 구조

책방에 몇 시간씩 머물러도 질리지 않는 이유는 무엇일까. 책이 재미있어서라고 단정 지으면 그뿐이지만, 거기에는 책방에 오는 손님이 책이라는 물체의 구조를 이해했다는 전제가 깔려 있다. 그 전제가 책방이라는 터무니없는 공간을 만들어낸다.

한 권 한 권, 각각의 책에는 저자가 몇 년에 걸쳐 몰두해온 무언가가 종이에 인쇄되고 엮여 페이지라는 형태로 담긴다. 누군가의 인생관조차 바뀌게 하는 이야기, 몇 년이나 한 대상에 집중하여 얻은 지식과 정보, 몇십 년 동안한 가지 테마를 추구해온 연구자가 도달한 성과 등이 담겨 있다. 언제든 책장을 펼치면 이를 재생할 수 있다. 그리고 각각의 매력이 책등의 문자 배열과 표지 비주얼, 모든 제작 과정에 한데 묶여 응축되어 있다. 그 사실을 책방 손님 모두가 알고 있다.

책등과 표지는 각각의 책에 담긴 방대한 무언가를 명백히 드러내는 역할을 맡았다. 서재는 이러한 책등을 가장 효율 좋고 아름답게 보이도록 세우기 위해 설계된 가구이다. 한편, 주로 표지의 아름다움이 돋보이도록 사용하는 가구를 평대라고 부른다. 서가와 평대라는 두 가구를 보다 효율 좋게 배치하기 위해 설계된 곳이 바로 책방이라는 공간이다.

낱장 하나하나에 담긴 이야기와 지식, 정보가 책등과 표지에 응축된 책을 각각 최소의 구조물로 취급하며, 서가와 평대를 지지대 삼아 가장 효율적으로 쌓아두었다. 그러한 책의 구조를 직감적으로 알아차린다면, 아이일지라도 그 터무니없는 공간을 이해할 수 있다. 결코 이 책들은 평생이 걸려도 전부 읽지 못할 것이라고 말이다. 어지간히 자그마한 책방일지라도 책 한 권 한 권 앞에 펼쳐지는 세상을 모두 파악하는 것은 개인의 한계를 넘어서는 일이다. 애초에 책방은 원리적으로 터무니없이 만들어졌고, 그렇기에 질리는 법이 없다.

가장 가까운 세계 일주 여행

책방을 둘러보는 일은 세계를 일주하는 것과 닮았다.

세상만사에 대해 쓰인 책들이 존재한다. 오늘 저녁 반찬 레시피부터 글로벌 자본주의, 메뚜기의 생태부터 현대 우주론, 우마이봉(일본 식품회사 야오킨에서 생산하는 스틱형 과자—옮긴 이) 도감부터 고급 시계 카탈로그까지. 어떤 책이든 존재한다. 다음은 어느 별난 도서관을 묘사한 소설의 한 구절이다.

> 표지에는 두툼한 라벨이 붙어 있고, 그 위에 두꺼운 글씨의 제목이 녹색 크레용으로 적혀 있었다.
> 《호텔 방에서, 양초로 꽃을 기르는 일》
> 찰스 파인 아담즈 부인 지음
> "멋진 제목이로군요." 내가 말했다. "여기 도서관에는 아직 이런 책이 한 권도 없어요. 이 책이 처음이지요."
> _리처드 브라우티건 지음, 《임신중절》 (비채, 2016)

물론 이 내용은 픽션으로, 실제 '호텔 방'에서 '양초'로 '꽃을 기르는' 일에 대한 책은 내가 아는 한 존재하지 않는다. 그러나 언젠가 누군가가 이 책을 쓴다면 존재하게 될 것이다. 어쨌든 일본의 출판 시장에서는 연간 8만 종의 책이 출판되어 꾸준히 유통되고 있다. 이 세상의 무엇이든 책 한 권으로 응축되어 존재할 수 있다는 가능성은 열려 있다. 그런 식으로 생각하면, 책방 일주를 통해 세상 모든 것과 만날 수 있다는 말이 된다.

물론, 인터넷 역시 세상과 닮았다. 인터넷에는 모든 사람의 세상살이가 정보로서 나날이 가시화되고 있다. 그러한 정보는 거의 무한으로 퍼져 있기 때문에, 현재 자신이 어디에 있는지에 대한 상대적 위치 자체가 없다. 아무리 링크에서 링크를 타고 가도 전부 둘러보는 일은 불가능하다. 책방이 지도로 둘러볼 수 있는 하나의 세상이라고 한다면, 인터넷은 끝없이 펼쳐진 우주 공간이나 마찬가지이다.

한정된 공간인 책방은 실제로 걸어서 전부 둘러볼 수 있다. 책방을 방문하는 손님의 다양한 욕구에 부응하기 위해, 그곳에는 일정한 질서가 있고 온갖 책이 서가에 진열되어 있다.

책은 세계 그 자체이며, 세계의 선두에서 요동치는 무언가의 화신인지도 모른다. 우리는 이 세계와 접하고 싶고 이 세계를 이해하고 싶다는 깊은 욕망을 품고 있다. 그리고 세계를 이해하기 위한 탐구가 시작되는 바로 그 입구에, 늘 책이라는 물체가 존재한다. 우리는 실제로 그 책을 펼쳐서 미지의 세계에 대한 실체를 향해 주뼛주뼛 손을 내민다. 이러한 의미에서 세상이기도 하고 책이기도 한 무언가는, 항상 누구에게든 반드시 펼쳐져 있다.

_이마후쿠 류타 지음, 《몸으로서의 책》(도쿄외국어대학출판회, 2009)

모든 책방은 다양한 세상으로 가는 입구의 집합체이다. 당연히 질리는 법이 없다. 역 앞 로터리에, 상점가의 한쪽 구석에, 백화점 상층에, 쇼핑몰의 가장 구석에, 세계 일주 여행으로 가는 문이 열려 있는 일상이란 얼마나 풍요로운가.

여행을 준비하는 즐거움

책과 독서는 여행에 곧잘 비유된다. 책 한 권 한 권에는 각각의 세상이 존재하며, 책을 읽는 행위는 그 책의 세상 속으로 들어가 여행을 하는 일이라고 말이다.

역시 같은 시점에서, 온갖 만물을 거꾸로 책에 비유하기도 한다.

소년 하지만 그런 곳은, 날지 못하잖아요. (웃는다.)
천문학자 난다고? (지나치게 고지식하다.)
하늘은 날기 위해 존재하는 게 아니야.
하늘은 읽기 위해 존재하지.
하늘은 알기 위해 존재하는 거야.
하늘은 한 권의 책이란다.

_데라야마 슈지 지음, 〈날고 싶어〉《지오노·날지 못한 남자》 (지쿠마쇼보, 1994)

모든 세상이 책 속에 존재하고, 동시에 온갖 만물을 책처럼 읽을 수 있다. 같은 대상을 읽더라도 모두 다르게 이해한다. 같은 목적지를 여행하더라도 사람에 따라 보고 느끼고 생각하는 것이 달라서 각자 다른 여행이 되듯, 100명의 사람이 같은 책을 읽더라도 제각각 인상에 남는 부분이나 느낀 점은 다르다. 어느 하나도 같은 독서란 없는 법이다.

따라서 독서는 더러 위험한 여행이 되기도 한다.

> 카프카나 횔덜린, 앙토냉 아르토의 책을 읽고 그들의 생각이 완전히 '이해'된다면, 우리는 아마 제정신으로 지내지 못할 것이다. 서점이나 도서관이라는 언뜻 평온해 보이는 장소가, 바로 책을 어설프게 읽으면 금방이라도 미치고 날뛸 것 같은 자들로 꽉 들어찬 화약고나 탄약고처럼 두려운 곳이라는 사실을 느낄 수 있도록 감성을 단련해야만 한다.
>
> _사사키 아타루 지음, 《잘라라, 기도하는 그 손을》(자음과모음, 2012)

책방에 진열된 한 권 한 권이, 무슨 일이 일어날지 모를 여행지로 향하는 티켓과 같다. 책방에서 보내는 시간은, 이른바 여행을 떠나기 전에 준비하는 시간과 닮았다. 어디로 갈지 생각하며 장소 몇 군데를 조사한다. 여행지가 결정되면 비행기와 호텔을 예약하고 필요한 물건을 챙겨서 짐을 꾸린다.

그 일련의 시간에만 느낄 수 있는 특별한 즐거움이 있다. 여행을 좋아하는 사람 중에는, 그처럼 여행을 준비하는 시간이 실제 여행하는 시간보다 더 즐겁다고 느끼는 이도 있다.

책방을 둘러보며 이런저런 책등을 응시하거나 궁금한 책을 펼쳐보는 즐거움은, 여행을 준비할 때 느끼는 감정과 닮았다. 이 책을 산다면 언제 어디에서 읽을까. 책에 쓰인 이야기를 체험하고 지식이나 정보를 얻는 자신을 상상한다. 책방에서 책을 고르는 시간도 때로는 책을 읽는 것만큼, 어쩌면 그 이상으로 즐겁다. 결과적으로는 다 읽지도 못할 '책들을 사서 쟁여두게' 되고, 방 안에 책이 쌓여가는 모습을 바라보며 탄식하기도 한다. 하지만 결국 그러한 상황을 즐기는 사람도 분명 많다.

책방은 만남의 장소

책은 사람에 자주 비유되기도 한다. 책을 지니는 행위가 금지된 가까운 미래를 무대로 한 유명 SF 작품에서도 주인공 몬태그는 다음과 같이 말한다.

"(……) 그때 처음으로 책의 뒤편에는 반드시 인간이 있다는 사실을 깨달았지. 책을 쓰기 위해서는 무언가에 대해 생각해야만 해. 생각한 것을 종이에 옮겨 적으려면 긴 시간이 걸리는 법이야. 그런데 난 지금껏 그런 일에 대해 전혀 생각하지 않았어."

_레이 브래드버리 지음, 《화씨 451》 (황금가지, 2009)

책에는 저자나 편집자처럼 그 책을 만든 사람이 반드시 존재한다. 이야기책이라면 그 속에는 등장인물이 있다. 그리고 세상 어딘가에는 자신 이외에도 같은 책을 읽고 있는 독자가 있다. 어떤 책이든 그 책 너머로 다양한 사람의 존재를 느낄 수 있다.

함께 이야기를 나누거나 서로 이해할 수 있는 사람이 많지 않은 환경에 처했을 때는, 책이 스승이 되고 친구가 된다. 책 속에서는 모든 나라의 다양한 사람이 존재하며,

살아 있는 사람뿐만 아니라 이미 죽은 사람과도 만날 수 있다. 제작자나 독자를 상상하기도 한다. 이 책을 만든 사람은 누굴까. 이 책을 읽은 누군가는 무슨 생각을 했을까. 책만큼 간편하게 자신이 좋아하는 속도로 다양한 사람을 만날 수 있는 수단은 없다.

따라서 책방은 사람과 만날 수 있는 공간이기도 하다. 만남은 사건이다. 우연히 교실에서 옆자리에 앉은 사람과 평생 친구가 되거나, 같은 직장에서 근무하던 사람과 결혼하여 함께 아이를 기르거나 하는 것은 드문 일이 아니다. 일생의 단 한 번뿐인 한정된 기회 중에서, 우연히 만나는 사람과의 사이에서 생활은 변화해간다. 이와 마찬가지로, 불쑥 들어간 책방에서 우연히 눈에 띈 책을 무심코 집어 들었다가 구입하게 된다. 한동안은 방구석에 쌓아둔 채 잊고 지내다가 문득 마음이 내켜 읽어봤더니, 그 책이 인생을 크게 좌우하는 경우가 있다.

낯선 땅에서 어쩌다 같은 숙소에 언어가 통하는 사람이 있어 말을 걸어본다. 혼자서 훌쩍 들어간 술집에서 옆자리 사람과 우연히 이야기하다가 살짝 분위기가 달아오른 김에 연락처를 건네보기도 한다. 그다지 경험이 없다면 이러한 행동에는 용기가 필요하지만, 상대가 책이라면 간단하다. 책등과 표지를 보고 마음에 들면 잠시 서서 읽어보는 것이다. 책에서는 자신이 책장을 넘기는 순간에만 그 사람이 나타나기 마련이다.

그러므로 책방은 교실이고 직장이며 숙소이자 술집이다. 역이기도 하고 광장이기도 하며 SNS이기도 하다. 한편, 다양한 사람과 우연히 이웃이 되는 곳이다. 기회가 있을 때 천천히 이야기라도 나눠보고 싶은 책을 책방에서 발견한다면, 언제 읽을지 모른다 해도 일단 부담 없이 구입하여 집으로 돌아올 수 있다.

원하는 책을 발견하는 기쁨

사람들은 언제 책방에 갈까.

물론 시간만 있다면 하루가 멀다 하고 언제든 책방에 들르는 사람도 있을 것이다. 예를 들면 정치에 대해 기초부터 제대로 배우고 싶다거나, 향신료를 조합하는 법부터 배워서 카레를 만들고 싶다거나, 달이 차고 이지러지는 순간을 담은 아름다운 사진집을 보고 싶다거나 하는 식의 구체적인 목적이 있어서 해당하는 책을 사러 가는 경우도 있다. 어쩌면 대선배로부터 읽어보라고 추천받았거나, 친구로부터 재미있다는 말을 들었거나, 신문의 서평란에 나왔다거나 하는 이유로 특정한 책을 구하기 위해 책방에 가기도 한다.

요즘은 많은 사람이 인터넷을 이용한다. 알고 싶은 내용이 정해져 있을 경우, 정치든 카레든 달의 영휴든 검색을 하면 어느 정도의 정보는 나온다.

그러나 인터넷에서 조사해도 정보가 너무 많거나 혹은 너무 모자랄 때가 있다. 잘 정리되어 있지도 않다. 그럴 때는 책을 펼쳐보고 싶어진다. 살 책이 정해져 있을 경우 Amazon과 같은 온라인 서점에서 구입하면, 빠르게는 당일이나 이튿날 도착한다. 하지만 살 책이 정해져 있더라도 도착하기까지 더는 기다리지 못하고 한시라도 빨리 갖고 싶을 때나, 실물을 보고 나서 살지 말지 결정하고 싶을 때, 목적에 부합하는 책들을 직접 비교한 뒤 사고 싶을 때는 인터넷보다 현실의 책방이 편리하다.

이와 같이 목적이 확실하면 재고가 많을수록 원하는 책을 발견할 가능성이 높아지기 때문에 대개는 책방 역시 클수록 좋다. 거기다 원하는 책을 발견하면, 상품 구색을 잘 갖추고 있는 책방이라는 생각에 기분이 좋아지기 마련이다.

새로운 흥미를 만나는 기쁨

책방의 매력이 그저 원하는 책을 발견하는 데에만 있는 것은 아니다.

예를 들어, '예술' 코너에 간다. 달이 차고 이지러지는 모습을 담은 사진집을 갖고 싶었는데, '사진집'이 있는 서가에서는 보이지 않는다. 오히려 예전에 미술관에서 보고 마음에 들었던, 옛 파리의 모습을 촬영한 사진집이 갖고 싶어진다. 망설이다가 이번에는 '이공계 서적' 코너로 간다. '우주'라고 쓰인 서가 앞에 갔더니, 찾던 사진집이 몇 권인가 있다. 그런데 바로 옆에 천체 관측 입문서가 놓여 있다. 문득, 오래전에 샀다가 창고 구석에 처박아둔 망원경이 생각난다. 결국, 원하던 사진집이 아니라 옛 파리의 모습을 촬영한 사진집과 천체 관측 책을 산 뒤, 보름달이 뜬 밤에 망원경으로 관찰하기로 한다.

이처럼 결과적으로 목적과는 다른 책을 갖고 싶어지는 일 또한 책방의 매력 중 하나이다. 미지의 만남을 원할 때는 여행지를 산책하듯 책방 안을 어슬렁어슬렁 걷는 편이 좋다. 낯선 골목을 걷다가 우연히 눈에 띈 가게에 들어갈 때와 비슷한 감각으로, 평소라면 전혀 갈 일이 없는 장르의 서가에 가보는 것이다.

남자라면 여성지가 있는 서가에, 여자라면 남성지가 있는 서가에 가본다. 의사가 아닌 사람은 의학서를, 수험생이 아닌 사람은 수험 참고서를 살펴보는 쪽이 좀 더 명료하다. 자신의 일상생활과는 조금 거리가 먼, 알 것 같으면서도 모르는 세계가 그곳에 있다. 의학서를 바라보며 '내 신체는 이러한 지식을 바탕으로 진찰되는구나' 하고 이런저런 상상을 해보는 일도 가능하고, 기상 예보사 시험 문제집을 훑어보면서 '이 책으로 공부한 사람이 날씨를 예측하는데도 왜 정확하지 않을까' 하고 그 난해함을 유사 체험해보는 일 또한 가능하다.

아무래도 자신과는 거리가 멀다는 생각이 들면 그 옆의 서가를 들여다본다. 모처럼 온갖 세상으로 통하는 문이 그곳에 열려 있는데, 목적하는 서가로 가서 원하는 책만 찾기에는 아깝다. 가끔씩 서가 구석구석을 둘러보다 보면, 자신의 시야가 얼마나 좁은지를 깨닫는다. 그런 식으로 새로운 흥미를 늘려간다.

처음부터 좁은 세계에 치우쳐 있는 책방도 있다. 특정 분야의 전문 서점이나 뚜렷한 취향을 판매 전략으로 삼는 책방이 여기에 해당된다. 손님도 그러한 특색을 잘 알고 있을 뿐만 아니라 오히려 그 점을 겨냥하며 책방에 간다. 추구하는 세계가 좁은 만큼 그 분야에 대한 폭이 깊고 넓기 때문에, 책방 서가에 빠져드는 독특한 재미가 있다. 이러한 책방을 여러 군데 돌아보는 일 또한 즐겁다.

　그중에는 원하는 책을 자연스레 만나게 해주는 책방도 있다. 전날 구입한 천체 관측 책 덕분에 보름달이 뜬 밤에는 무사히 달을 관찰할 수 있었다. 이번에는 개인이 경영하는 분위기 좋은 소규모 책방에 간다. 때마침 전날 사지 않았던, 달이 차고 이지러지는 모습을 담은 사진집이 있다. 훌훌 책장을 넘겨보다가 역시 프로가 찍은 사진은 다르다는 사실에 감탄한 나머지, 이번에는 그 사진집이 사고 싶어진다. 바로 옆에는 이와나미 문고의 《다케토리 이야기》(일본에서 현존하는 가장 오래된 이야기로, 달나라에서 온 '가구야' 공주를 둘러싼 구혼 이야기가 주축을 이룸-옮긴 이)가 놓여 있다. 그러고 보니 가구야 공주는 달로 돌아갔지. 이 이야기는 어렸을 때 그림책으로밖에 읽은 적이 없는데. 이러한 사실을 깨닫다가 어느새 두 권 모두 사고 만다.

　다른 날 다시 책방에 왔더니 여전히 같은 사진집이 진열되어 있고, 이번에는 그 옆에 토끼의 생태에 대한 책이 놓여 있다. 달에는 토끼가 산다고 했던가. 히죽 웃음이 난다. 애초에 대형 서점의 '생물'이라고 쓰인 서가에 일부러 가지 않는 이상 만날 리가 없는 전문서이다. 이제껏 동물의 생태에 흥미를 가진 적이 없었으며 그런 책의 존재조차 몰랐다. 그런데 마치 덫에 걸린 것처럼 왠지 흥미가 솟

아나더니 무심결에 또 사고 만다.

　원하는 책을 찾을 수 있고 새로운 흥미를 발견할 수 있다는 점. 이 두 가지 기쁨은 개인적인 것이어서 비교할 바가 없다. 좋은 책방이란 무엇이냐고 내게 묻는다면, 그 두 가지 기쁨 중 자신에게 어느 한쪽 혹은 양쪽이 존재하는 책방이라고 대답하겠다.

책방은 클수록 좋을까

이처럼 책방의 기쁨에 대해 생각했을 때, 과연 책방은 '클수록 좋은' 것일까.

일반적으로는 '클수록 좋다'고 여겨진다. 확실히 규모가 큰 책방은 단순히 책이 많아서 즐겁기도 하지만, 특히 목적이 정해져 있을 때는 원하는 책을 발견할 확률이 높다.

다른 한편으로, 작은 책방에서 원하는 책을 발견했을 때 상대적으로 더 큰 기쁨을 느낀다. 이렇게 자그마한 책방에 내가 찾던 책이 있다니. 마치 자신을 잘 이해해주는 듯한 기분이 들며 기뻐지는 것이다. 반대로, 커다란 책방에서는 뭐든지 갖추고 있으리라고 기대하는 만큼, 바라던 책이 보이지 않으면 망연자실한다. 이렇게 큰 책방인데 왜 없는 걸까. 이 책방은 가망이 없군. 역시 인터넷에서 살걸 그랬어. 이런저런 생각에 분노마저 치솟는다. 커다란 책방에서 일하는 사람에게는 불합리하게 들리겠지만, 기쁨만 놓고 비교하면 의외로 일장일단일지도 모른다.

물론 커다란 책방이 있으면 편리하다. 2018년 현재 일본의 경우, 도심부와 그곳에서 조금 떨어진 지역의 상황을 비교해보면 사정은 얼마간 달라진다. 도심부에는, 터미널 근처 같은 곳에 책 수십만 권을 보유하고 크기가 몇백 평이나 되는 커다란 책방 여러 군데가 여전히 존재한다. 커다란 책방의 존재가 으레 일상이 되어 있기 때문에 '클수록 좋다'고 느낄 기회는 상대적으로 적다. 도심부에서 조금 벗어난 지역에 가면 제대로 물건을 갖춘 커다란 책방이 애초에 없었거나 이미 철수한 상태이다. 책을 살 수 있는 곳은 편의점과 어떻게든 살아남았지만 물건이 얼마 없는 책방뿐인 지역도 많다. 책을 좋아해서 '어찌 됐든 커다란 책방이 있으면 좋겠다'고 계속 갈망해온 만큼, 그러한 지역에 사는 사람들 사이에서는 책방이란 '클수록 좋다'는 생각이 뿌리 깊게 박혀 있다.

　그렇다면 목적과 다른 새로운 흥미를 만나게 해주는 것은 커다란 책방일까. 이 지점에서는 의견이 갈린다. 만약 500명이 모인 파티와 다섯 명이서 술을 마시는 자리가 있다면, 앞으로도 계속 어울릴 법한 새 친구와 만날 수 있는 확률은 어느 쪽이 높을까. 아마도 별반 차이가 없을 것이다. 500명 중에서 마음이 맞을 법한 사람을 골라 말을 거는 쪽이 능숙한 사람도 있고, 처음부터 다섯 명뿐인 술자리에서 한 사람 한 사람과 이야기하는 쪽이 능숙한 사람도 있다. 책방도 마찬가지이다. 커다란 곳이어야 새로운 흥미와 만날 수 있다고 말하는 사람이 있는가 하면, 자그마한 쪽이 더 만나기 쉽다고 말하는 사람도 분명히 있다. 반드시 크기와는 관계가 없다는 뜻이다.

책방은 세계 일주 여행과 같다고 썼지만, 그 세계의 넓이 또한 반드시 책방 면적의 크기에 비례하지 않는다. 예를 들어 '인문·사회' 코너에 신흥 종교 관련 책과 영성 도서, 제목에 철학이나 사상이라는 말이 들어간 입문서와 베스트셀러가 된 책 몇 권이 놓여 있는 책방은 안타깝게도 일본에 무척 많다.

제대로 규모를 갖춘 책방에 분야별로 책들이 잘 진열되어 있으면, 방문하는 쪽도 그 분류의 포괄성이나 균형에 대해 자연스레 신뢰하기 마련이다. 만약 어느 한 분야가 몽땅 빠져 있다거나 특정 주제에 치우쳐 있기라도 하면, 그 책방에는 세계를 인식하는 사람의 시야를 좁아지게 하고 비뚤어지게 할 위험이 내포되어 있다. 매일 그 책방에 가는 사람은 '인문·사회'의 대부분을 신흥 종교와 영성 도서가 차지하고 있다고 생각하기 쉽다. 면적이 아무리 클지라도 그 책방의 세계는 좁은 것이다.

반면, 평수가 작은 가게일지라도 넓은 안목으로 물건을 진열하여 최대한 넓은 세계를 만들기 위해 노력할 수 있다. 앞서 언급한 [달 →《다케토리 이야기》→ 토끼의 생태]의 경우처럼, 평범한 분류를 뛰어넘는 맥락을 만들어감으로써 자연스레 넓은 세계로 가는 문을 열어주는 작은 책방도 있다.

커다란 책방을 구석구석까지 둘러보기란 힘들다. 한

권만 구입할 요량이거나 최대한 몇 권 정도의 원하는 책만 찾아도 될 경우에는 크기가 작을수록 단기간에 내부를 둘러볼 수 있다. 따라서 같은 크기의 세계를 돌아볼 수 있다는 전제 아래에서는 오히려 작은 책방 쪽의 효율이 더 좋다고 할 수 있다.

물론 커다란 책방도 좋다. 하지만 '클수록 좋은'지 묻는다면 꼭 그렇지만은 않다. 특히, 원하는 책이나 정보가 확실한 사람들이 간편하게 인터넷을 찾게 되면서 상황은 바뀌어가고 있다.

물리적으로 압도당하는 기쁨

인터넷은 편리하다. 구입할 책이 정해져 있다면 인터넷에서 찾는 편이 확실하고 빠르다. 배송비가 무료인 경우도 많다. 전자책으로 나와 있다면 바로 내려받아 읽을 수 있다. 어느 책이 좋을지 고민할 때도, 검색하면 여러 사람의 리뷰가 나오기 때문에 그것을 참고삼아 골라도 된다. '이 상품을 구입한 사람은 이런 상품도 구입하였습니다'라고 표시되거나, '당신을 위한 추천'이라는 내용의 메일이 오기도 한다. 그 사이에 우연히 새로운 흥밋거리를 발견하기도 한다. 애초에 사소한 의문은 책까지 찾아볼 필요도 없이 검색하면 해결되는 경우도 많다.

게다가 검색 엔진도 온라인 서점도 전자책도 여전히 발전하는 중이다. 이대로 계속 진화한다면 머지않아 현실의 책방은 무용지물이 되지는 않을까.

저렴한 가격에 호화스러워진 가상 현실VR은 체험을 생산해내는 공장이 될 것이다. 살아 있는 인간이 가기에는 너무 위험한 환경—전쟁터, 심해, 화산 같은 곳—을 방문하는 일도 가능하다. 직접 가기 어려운 인간의 뱃속이나 혜성 표면 같은 곳도 경험할 수 있다. 심지어 성전환을 하거나 바닷가재가 되는 일도 가능하다. 한편, 히말라야 상공을 날아다니는 것처럼 어마어마한 비용이 드는 경험도 저렴한 가격으로 체험할 수 있다.

_케빈 켈리 지음, 《인에비터블 미래의 정체》 (청림출판, 2017)

급속히 진화하는 가상 현실 기술은 머지않아 현실과 완전히 똑같은 수준에 도달하여 경험 그 자체가 될 것이다. 물론, 현실의 서점에 가서 책을 사는 체험도 디지털로 완전히 재현 가능하게 된다. 그때가 오면 현실의 서점이 무용지물이 되지는 않을까 하는 질문은, "히말라야 상공을 날아다니는 것처럼 어마어마한 비용이 드는 경험"이 저렴한 가격으로 가능해졌을 때 사람은 실제로 히말라야에 오르게 될지 묻는 것과 같다. 결국 받아들이는 사람의 문제이다. 지금도 어떤 사람은 직접 여행을 가지 않고 구글 맵의 스트리트 뷰를 보는 것만으로 만족하는가 하면, 오히려 여행을 가고 싶은 마음이 더욱 커지는 사람도 있다. 기술이야 어찌 됐든, 어느 시점에 새로운 사업을 체결하고 오랜 사업을 구축할지는 때가 되어봐야 안다.

2018년 현재로 이야기를 되돌려서, 적어도 당분간은 현실의 서점에서만 가능한 경험 중 하나가 책으로 둘러싸인 공간에 있는 일이다.

온라인 서점 시장을 만든 사람의 최대 고민은 스마트

폰 화면의 작은 크기라고 한다. 화면 속에서만 시장을 만들 수 있기 때문에 책끼리의 연관성을 입체적이면서 대량으로 보여주는 일은 불가능하다. 반면, 현실의 서점은 책등을 보여주는 서가와 표지를 보여주는 평대라는 가구를 통해 입체적 공간을 연출함으로써 방문하는 손님을 수많은 책으로 둘러싼다.

예를 들면 그것은 대형 슈퍼마켓에 갔을 때 대량으로 늘어선 커다란 상자와 페트병에 압도당하는 경험과 닮았다. 비단 그뿐만이 아니다. 책 한 권 한 권 너머에는 이야기나 지식, 정보가 가득 담겨 있다. 그러한 책들이 매일 교체된다. 그 터무니없음은 반드시 면적에 비례하지는 않아서, 적어도 내게는 어릴 적 근처에 있던 자그마한 책방조차 마치 세계 그 자체를 담아놓은 것처럼 커다랗게 느껴졌다. 서가에 둘러싸인 채 어느 책이든 전부 읽어보고 싶지만 평생이 걸려도 다 읽지 못한다는 사실을 깨달은 경험이, 나를 책의 세계로 끌어들였다.

원하는 책을 찾을 수 있을 뿐만 아니라 새로운 흥미를 발견할 수 있다는 의미에서도, Amazon을 비롯한 온라인 서점은 매일 진화하고 있다. 그러나 책이 가득한 공간에 둘러싸여서 그 터무니없음에 물리적으로 압도당하는 기쁨은, 적어도 당분간 가상 테크놀로지에서 느끼기 힘든 영역임에 틀림없다.

책과 책방을 좋아하는 사람들의 존재

책방에 대한 매력을 들자면 끝이 없다. 책방이라는 공간 자체가, 일단 좋아도 너무 좋다. 그러한 생각이 점점 커지다가 한 사람의 손님으로 만족하지 못하면 책방을 열게되는 법이다.

책을 좋아하고 책방을 좋아하는 사람이 책방에 간다. 당연한 말처럼 느껴지지만, 약 10년 전에는 상황이 달랐다. 인터넷이 일반화되기 이전에는 이야기도 지식도 정보도 오락도 학문도, 각각 필요하다고 느낄 때 가장 가까이에 있는 존재가 책방이었다. 전철 시각표도 영단어의 뜻도 복통의 원인도 결혼식 사회도 모두 책으로 조사했다. 책방은 일상생활에서 없어서는 안 될 '필요'한 장소였다. 많은 사람이 '좋아서'가 아니라 '필요해서' 책방에 왔다. 상대적으로 굳이 '좋아서'라는 말을 할 이유도 지금만큼은 없었으리라 생각한다.

요즘은 '책을 좋아한다', '책방을 좋아한다'와 같은 말을 하는 사람이 늘었다. 결국 많은 사람이 자신의 생활에서 책과 책방을 반드시 '필요'로 하지는 않게 되었으며, 거꾸로 말하면 '좋아하는' 마음이 분명히 드러나게 되었다는 뜻일 수도 있다.

더구나 '책을 좋아'해서 책방에 가느냐 하면, 꼭 그렇지도 않다. 책은 좋아하지만 책방을 일부러 찾아가는 일은 귀찮다고 말하는 사람이 있으며, 그들은 되도록이면 인터넷이나 전자 서적으로 책을 사려고 한다. 따라서 현재 실제로 책방을 방문하는 대부분의 사람은, 굳이 말로 하지 않더라도 어느 정도는 '책을 좋아'하는 동시에 '책방을 좋아'하는 사람임이 틀림없다.

　최근 몇 년 동안, 다양한 미디어에서 책방에 대한 특집을 편성하는 일이 늘었다. 이를 '책방 열풍'이라 부르며 유행으로써 소비되고 있다고 생각하는 사람이 있는가 하면, 잡지에 실린 책방 특집을 두고 '책이 책방을 특집으로 하는 시대가 왔다면 끝난 것이다'라며 책 자체가 스스로를 직접 언급하는 현상에 대해 야유하면서 업계의 위기를 말하는 사람도 있다. 하지만 실제로 책방은 인터넷이 발달한 이후 단순히 '필요해서'가 아니라 '좋아하기 때문'에 가는 장소가 되었고, 누군가의 '취향'을 궁금해 하는 사람이 늘어나면서 잡지의 특집으로 성립하게 된 것뿐이다. 그러한 특집 덕분에 또다시 '책을 좋아'하고 '책방을 좋아'하는 사람이 새롭게 늘어나는 것은 좋은 현상이라고 생각한다.

　이제 책방은 꼭 '필요'한 장소는 아니며, 일반론에서 보면 확실히 책의 매상은 매년 하락하는 추세인 데다 책방의 경영은 해마다 어려워지고 있다. 그럼에도 한편에서는, 오랜 기간 친숙하게 느껴온 책방이 아직 건재하거나 작은 책방이 새롭게 생겨나고 있다.

어려운 상황 속에서도 여전히 책과 책방이 '좋아'서 견딜 수 없는 사람들이, 그 매력을 어떻게 끌어내서 어떤 식으로 가게를 만들어갈지 진지하게 생각해온 덕분이다. 그와 동시에 '책방을 좋아한다'는 사실을 스스로 인정한 손님들 또한 목소리를 높여 그들을 응원하게 되었다. 꼭 '필요'하지 않게 된 만큼 책방의 매력에 대해 새삼 깨닫는 사람이 늘어나고 다양한 책방이 생겨나면서, 각양각색의 '책을 좋아하는 사람', '책방을 좋아하는 사람'이 가시화된 때가 바로 지금이다.

책은 읽기 전까지 모른다

　책을 살 때, '재미있을'지 없을지 혹은 '도움이 될'지 안 될지의 여부는 구입 시점에서 반드시 보장되는 것은 아니다. 기본적으로 '재미있어 보이'거나 '도움이 될' 것 같다는 예측을 바탕으로 책을 산다. 그 책이 마음에 들었다고 해서 같은 책을 또 사지는 않는다.

　이것은 책의 당연하면서도 특수한 점이다. 식품이라면 시식해볼 수 있고, 자동차는 시승한 뒤에 구입해도 된다. 샴푸는 머리카락의 성질에 맞는 제품을 계속 구입하여 쓰면 된다. 물론 책도 미리 읽어볼 수 있지만, 마지막 장까지 모두 읽은 뒤에 사는 사람은 드물다. 같은 저자나 출판사의 책을 살 때는 있다. 그러나 선물하는 경우를 제외하면 매번 다른 책을 산다.

　판매하는 측 역시 마찬가지이다. 매일 다르고 새로운 책을 팔아야 한다. 연간 8만 종의 책이 출간되고 있으므로 모두 읽어본 다음 판매하는 일은 물리적으로 불가능하다. 대개는 구매자든 판매자든, 책이 재미있을지 없을지 도움이 될지 안 될지의 여부를 상상하면서 사고판다. 이러한 점이 책방의 즐거움이기도 하다.

　책과의 만남 또한 사람과 닮아서, 일생의 단 한 번뿐인 인연이다. 나는 마음에 드는 책은 일단 그 자리에서 구입하여 집에 가지고 간다. 물론 책은 어디에서 사든 같기 때문에 저자 이름이나 책 제목만 메모해두면 나중에 인터넷으로 사거나 근처 책방에서 살 수도 있다. 도서관에서 빌리는 일도 가능하다. 그러나 그 순간, 특정한 책이 마음에 들었을 때의 '느낌'은 두 번 다시 찾아오지 않는다. 항공권이나 술값과 비교하면 책은 훨씬 싸며, 그 책과 만나게 해준 책방의 매상을 올려주는 쪽이 책방을 응원해주는 일도 된다. 어차피 살 책이라면 좋아하는 책방에서 산다. 이러한 사고방식은 '책방을 좋아하는' 사람들이나 지역 경제 순환을 중요하게 여기는 사람들을 중심으로 조금씩 퍼져나가고 있는 분위기이다.

다 읽지 못하더라도 산다

책은 읽을 수 있을 만큼만 산다는 사람도 있다. 읽기 위한 용도이므로 그러는 편이 성실한 사고방식일지도 모른다. 읽을 책이 거의 바닥났을 즈음, 다시 책방에 가서 다음으로 읽을 책을 산다. 그러한 스타일로 많은 책을 읽어 나가는 사람도 있다.

반면, 책방을 가장 가까이에 있는 세계 일주의 장이자 일생의 단 한 번뿐인 인연이나 마찬가지인 책과 만나는 곳이라고 생각한다면, 지금 읽고 있는 책을 다 읽을 때까지 책방에 가지 않는 것은 낭비처럼 느껴지기도 한다. 일상에서 짬을 내어 책방에 들르고 그곳에 진열된 많은 책 중에서 마음에 드는 한 권을 골랐을 때는, 아직 다 읽지 않은 책이 있거나 이미 다 읽지 못할 만큼 집에 책이 쌓여 있다 해도 역시나 사고 만다.

애초에 '완독'에 대해 사람마다 생각의 차이가 있다. 책장의 첫 글자부터 마지막 한 글자까지 전부 읽고, 책의 내용을 가능한 한 빠짐없이 이해하여 머릿속에 집어넣어야만 직성이 풀리는 사람도 있다. 한편, 어디부터 어디까지든 읽다가 이제 충분하다는 생각이 들면 그쯤에서 다음 책으로 넘어가고, 다시 궁금하면 전에 읽던 책으로 돌아오는 식의 독서를 하는 사람도 있다. 내 독서 방식은 후자 쪽으로, 다음에 인용한 스가 게이지로의 말이 마음에 와 닿는다.

책에 '권'이라는 단위는 없다. 우선 이것을 독서의 제1원칙으로 삼는다. 책은 물질적으로 완결한 척을 하고 있지만 속지 말라. 우리가 읽는 것은 텍스트뿐으로, 텍스트란 일정한 물결이며 물결에는 거품이 생겼다가 사라지고 여러 불순물이 쌓여간다. 책을 읽고 잊어버리는 것은 당연한 일이다. 책이란 이른바 텍스트의 물결이 부딪히는 바위나 돌 혹은 모래이기도 하고, 나뭇가지나 낙엽 또는 풀이 있는 물가이기도 하다. 물결은 방향을 바꾸며 어렵사리 새로운 성분을 얻는다. 문제는, 그토록 복잡한 텍스트의 물결이 합쳐진 당신 자신의 삶이 어떤 반향을 일으키며 어디로 향하느냐는 것뿐이다. 읽기와 쓰기와 삶은 하나이다. 그것이 독서의 실용 이론이다. 언젠가 만월의 밤에 불면과 초조함에 괴로워할 당신이, 책을 읽을 수 없고 읽어도 아무것도 남지 않아 탄식하게 된다면 이 말을 기억해주길 바란다.
책은 읽을 수 없는 것이니 걱정 말라.
_스가 게이지로 지음, 《책은 읽을 수 없는 것이니 걱정 말라》 (사유샤, 2009)

책을 더 읽고 싶지만 마음처럼 쉽지 않다고 여기는 사

람 중에는 책은 첫 장부터 마지막 장까지 전부 읽어야 한다고 생각하는 이가 많은 듯하다. 그러한 사람에게는 불쑥 책방으로 가서 마음에 드는 책을 몇 권쯤 사온 뒤 마음에 드는 부분만 읽기를 추천한다. 모처럼 돈을 들여 사왔으니 좀 더 가벼운 마음으로 자유롭게 읽어도 된다. 희대의 독서가들조차 이렇게 말한다.

'독서'라고 하면 사람들은 곧잘 책 속에 무엇이 적혀 있으며 그 내용에 대해 무엇을 느끼는지에 대해서만 생각하려 든다. 나도 '서평'을 의뢰받으면 무심코 그렇게 되고 말지만, 생활 속의 독서는 그리 요란스러운 것이 아니다.

좀 더 다양한 장소에서, 여러 시간대에, 이런저런 상황 속에서, 사람은 저마다의 모습으로 자유로이, 한편으로는 자유롭지 않은 '독서법'을 추구한다.

_구사모리 신이치 지음,《독서법 묘지의 서재에 틀어박히다》(가와데쇼보신샤, 2009)

나 또한 예전에는 책을 끝까지 전부 읽지 않으면 성에 차지 않았다. 그러다 나의 저서가 처음 나왔을 무렵부터는 책을 다 읽지 않아도 신경 쓰지 않게 되었다. 내 책을 읽은 사람에게서 "이런 내용을 쓰셨잖아요"라는 말을 들으면 언제나, '그런 걸 썼었나?' 하는 생각만 들 뿐이었다. 즉, 방대한 시간을 들여 몇 번이나 되풀이해 읽으며 썼을 본인의 책조차도 그 내용을 잊어버리는 데다, 설령 기억하고 있다 하더라도 본인의 의도와는 다르게 읽는 사람도 있다. 그럼에도 애써 책을 끝까지 다 읽을 필요가 있을까.

앞에서 썼듯, 같은 책을 읽는다는 것은 같은 목적지로 여행을 하는 것이다. 책은 하나의 장소일 뿐이다. 독자 개개인은 저마다 이제껏 살아온 삶이 있기에 그동안 읽어온 책과 습득해온 경험에 비추어보며 책을 잘못 읽거나 건너뛰어 읽기도 하면서 자기 나름의 독서법과 함께 다시 내일을 살아간다. 만약 책에 있는 내용 전부를 읽었다고 해도, 100명이라면 100명 모두가 제각각 다른 부분을 다르게 읽는다. 다른 것을 생각하거나 느끼고, 아무것도 생각하지 않거나 느끼지 않는다. 완벽한 독서법이란 존재하지 않는다. 그런 식으로 생각했더니 마음이 편안해져서 예전보다 더 많은 책을 읽을 수 있게 되었다.

책등과 표지에 적힌 글을 읽고 마음에 드는 책 한 권을 손에 든다. 그 순간부터 그 책과의 관계가 시작된다. 책을 읽고 본인이 무언가 얻는 행위를 독서라고 한다면, 독서는 이미 책방 앞에서부터 시작된다. 책을 사는 행위에는, 그 책이 자신에게 가져올 변화에 대한 기대 그 자체가 담겨 있다. 어떤 이유에서 그 책을 마음에 들어 하는지 무의식의 수수께끼를 해명해줄 힌트를 사는 일이기도 하다.

그 우연한 만남을 특별하게 여기면서 지갑 사정이 허

락하는 한, 다 읽지도 못할 만큼의 책을 사서 돌아온다. 이
것이야말로 책방의 묘미라고 스스로를 타이르며 오늘도
나는 책을 산다.

책방 손님의 개인 장서

그렇게 책을 사다 보면, 서가에 진열되는 장서는 자신의 관심사에 대한 지도나 머릿속의 연장선과 같은 존재가 되어간다.

생활 공간에 서가가 있으면 책등과 표지가 일상생활에서 시야에 들어온다. 예전에 읽었던 책이라면 눈에 띌때마다 내용이 머리를 스치고, 아직 읽지 않은 책이라면 내용을 상상하거나 구입할 당시를 떠올리면서 언젠가 읽어야겠다고 마음먹는다.

그 책들은 본인이라는 개인의 필터를 통해 선택되었다. 지출이 따르는 만큼, 고도의 정밀한 필터를 통해 엄선된 셈이다. 책을 쭉 늘어놓으면 취향이 보인다. 자신이 이러한 분야에 관심을 가지고 있었다는 사실을 새삼 깨닫거나, 책을 다시 진열하는 동안 책과 책 사이의 접점이 보이면서 새로운 아이디어가 떠오르는 경우도 있다. 이를테면 자신의 맞춤형 도서관이자 일상 독서의 거점이며 사유를 위한 도구가 되기도 하는 것이다.

그러므로 집 근처에 커다란 도서관이 있다고 해서 꼭 좋은 것만은 아니다. 그곳에 진열된 책은 어디까지나 공공의 책이자 많은 이용자의 편의를 위해 정리되어 있다.

자신이 소유한 책은 스스로의 직감과 자비를 들여 엄선되었으며, 그 책들을 내키는 대로 진열하여 본인이 좋아하는 생활 공간에 언제까지고 놓아둘 수 있다. 읽으면서 줄을 긋기도 하고 자신의 생각을 직접 책 속에 적어두거나 필요한 페이지를 찢을 수도 있다.

독서를 할 때 저는 책에 이런저런 표시를 해두기 때문에 언제부턴가 세이고식式 표시법 같은 것이 거의 확립되었습니다. 그 덕택에 몇 년이 지나서 그 책을 다시 읽는다 해도 표시를 따라가기만 하면 처음 독서했을 때보다 내용이 더 입체적으로 되살아납니다.

(……) 즉 책을 노트로 여기는 것입니다. 책은 이미 텍스트가 들어가 있는 노트인 셈입니다.

_마쓰오카 세이고 지음, 《독서의 신》 (추수밭, 2013)

물론, 모처럼 만난 각각의 책을 소중히 여기고 싶은 마음에 더럽히지 못하는 사람도 있을 터이다. 겉싸개를 씌워 정성스레 진열해놓고 바라보는 즐거움도 있다. 한편, 어디까지나 도구로 사용하며 자기 나름대로 책을 더럽히는 즐거움도 있는데, 내 경우는 후자이다.

생활 공간은 한정되어 있어 모든 책을 언제까지고 가지고 있을 수는 없다. 설령 모든 책을 끝까지 지니거나 다 읽는 일이 불가능하더라도, 마음 내키는 대로 처리할 수 있는 엄선된 책이 방 한쪽에서 자신의 관심사를 나타내고 있다는 사실은 장서 소유의 커다란 매력이다. 이는 책방이나 도서관 서가와는 다른, 지극히 개인 소유물로서 차곡차곡 축적되어간다.

변화가 빠른 책방의 서가

책방 서가에 진열되어 있는 책은 빠른 속도로 교체된다. 거의 매일 오는 손님도 있는 까닭에, 그야말로 변화하는 세계를 눈앞에 보여주듯 매일의 상품 구색을 통해 책방은 모습을 바꾸어간다.

변화가 뚜렷한 곳은 신간 서점의 평대이다. 특히 잡지나 신서처럼 간행 속도가 빠른 책은 편집자가 '지금 출판해야 할 이유가 있을지'를 생각하고 만드는 경우가 많다. 따라서 신간을 진열하는 평대는 자연스레 현재를 그대로 나타내는 표정이 된다. 유행이나 사회 정세, 또는 계절감까지도 드러난다.

매일 새로운 책이 입고되기 때문에 평대에 쌓인 책도 머지않아 반품되고 그중 일부만이 서가에 한 권씩 남는다. 차례로 새로운 책이 나오므로, 조만간 팔리지 않으면 그 한 권 역시 반품되며 평대로 돌아오는 일은 드물다. 한편, 서가에 꽂혀 있더라도 금방 팔리는 책은 추가 주문되고, 꾸준히 판매된다면 서가에서 잘 팔리는 상품으로 자리 잡아 책방의 세계를 구성하는 중요한 요소 중 하나로서 몇 년이나 살아남는다.

고서점이라도 상품의 교체 속도는 빠르다. 애초에 고

서는 보통 한 권밖에 없으므로 같은 책을 추가 주문하여 계속 파는 일은 불가능하다. 영업을 하다 보면 자연스레 상품이 변화해간다. 고서점이 신간 서점과 다른 점은 서가에서 현재의 유행이나 사회 정세가 나타나지 않는다는 사실이다.

고서점에는 다양한 시절의 책들이 흘러들어온다. 예전에는 신간이었을 그 책들은 이미 역사의 일부가 되어 차곡차곡 쌓여 있다. 고서점에서 서가를 꾸미는 사람들은 신간 서점의 평대에서 자취를 감춘 책과 절판된 책을 넉넉히 잘 섞어가면서, 한층 시간의 축이 긴 세계의 모습을 매일 교체되는 재고 안에서 만들어가고 있다.

동적 평형이 유지되는 책방

한편, 신기하게 아무리 책이 교체되어도 책방은 여전히 예전 그대로의 모습으로 느껴진다.

건물이나 실내 인테리어, 가구 등이 바뀌지 않는다는 뜻이 아니다. 분명히 책은 조금씩 교체되어가는데도, 자신이 '좋아하는 책방'은 다음 달이든 그다음 달이든 내년이든 내후년이든 여전히 좋아하는 모습 그대로인 경우가 많다. 자연스레 손님도 책이 교체되길 원하지만 그 책방만의 분위기는 변하지 않길 바란다.

이는 마치 인간의 몸속 세포가 한 해를 주기로 모두 교체되어도 그 사람 자체는 변하지 않는다는 점과 꼭 닮았다. '책방 B&B'의 공동 경영자인 시마 고이치로 씨와의 대담에서 일찍이 이런 이야기를 나눈 적이 있다.

시마 책방은 영원히 계속될 겁니다. 매일 잠정적 1위를 만들어가는 일이니까요.

우치누마 맞습니다. 책방은 계속되겠죠. 정말 끝나지 않을 겁니다. 변화해가는 모습을 손님도 즐거워해주는 데다, 역시 책방은 변함없는 맛을 제공하는 음식점 같은 업종과는 다르니까요. 물론 전체적으로는 변하지 않는 멋이랄까, 그 책방에 가면 늘 이러한 재미가 있다는 식의 느낌은 바뀌지 않는 편이 좋겠죠. 하지만 역시 가게 안에 있는 사물은 전부 바뀝니다.

시마 그렇습니다. 마치 《동적 평형》의 책방 특집 같군요. (······) 책방이라는 케이스랄까 상자 비슷한 것은 바뀌지 않지만 다른 부품이 차례로 보충되면서 그 속의 세포는 점점 바뀌어가는, 그런 이미지예요.

_시마 고이치로 지음, 《왜 책방에 가면 아이디어가 샘솟는가》 (쇼덴샤, 2013)

연간 8만 종이나 되는 책이 출판되고 책 제목의 수가 늘어간다. 매일 책을 입고하여, 팔린 책은 손님의 손에 건네주고 팔리지 않은 책은 반품한다. 그 끝나지 않는 흐름 속에서, 우리는 매 순간 베스트라고 생각하는 상태에 최대한 가깝도록 서가와 평대에 상품을 진열한다. 이 작업은 영원히 끝나지 않는다. 책방은 마치 살아 있는 생물과도 같다.

시마 고이치로 씨가 언급한 '동적 평형(생물학자 후쿠오카 신이치가 동적 평형의 개념을 통해 생명의 미스터리에 대해 쓴 과학서-옮긴 이)'이라는 용어는, 그야말로 생물에 대한 말이다. 이 용어는 생물학자 후쿠오카 신이치 씨의 베스트셀러 《생물과 무생물 사이》를 통해 널리 알려졌다. 후쿠오카 씨는 루돌프 쇤하이머라는 생화학자의 연구에 매료되었다. 쇤하이머는 분자의 동위 원소를 이용하여 신진 대사를 추적한 결과, 신체를 구성하는 단백질과 같은 물질이 굉장히 빠른 속도로 바뀌어간다는 사실을 밝혀냈다. 쇤하이머의 '생명의 동적 상태dynamic state'라는 개념을 확장하여, 후쿠오카 씨는 '동적 평형dynamic equilibrium'이라는 용어를 사용함으로써 생명이란 '동적 평형 상태의 흐름'이라고 다시 정의하였다.

책방 또한 '동적 평형 상태의 흐름'에 있다고 한다면, 왜 책방은 책이 교체되는 것과 상관없이 여전히 그 책방으로 존재할 수 있을까. '동적 평형'의 재정의에 대해 언급한 다음 장에서 후쿠오카 씨는 아래와 같이 기술하고 있다.

생명이란 동적 평형 상태의 흐름이다. 생명을 구성하는 단백질은 만들어지는 순간 분해된다. 그것은 생명이 나름의 질서를 유지하기 위한 유일한 방법이었다. 왜 생명은 끊임없이 분해를 반복하면서도 원래의 평형 상태를 유지할 수 있는 것일까. 그 대답은 단백질의 형태가 구현하는 상보성에 있다. 생명은 그 내부를 둘러싼 형태의 상보성에 의해 유지되며, 그 상보성에 의해 끊임없는 흐름 속에서 동적 평형 상태를 유지할 수 있는 것이다.

_후쿠오카 신이치 지음, 《생물과 무생물 사이》 (은행나무, 2008)

단백질이 만들어지면서 분해되는 것처럼, 책방에서는 책이 입고되면서 팔려나간다. 그것은 책방에 있어 "나름의 질서를 유지하기 위한 유일한 방법"이다. 책이 교체되지 않는다면 책방은 성립하지 않는다.

책 한 권이 빠져나간 자리에는 어떤 책을 꽂을까. 이것을 정하는 일 또한 책방의 "내부를 둘러싼 형태의 상보성"이라 할 수 있다. 그 자리에 무슨 책이 꽂혀 있고 앞뒤와 양옆에 어떤 책을 진열하여 매장을 성립한 것일까. 그 책들은 어떻게 서로를 보충했을까. 어떤 맥락을 이루고 있었을까. 어떤 식으로 분류하고, 어떤 문제의식을 가지며, 어떤 분위기로 계절감을 살려내고 있었을까. 단적으로 말하면 책방의 상보성은, 여태껏 책방이 선별하여 거듭 쌓아온 책들의 축적이자 다양성을 뜻한다.

책방에서 일하는 사람은 매일 이러한 결단을 내린다. 그들의 역할은, 가게의 "내부를 둘러싼 형태의 상보성"을 보면서 "동적 평형 상태의 흐름"을 잘 조절하는 일이다. 그러한 조정자에 의해 "매일 잠정적 1위"라는, 그 책방만의 분위기가 만들어진다.

책방 분위기에 크게 관여하는 것은 사람

결국, 책방 고유의 분위기는 대체로 그곳에서 일하는 사람이 만들어간다.

물론 서가에 진열된 책을 한 사람이 완벽히 통제하여 관리하는 일은 불가능에 가깝다. 어떤 책이 팔릴지는 손님에게 달려 있기 때문에, 책방 분위기는 손님에 의해 만들어진다고도 할 수 있다. 가게라는 공간에서는 예상 밖의 급작스러운 사건들이 많이 일어난다. 책은 사람에 의해 능동적으로 발주되기만 하는 것은 아니다. 신간 서점이라면 체계적인 시스템에 따라, 고서점이라면 누군가로부터 사들임으로써 수동적으로 입고되는 경우도 많다. 별다른 판단도 하지 못한 채 일단 입고된 책을 진열해놓는 일도 왕왕 있다.

한편, 상품을 구비할 때 처음부터 어느 기준까지 적극적으로 통제 가능하게 할지 목표를 정할 때도 책방 저마다의 생각이 드러난다. 지나치게 통제가 잘되면 담당자의 취향에 따라 상품 구성이 한쪽으로 치우쳐, 손님에게 특정 사상이나 가치관을 강요하는 모양새가 되기 쉽다. 그렇다고 손님이 구매하길 기다리거나 수동적으로 입고되기만을 바란다면, 아무런 특징도 없이 책방은 그저 출판유통의 말단에 불과한 존재가 되기 쉽다.

책방 고유의 도서 선별 작업과 그 책방에 어울리는 진열 방식, 책방을 잘 통제하는 능력은 책을 매입하고 진열하는 개인의 필터에 달려 있다. 예를 들어 어느 커다란 서점에서 한 분야의 담당자가 바뀌었다고 하자. 매장의 서가에는 이제껏 진열되어 있던 책에 의한 "내부를 둘러싼 형태의 상보성"이 있기 때문에 갑자기 분위기가 크게 바뀌는 일은 없다. 그러나 그 이후 이루어지는 매입 하나하나와 진열 방법에 대한 판단이 개인의 필터를 통하는 이상, 아무리 과거를 참조한다 해도 서서히 분위기는 바뀌어가기 마련이다.

결국 책방에는 완전히 똑같은 순간이란 없다. 그럼에도 결코 변하지 않는 책방 고유의 분위기가 있으며, 적어도 갑자기 크게 바뀌는 일은 거의 없다. 책방을 이끌어가는 사람이 그곳을 지탱하고 있기 때문이다.

먼 곳의 책방을 방문하는 가치

그렇게 생각하다 보면, 가까운 책방뿐만 아니라 멀리 있는 책방에도 일부러 찾아갈 가치가 있다는 사실을 깨닫는다.

나 역시 한때는 어느 책방이든 다 비슷하다고 생각했다. 상점가에나 있을 법한 작은 책방에는 비슷비슷한 문고본이나 만화책, 단행본, 최신 잡지가 진열되어 있을 뿐이었다. 터미널에 있는 커다란 책방에는, 어느 곳이든 "재고 몇십만 권"이라는 판매 문구가 걸린 채 비슷비슷한 상품들이 진열되어 있는 듯했다. 헌책방 역시, 판매하는 물건이야 제각각이더라도 어디든 대체로 어두워서 선뜻 들어가기 어려운 분위기를 자아내고 있었다. 이러한 헌책방을 밝게 꾸며서 부담 없이 들어가게 만든 곳이 신개념 중고 서점인 북오프(헌책을 깨끗하게 포장하여 판매하는 일본의 대형 중고 서점 체인-옮긴 이) 같은 체인이다. 이러한 서점들은 오히려 의도적으로 모든 가게가 비슷비슷해 보이도록 만들어놓았다.

사실 사람이 이끌어가는 이상, 똑같은 책방은 한 군데도 없다. 늘 잡지에 거론되는 유명한 책방만이 특별한 것은 아니다. 언뜻 보면 어디에나 있을 법한 평범한 책방도,

각 지역 사람들을 상대하고 있기 때문에 비로소 드러나는 저마다의 개성이 있다. 유명하면 유명한 대로, 무명이라면 그런 대로, 규모가 크면 큰 대로, 작으면 작은 대로 나름의 개성이 드러나는 법이다.

점차 익숙해지면 그 차이를 눈여겨보는 재미를 알게 된다. 바로 '책방을 좋아하는 사람'이 되었다는 증거이다. 이 즐거움을 알아버리면 여행지에서도 늘 책방을 찾아다닌다. 그러다 언젠가는 책방을 목표로 여행하게 된다.

물론 여행지에서도 책을 산다. 사실 그 책은 근처 책방이나 온라인 서점에서도 살 수 있을지 모른다. 비록 같은 내용이 인쇄되어 제본된 책일지라도, 이 책방 서가에 진열된 바로 이 책은 아니다. 물론 짐이야 늘겠지만 일생에 단 한 번뿐인 이 책과의 인연을 소중히 여기고 싶다는 생각은, 들뜨기 쉬운 여행의 기분과도 잘 어울린다.

여행지에서 책을 사면 곧장 읽을 수 있는 장점도 있다. 전철에 몸이 흔들리면서, 근처 카페에서 휴식을 취하면서, 밤에 머무는 숙소에서 잠자리에 들기 전에, 또는 아침에 일어나자마자 책을 읽는다. 최근에 그저 궁금하기만 했던 책도 여행지에서 읽으면 일상과는 다른 시선을 발견할 수 있을지도 모르고, 여행지와 관련 있는 책이라면 책 속에 나오는 장소에 실제 방문해볼 수도 있다.

집으로 돌아와 얼마간 시간이 지나면 여행의 기억과

독서의 기억이 서로 연결되어 기분 좋게 어우러진다. 그 책을 다시 읽을 때는 '그러고 보니 여행 갔을 때 읽었던 책이네', 그 지역을 다시 방문하게 되면 '그러고 보니 그 책을 읽었었지' 하며 훗날 추억하게 된다. 그러한 경험이 이어지다 보면 먼 곳의 책방을 일부러 찾아가는 일이 즐거워진다.

서점과 책방

이 책에서는 주로 '책방'이라고 썼지만, 많은 문장에서는 '서점'이란 말이 사용된다. 잡지 취재를 위해 만난 돗토리현 '데유도 서점'의 나라 도시유키 씨가 이 두 단어 사이에서 느껴지는 어감의 차이를 다음과 같이 이야기해주었다.

> '서점'이란 말은, 책이라는 상품을 취급하고 진열하는 '공간'입니다. 넓을수록 좋고 장소도 단순 명쾌한 편이 좋으며 서비스 질을 점점 향상해나가야 합니다. '책방'은 어느 쪽인가 하면 '사람'이기 때문에, 책을 매개로 한 '사람'과의 커뮤니케이션을 요구합니다.

_《BRUTUS》 709호 특집 〈책방을 좋아하는 사람〉 (매거진하우스, 2011)

사전을 찾아보면, '서점書店'의 '店'이라는 한자는 일본어로 보통 '미세('가게'라는 뜻-옮긴 이)'라고 읽지만, 같은 의미로 '見世(미세)'라고 쓰기도 하고 '다나'라고 읽기도 한다. '다나'라고 읽는 한자에는 '店'와 '棚(일본어로 '선반'을 뜻함-옮긴 이)'가 있다. 이 '미세'와 '다나'는 둘 다 '진열대'라는 뜻의 '미세다나店棚 · 見世棚'의 줄임말이기도 하다.

미세[店 · 見世]

[명사] ① (「미세다나」의 줄임말) 손님의 눈에 띄도록 상품을 진열해놓은 곳. 상품을 진열하여 판매하는 곳. 또는 판매나 서비스를 위해 손님을 응대하는 장소. 선반.

다나[店 · 棚]

[명사] (「미세다나店棚」의 줄임말)

① 상품을 진열하는 선반. 또는 상품을 진열한 장소. 뜻이 변하여, 진열대를 늘어놓은 가게. 상가.

미세다나[見世棚 · 店棚]

[명사] 상품을 진열하는 선반. 또는 상품을 진열한 장소. 뜻이 변하여, 진열대를 늘어놓은 가게. 선반.

_모두《정간판 일본국어대사전》iOS판 (쇼가쿠칸, 모노카키도)

즉 '서점'이란 '상품'인 책을 진열하는 서가와 평대를 뜻하는 말이자, 이것들로 구성되는 '책의 진열 장소'라고 할 수 있다.

한편, '책방本屋'의 '屋(일본어로 '야'라고 읽음-옮긴 이)'는 무엇을 뜻하는가 하면, '사람'이나 '집'을 가리킨다.

야[屋 · 家 · 舍]

[어소] ① 명사에 붙어 그 물건을 갖추어 매매하는 사람이나 가게를 뜻한다. 또는 이러한 기준으로 다른 업종에 붙어서

도 사용한다. '고메야(쌀가게)', '구스리야(약방)', '우에키야(정
원수 가게)', '부리키야(양철 가게)', '시치야(전당포)', '하타고야
(여인숙)' 등등.

② 뜻이 변하여, 그것을 전문으로 하는 사람을 가리킬 때 쓴
다. 경멸, 혹은 자조의 의미를 담아 사용하는 경우가 있다.
'세지야(정치꾼)', '부쓰리야(물리학 장수)' 등등.

_《정간판 일본국어대사전》 ios판 (쇼가쿠칸, 모노카키도)

즉, '책방'은 '책을 갖춰서 매매하는 사람' 혹은 '책을
전문으로 다루는 사람'을 뜻한다. '서점'은 거의 '공간', '장
소' 쪽에 가까우며 '책방'은 거의 '사람' 쪽에 가까운 말
이라는 나라 도시유키 씨의 분류법은, 사전적 의미로서
도 올바르다. 영어로 바꿔보면, '서점'은 'bookstore' 또는
'bookshop'이고 '책방'은 'bookseller'라고 할 수 있다.

많은 문장에서 '책방'보다도 '서점'을 선호하는 이유
는, '屋'라는 한자를 "경멸, 혹은 자조의 의미를 담아 사용
하는 경우가 있다"라는 설명 때문이다. 잡지 기사 같은 곳
에 '책방'이라는 단어를 쓰면, 교열부에서 '서점'으로 수정
하는 경우도 많다.

한편, '책방'이라는 말에 특별한 기억을 가지고 있어서
일부러 즐겨 쓰는 사람도 있다. 예를 들면, 전국의 '동네
책방 주인'을 소개한 책의 서두에서는 아래와 같은 한 문

장으로 글을 마무리하고 있다.

> 제목을 '서점 도감'이 아닌 '책방 도감'으로 한 이유는, '책방'
> 이라는 단어에 대한 애착 때문입니다.
>
> **_도쿠치 나오미·책방도감편집부 지음 《책방 도감》 (나쓰하샤, 2013)**

　나 또한 '책방'이라는 단어에 애착을 가지고 있다. 바로 '사람'에게 갖는 애착이며, '사람'이 있기 때문에 비로소 '공간'이 된다는 마음의 표현이기도 하다.
　원래 어느 특정한 시대까지는, 현재의 '서점'을 구성하는 두 요소인 서가와 평대가 존재하지도 않았다.

　현재처럼 손님이 자유로이 책을 찾아볼 수 있는 진열 형태가 일반 서점에 나타난 때는 메이지 중기 무렵이다. 그 이전에는, 책방이라고는 해도 다른 상점과 똑같이 다다미가 깔린 마루방에서 좌식으로 판매했다. 에도 시대의 전형적인 책방은 밖에 상자로 된 간판을 내건 좌식 형태로, 손님이 길이나 문간에 서거나 다다미에 앉아서 원하는 책을 말하면 주인이 포목전처럼 물건을 꺼내와 보여주는 식이었다. 소시(삽화가 실린 에도 시대의 대중 소설) 같은 대중적인 서책을 취급하는 가게에서는, '본보기 책'이라고 해서 일부를 다다미 위에 직접 놓아두거나 경사가 낮은 받침에 진열해두기도 했다. 그러나 재고는 대개 가게 구석에 있는 서가에 쌓아두었고, 인기 있는 책이나 신간 종류는 얇고 조붓한 판에 제목을 써서 게시해두었다.

_시바노 교코 지음, 《책장과 평대》(고분도, 2009)

위 책에 따르면 손님이 자유로이 책을 찾는 형식을 가장 빨리 취한 책방은 진보초에 위치한 도쿄도 서점과 니혼바시에 위치한 마루젠 서점으로, 1903년 무렵이라고 한다. 즉, '책을 갖추고 매매하는 사람'으로서의 '책방'은 아주 먼 옛날부터 있었지만, '책을 진열한 장소'로서의 '서점'이 지금의 형태로 변화한 때는 고작 120년 전이다.

그렇다면 취급 대상인 '책'의 경우는 어떠할까. 지금까지는 손님의 시점에서 바라본 책방의 즐거움에 대해 썼다. 이제 '가게'를 운영하는 쪽, 즉 '屋'의 시점으로 재빨리 옮겨가기에 앞서, 잠시 길을 돌아 일단 '책'이란 무엇인지에 대해 다시 한 번 생각해보고자 한다.

●「연혁—스하라야」

http://www.suharaya.co.jp/aboutus/history.php

제2장

책은
정의할 수
없다

고유 번호가 붙어 있어야 책일까

책이란 무엇일까. 하나의 단서로 'ISBN'이라고 부르는 고유 번호가 있다.

13자리의 고유 번호로 이루어진 ISBN은 서적 출판물의 서지를 특정합니다.

(……)

한 번이라도 부여·발행된 ISBN 코드는 그 책이 절판된 후에도 영구적으로 다시 쓸 수 없는 것이 규칙입니다. 한편, 동일한 서적에 복수의 다른 ISBN 코드를 동시에 부여할 수 없습니다.

이 규칙이 지켜짐으로써 출판업자와 유통 관계자는 고유한 서적 정보를 공유하여 독자의 수요에 제대로 신속·정확하게 응할 수 있습니다. 도서관은 ISBN을 통해 서지 정보를 정확히 관리하여 이용자에게 제공할 수 있는 것입니다.

ISBN은 법률과 조약으로 정해진 것이 아닙니다. 전 세계 출판업계가 공유하는 '사회 표준'입니다. 발행하는 서적에 반드시 붙여야 한다는 법적인 구속력은 없습니다. 그러나 고생해서 발행한 책을 한 명이라도 많은 독자에게 전달하기 위해서는, 그 책에 대한 정보가 세계에 널리 공유될 필요가 있습니다. ISBN은 서지 정보를 검색하기 위한 열쇠로서 중요한 역할을 다하고 있습니다.

_일본도서코드관리센터 〈ISBN 고유 번호의 의의와 편리성〉

_출처 http://isbn.jpo.or.jp/index.php/fix__about/fix__about_2/

이 고유 번호는 책에만 붙일 수 있다. "전 세계 출판업계가 공유하는 사회 표준"을 지향하고 있기 때문에, 많은 사람이 이러한 고유 번호가 붙어 유통되는 것을 책으로 인정한다.

서점 현장, 적어도 대형 서점 체인 같은 곳에서는 필요한 서지 정보가 미리 저장되어 있는 전용 계산대를 사용한다. ISBN을 읽히면 가격이 표시될 뿐만 아니라 재고 데이터와 연동되어 필요한 책이 자동으로 추가 주문될 수 있도록 해놓은 서점도 있다. 관리상의 불필요한 수고를 줄이기 위해 ISBN이 붙은 책만 취급하려는 서점도 많다.

한편, ISBN이 붙을 수 있는 상품은 이른바 서적뿐이다. 책 도매를 취급하는 회사를 일본에서는 '중개 회사'라고 부르는데, 서적과 잡지 모두 동일한 중개 회사가 취급한다. 세계적으로 봤을 때 이 방법이 반드시 표준은 아니다. 서적과 잡지를 전혀 다른 품목으로 취급하며 각각 유통하는 나라도 많다. 따라서 서적과 잡지는 국제 표준이 되는 고유 번호도 다르다. 잡지에는 ISBN이 아닌, '정기

간행물번호(잡지)' 또는 'ISSN'이라고 불리는 별도의 고유 번호가 부여된다.

도한이라는 대형 중개 회사가 창구 업무를 맡고 있는 '정기간행물번호(잡지)'는, 원만한 출판유통을 위해 1978년에 제정된 '잡지 고유 번호'를 바탕으로 개정하여 2004년부터 새롭게 도입한 것이다. 한편, 국립국회도서관이 관리를 맡은 'ISSN'은 연속 간행물에 붙이는 국제적 식별 번호로, 1971년에 제정되어 현재까지 운용되고 있다. 실제, 둘 중 한쪽의 번호만 붙은 잡지도 있고 양쪽이 모두 붙은 잡지도 있다. 겉보기에는 잡지이지만 철저하게 서적으로 취급하며 ISBN을 붙이는 물품도 있다. 세 가지 고유번호 체계를 병행해서 사용하고 있다는 뜻이다.

물론 고유 번호가 붙어서 유통되는 물품 전반은, 누구라도 책이라고 인정할 만한 서적과 잡지이다. 그런데 그 중에는 CD나 DVD, 토트백이나 파우치, 빵이나 쿠키 틀, 만년필이나 키홀더, 다이어트를 위한 세라밴드나 벨트와 같은 물품에 ISBN을 비롯한 고유 번호가 붙어서 유통되는 경우가 있다. 표면적으로 그러한 물품의 상당수는 책의 부록으로 되어 있으며, 얄팍한 책자가 편의상 본지의 역할을 하며 붙어 있다. 과연 이것들은 책이라 말할 수 있을까.

이러한 물품들은 다른 책과 똑같이 서지 정보가 붙은 채 서점에 진열된다. 굳이 말하자면, 적어도 유통상에서

는 식빵 틀도 책이고 복부 다이어트 벨트도 책이라는 뜻
이 된다. 물론 다른 의견도 있을 것이다. 적어도 현재로써
는 묵인되고 있으며, 이러한 상품들을 인기 품목으로 힘
을 실어 판매하는 서점도 있기 때문에 책이 아니라고 딱
잘라 말하기는 어렵다.

출판유통시스템으로 거래하면 책일까

일본의 도서 유통은 거대한 유통망 하나로 연결되어 있다. '도도매'라고 하여 도매 회사인 중개 회사끼리도 책을 거래하기 때문이다. 즉, 출판사가 어떤 한 중개 회사와 계약하여 상품을 납품하면 그 책은 이른바 출판유통시스템을 통해 거래된다. 서점이 어느 한 대형 중개 회사와 계약을 하면, 출판유통시스템으로 거래되는 책 전부를 그 중개 회사를 통해 매입할 수 있다. 따라서 손님은 어느 서점을 가도 책을 주문할 수 있으며 품질이나 가격은 어디에서 구입하든 변하지 않는다. 이 또한 책이라는 상품의 특수한 점이다.

그런데 ISBN과 같은 고유 번호가 붙어 있다고 해서 반드시 출판유통시스템으로 거래되는 것은 아니다. 기준에 부합하는 출판물을 만들어서 돈만 지불하면 누구든 ISBN을 취득하여 책에 부여할 수 있지만, 출판유통시스템을 통해 거래하려면 중개 회사와 계약하여 상품으로 납품해야만 하기 때문이다. 실제로 ISBN이 붙어 있어도 출판유통시스템에서 거래되지 않는 책도 존재한다.

그러나 일본 출판업계에서는 출판유통시스템으로 거래하는 상품만을 책이라고 여길 가능성이 많다. 예를 들면 많은 통계를 봐도 그러하다. 《출판지표》를 발행하는 출판과학연구소와 《출판연감》을 발행하는 출판뉴스회사에 문의했더니, 아니나 다를까 중개 회사를 통해 거래되는 책이 집계 대상이었다. 그중 일본출판판매라는 중개 회사가 발행하는 《출판물 판매액 실태》에서는 2016년판부터 '출판물 추정 판매액'의 내역에 중개를 거치지 않는 '출판사 직판'분도 포함되었다. 어디까지나 추정 금액이기는 하나, 이는 출판유통시스템으로 거래하지 않는 책의 존재감이 무시할 수 없을 정도가 되었다는 사실을 나타낸다.

인쇄되고 제본된 책자

ISBN도 붙어 있지 않고 출판유통시스템으로 거래하지 않아도, 인쇄되고 제본되어 책의 형태를 갖춘 출판물은 많이 존재한다.

출판유통시스템으로 거래하지 않는 책을 가리키는 말에는, '리틀 프레스', 'ZINE', '동인지', '자비 출판물' 등 몇 개가 있다. 각각 조금씩 느낌은 다르지만 모두 중개 회사에 주문할 수 없기 때문에 서점마다 직접 제작자를 통해 매입한다. 업무상 번거로움이 늘어나는 까닭에 취급하지 않는 서점도 있는가 하면, 반대로 상품 구성에 특색을 부여하기 위해 적극적으로 매입하는 서점도 있다.

한편, 그러한 책 중에는 서점 판매 대상이 아니라 '동인지 즉매회(동인지를 즉석에서 배포하거나 판매하는 행사로, 만화나 애니메이션 관련의 동인지가 압도적으로 많음-옮긴 이)'나 '북 페어' 등의 이벤트에서 판매하기 위해 해당 스케줄에 맞추어 만들어지는 경우도 많다. 최대 규모를 자랑하는 '코믹 마켓'이나 오리지널 창작물만 다루는 '코미티아'부터 'THE TOKYO ART BOOK FAIR'나 '문학 프리마'처럼 이름 그대로 아트 북이나 문학 작품에 특화된 이벤트까지, 규모도 다양하고 그 수도 방대하다. 그중에는 일부 서점에서 도매되는 책도 있지만, 대개는 이벤트 당일에 현장 한정으로 판매되며 그날 이후에는 입수하기 어려운 책도 많다.

그 밖에도 특정 장소에서 한정 판매되는 책이 있다. 예를 들면 미술 전시회에서 판매하는 도록이다. 공공 미술관부터 민간 갤러리에 이르기까지, 전시에 맞추어 발행되는 대다수의 책은 ISBN이 붙어 있지 않고 서점에서도 거의 판매하지 않는다. 영화나 연극, 콘서트 등의 팸플릿이나 관광 명소에서 판매하는 가이드 소책자 등도 마찬가지이다. 한편, 사원이나 거래처를 위해 회사의 역사를 기록한 책, 도서관에서 소장하는 지역 자료나 연구 논문 등도 시판되지는 않지만 확실히 책으로 존재한다. 어떤 장소나 이벤트, 특정 커뮤니티에서 엮은 책은 그곳에서만 판매하는 경우가 많다.

판매를 전제로 하지 않고 무료로 배포되는 책도 있다. 통칭하여 대부분 '프리 페이퍼', '프리 매거진'이라 불리는데 그 내용물 또한 다양하다. 역 같은 곳에 설치된 선반에 배포되는 정보지, 비행기를 타면 무조건이라고 해도 좋을 만큼 꼭 비치되어 있는 기내 잡지, 카메라 회사나 카드 회사 같은 곳에서 고객을 대상으로 발행하는 정기 회보지 등은 다들 익숙할 것이다. 광고비로 꾸려가는 사업 혹은 자사 브랜딩이나 홍보의 일환으로, 온갖 기업들이 이러한 책을 발행한다. 지역 부흥과 고객 유치를 목적으로 여러 지방 자치 단체나 상인 협회 같은 단체가 발행하기도 한다. 동호회 같은 모임이나 개인이 취미로 발행하는 책도 많다.

덧붙여서, 이처럼 읽히기 위한 목적이 아니더라도 책자의 형태를 취하는 것은 많다. 예를 들면 집의 서가에 상품 카탈로그나 설명서 등이 책과 한데 놓여 있는 경우도 많을 것이다. 그것을 책이라고 부르기 꺼리는 사람도 많을지 모르지만, 자동차 관련 전문 고서점에 가면 옛날 자동차의 카탈로그나 설명서가 굉장한 가격에 팔리기도 한다. 책과 같은 취급을 받는 이러한 책자들을 책이 아니라고 단정 지어 말하기란 역시 어렵다.

인쇄도 제본도 없던 시대부터

그렇다면 '책'이라 불리는 형태는 대체 언제부터 존재했을까.

라틴어로 '책liber'이란 원래 수목의 내피를 표현하는 말이었다. 수목의 내피는 돌과 함께 아주 먼 옛날부터 인간이 문자를 기록하던 소재였다. 고대인들은 그 외에도 다양한 재료로 문자를 썼다. 메소포타미아 유적에서는 문자가 새겨진 점토판이 천 장 단위로 발견되었으며, 다른 지역에서도 문자가 적힌 밀랍판이나 목판, 뼈, 천, 야자수 잎, 짐승 가죽, 돌, 금속 등이 발견되었다.

그리스어로 '책biblion'의 어원은 파피루스를 의미하는 'biblos'이다. 현재, 서양 언어에서 사용하는 '성서bible'나 '애서가 bibliophile', '도서관bibliotheca' 등의 많은 단어가 여기에서 유래한다.

_브뤼노 블라셀 지음, 《책의 역사》 (시공사, 1999)

인쇄 기술이 생겨나기 전은커녕, 종이라는 소재조차 탄생하지 않았던 때부터 '책'이라는 말은 존재했다. 애초에 '책'이란 수목의 내피나 파피루스, 즉 기록하는 소재를

가리키는 말이었으며 널빤지 모양일 때도 있었고 두루마
리 모양일 때도 있었다. 그 후, 현재까지 이어지는 책자의
형태가 생겨났다.

> 책의 형태는, 기원후 빠른 시기 동안 변화해왔다. 이제껏 사
> 용해온 두루마리 대신 낱장을 합쳐서 마무리한 책자(코덱스)
> 가 등장하였고, 오늘날과 같은 형태의 '책'이 되었다.
> 양손으로 들어야만 읽을 수 있는 두루마리와 달리, 책자는
> 취급이 편하고 보관도 쉬우며 부피가 늘지 않기 때문에 들고
> 다니기 편리한 데다 겉과 속의 양면에 글씨를 쓸 수 있었다.
> 그리하여 2세기에서 4세기에 걸쳐 기독교의 보급과 함께 책
> 자가 널리 사용되기 시작했다.
>
> _브뤼노 블라셀 지음, 《책의 역사》 (시공사, 1999)

지금은 책이라는 단어를 말하면, 틀림없이 인쇄되고
제본된 책자를 떠올릴 것이다. 그러나 인쇄되거나 제본되
지 않은 형태라도 책이라 불리던 시대는 있었다. 그럼에
도 특정 시기를 경계로 하여 인쇄되고 제본된 형태만을
책이라 여기는 것은 이상한 이야기처럼 들린다.

실제로 요즘도 박물관에 가면, 손으로 글씨를 쓴 사
본이 당당히 책으로 전시되어 있다. 고서점에서는 일정
한 사료적 가치가 있는 물품이라면 개인 스크랩북이나

사진첩, 일기조차도 한층 고가에 거래된다. 뉴욕 브루클린을 거점으로 전 세계의 스케치북을 모아 공개한 'The Sketchbook Project'나 일기·스케줄 수첩·아이디어 수첩 등을 '수첩류'로 수집하여 도쿄 산구바시의 갤러리에서 공개한 '수첩류 도서실'은, 현대 특유의 손글씨 책 즐기는 방법을 제안하는 새로운 형식의 도서관이나 마찬가지이다. 이것들을 책이 아니라고 단언하기는 어렵다.

신간 서점을 잘 살펴보면 한 장으로 된 지도나 우편엽서, 또는 그림 연극(딱딱한 종이에 연속으로 그린 그림을 상자 모양의 틀 안에 포개어 넣은 뒤, 한 장씩 순서대로 보여주며 이야기를 들려주는 놀이-옮긴 이)처럼 꼭 제본되지 않은 상품이라도 의외로 많이 팔리고 있다. 고서점에 가면 영화 전단지나 포스터를 필두로 티켓이나 포장지까지, 대개는 어딘가에 누구든 원하는 사람이 있을 법한 온갖 종이들이 '종이 제품'이라 불리며 하나의 분야를 형성하고 있다. 책에 대한 고대의 정의에 비추어보면, 제본되지 않은 이러한 상품 역시 책이 아니라고 딱 잘라 말하기는 힘들다.

전자 서적의 보급과 웹 사이트와의 경계

현대에서는 드디어 '전자 서적'이나 '전자 잡지', '전자 코믹'이라 불리는 책이 사람들의 평범한 일상생활에 침투하여 정착하기 시작했다.

2018년 현재 특정 책을 검색했을 때 전자책으로도 출판되어 있을 확률은 예전보다 상당히 높아졌고, 전자책으로만 출판된 책이 화제가 되는 일도 늘어났다는 점을 개인적으로 실감한다. 어느새 책은 전자책만 읽는다고 말하는 사람도 적지 않다. 화제가 된 책이 전자책으로 나와 있지 않으면 전자책은 언제 나오느냐며 SNS를 통해 재촉하는 독자 또한, 수년 전에는 소수파였으나 지금은 꽤 일반적이자 무시할 수 없는 목소리가 되었다. 물론 그러한 배경에는 스마트폰의 보급이 있다.

지금은 태블릿, 패드, 킨들과 스마트폰이 있다. 그중 스마트폰이 가장 의외의 물품이었다. 평론가는 고작 몇 인치의 깜빡이는 화면으로 책을 읽고 싶어 하는 사람은 아무도 없다고 계속 말해왔지만 착각에 불과했다. 크나큰 착각이었던 것이다. 나를 포함하여 많은 사람이 스마트폰으로 기쁘게 책을 읽는다.

_케빈 켈리 지음,《인에비터블 미래의 정체》(청림출판, 2017)

미국 IT 잡지 《WIRED》의 창간호 편집장인 케빈 켈리는 위 책에서, 스마트폰에 그치지 않고 앞으로 한층 세상이 화면 안에 가득 채워지는 현상을 'SCREENING'이라 부르며 1장을 할애한다. 거기에 더하여, "세상의 모든 책이 하나의 유동적인 구축물로서 언어와 아이디어를 상호 연결한다"라며 책의 미래상을 예언한다. 케빈 켈리가 지적한 대로, 이러한 보편적 도서관의 개념은 기원전 300년 알렉산드리아 도서관 시대부터 이어지고 있다.

나는 전작 《책의 역습》(하루, 2016)에서 그러한 개념으로의 흐름을 "책은 인터넷에 녹아들고 있다"라고 표현했는데(일본에서 2013년에 출간되었기 때문에 열거한 사례야말로 오래된 것이지만, 스스로도 놀랄 만큼 기본 생각은 바뀌지 않았다. 이 책보다 전작에서 디지털에 대한 화제에 더 많은 지면을 할애하였고, 좀 더 콤팩트한 책이므로 흥미가 있는 분은 읽어보길 바란다), 5년이 지난 지금도 여전히 출판업계 측에서는 작은 변화밖에 일어나지 않았다. 그러한 상황으로 변화하고 있다고는 도저히 생각할 수 없을 만큼, 기껏해야 전자 서적의 출판 비율이 늘었을 뿐이다.

현재의 그러한 상황이 답답하다는 듯 인터넷 측에서는 이른바 전자 서적이라 불리는 것 이외에도 많은 이야기와 지식, 정보를 변형하여 나날이 다양한 콘텐츠를 만들어내고 있다. 이는 종이·인쇄·제본이라는 기술을 배경으로 온갖 변형이 탄생했던 역사와 꼭 닮았다. 이른바 종이책과 무척 닮은 것이다.

예를 들면 무료로 읽을 수 있도록 제공하면서 배너 광고나 기사광고로 꾸려가는 웹 미디어라든가 한 기업이 브랜딩을 위해 운영하는 자사 매체는, 종이로 된 프리 페이퍼와 닮았다. 유명 웹 사이트를 보면 상품 설명에 대해 쓴 페이지는 종이로 된 상품 카탈로그와 같으며, 기업의 연혁이나 이념을 적은 페이지는 종이로 된 회사의 역사 및 안내서와 같다. 반면 물리적 제한이 있는 종이와 달리 얼마든지 양을 늘릴 수 있고, 인쇄처럼 고정되지 않아 언제든 내용을 바꿔 넣을 수 있으며, 따로 마무리가 필요한 제본과 달리 종횡무진으로 링크를 붙여서 쌍방향으로 커뮤니케이션이 가능하다는 점은 다르다.

결국 전자 서적뿐만 아니라 웹 사이트 또한 책이라고 말할 수 있을지도 모른다. 적어도 책과 닮았다. 무료로 읽을 수 있는 콘텐츠뿐만 아니라 한정된 커뮤니티에게만 허용되는 콘텐츠도 포함해서, 인터넷상의 온갖 콘텐츠가 이제까지 종이책이 쌓아온 역사와 닮았거나 그 연장선에 있다. 지금껏 종이로 유통해온 수준 높은 이야기나 지식, 정보가 이제 서서히 인터넷상에서 펼쳐지게 되었다. 이러한 인터넷의 특성은 원래 '하나의 유동적인 구축물'로서 '언어와 아이디어를 상호 연결한다'는 점을 전제로 한다.

바꿔 말하면, 이른바 전자 서적이나 전자 잡지는 종이로 된 서적이나 잡지와 '너무 닮은' 탓에 인터넷의 특성을 살린 커다란 변화가 좀처럼 일어나지 않는 것이다. 어디까지나 완성되고 포장된 책을 한 권씩 유료로 판매한다는 전제에서 만들어진 이상, 갑자기 '하나의 유동적인 구축물'이 되기란 어렵다.

출판업계 측에서도 변화의 조짐은 있다. 예를 들면, 급성장한 전자 서적 플랫폼 'd 매거진'을 비롯한 무제한 읽기 정액제가 그것이다. 원래 종이책으로 편집된 잡지를 전자 서적으로 만들어서, 한 권의 단위뿐만 아니라 특집이나 기사처럼 한층 세분화된 단위로도 검색되고 동등하게 열람되도록 하였다. 종이 잡지를 사랑하는 입장에서 말하면, 잡지의 '잡'다한 부분에서 느껴지는 재미뿐만 아니라 온갖 요소가 공존하는 데서 오는 재미를 상실하기 쉬운 형태의 잡지가 본격적으로 보급되고 만 꼴이다. 한편으로는 잡지를 읽는 체험이 조금은 '하나의 유동적인 구축물'에 근접했다는 뜻도 된다. 설령 내용물이 동일한 잡지일지라도 이러한 서비스는 종이로만 발행되던 시대와는 다른, 새로운 체험을 만들어내고 있다.

완성, 편집, 논점과 내러티브

사실 전자 서적을 책이라고 생각하면, 인터넷상의 온 갖 콘텐츠 역시 책이라고 말할 수 있을지도 모른다. 그러 다 보면 너무 막연해져서 책이 갖는 '고유성'이 사라지는 듯한 느낌도 든다. 종이에 인쇄되는지 화면에 표시되는지 에 관계없이 좀 더 '책의 고유성'을 살려서 정의한다면 어 떤 식으로 뜻을 규정지을 수 있을까.

우선 '완성된 대상'으로 보는 정의가 있다. 디지털의 산물은 원칙적으로 언제든 변경이 가능하므로, 만약 그 내용에 대해 무언가 지적하면 나중에 내용을 수정하거나 추가로 기록하는 일이 발생할 수 있다. '출판=publishing' 이라는 말은 '공공=public'으로 한다는 의미이다. 공공으 로 한다는 시점에서 그 내용에 대한 책임이 따른다. 특정 시점에 출판물이 완성되면 그 이후에는 변경되지 않으며 만약 변경될 경우에는 개정판으로 관리되는 대상이라는 설명이, 좀 더 '책의 고유성'에 가까운 정의일지도 모른다.

'제3자에 의해 편집된 대상'이라는 설명도 자주 언급 되는 정의 중 하나이다. 아무리 책이 완성되었다고 해도 제작자 혼자만 만족한다면, 다른 누군가에게는 가치 있는 대상이 아닐지도 모른다. 편집자라는 제3자가 불특정 다수가 필요로 하는 형태로 정리하여 '책으로 만든' 것이라는 설명이, 좀 더 '책의 고유성'에 가까운 정의라고 느껴지는 것은 자연스러운 일인지도 모른다.

케빈 켈리는 책을 "지속해서 전개되는 논점과 내러티브(이야기)"라고 정의했다.● 한 가지 논점의 근원을 전개해나가고 일련의 이야기를 뽑아내는 것은, 확실히 '책의 고유성'일지도 모른다. 완성되지 않거나 편집자의 손을 거치지 않더라도 '논점'이나 '내러티브'로서 의의가 있는 대상을 책이라 생각한다면, 종이에만 한정되던 시대와는 다른 방식의 새로운 책이 나타나기 시작했다고 생각할 수 있다.

모든 콘텐츠가 책일까

앞서 말한 '완성된 대상', '제3자에 의해 편집된 대상', '지속해서 전개되는 논점과 내러티브'라는 모든 정의는, 종이책에 인쇄되어온 문자나 사진, 일러스트라는 정적인 대상에 그치지 않고 음성이나 영상, 게임 등 동적인 대상까지 포함한다.

한데 묶어 '콘텐츠'라 불리는 이 대상들은, 온갖 온라인 서점이나 스마트폰 앱스토어에서 나란히 판매되며 24시간이라는 한정된 시간을 서로 빼앗고 있다. 생각하기에 따라서는 콘텐츠라 불리는 모든 대상이 책과 닮았다.

동적인 콘텐츠의 대다수는 생방송을 제외하면 대개 '완성'되고 '편집'된다. 음성이나 영상, 게임 등을 체험하는 연속적인 시간의 흐름 속에서 '지속하여 전개되는 논점과 내러티브'를 간파해내는 일 또한 가능할지도 모른다.

요즘은 종이책이라고 해도 대부분 원본은 데이터이다. 예를 들면 인쇄소에 넘겨지는 원고는 '.indd'나 '.pdf'라는 확장자가 붙은 파일이다. 그전에 Word로 쓴 원고가 있으면 그 파일 형식은 '.docx'이다. 만약 이 원고가 저자 본인이 말로 풀어낸 것이라면, 원본이 음성 파일일 경우에는 '.mp4'이고 동영상일 경우에는 '.wmv'일 것이다. 그러한

'원본 데이터'는 '완성'이나 '편집'되기 전의 자료이기 때문에, 책이 아니라고 느끼는 사람이 있을지도 모른다. 한편, 그 이야기 속에서 '지속하여 전개되는 논점과 내러티브'의 측면이 뛰어나다면, 보다 날것에 가까운 원본 데이터에는 그에 상응하는 가치가 있다.

결국, 어느 데이터까지가 책이고 책이 아닌지 구별할 필요도 없다는 생각이 든다. 모든 콘텐츠가, 모든 파일 형식이 책이 아니라고 말할 수도 있는 것이다.

커뮤니케이션도 책일지 모른다

　사람은 그러한 콘텐츠를 통해 자신이 여태까지 쌓아 온 경험이나 지식에 비추어보면서 다양한 것을 떠올리거나 생각한다. 앞에서 여러 번 언급했듯, 모두 각자 살아온 인생이 다르고 독서 환경도 다르기 때문에 한 권의 책이나 하나의 콘텐츠에서 같은 메시지를 읽어내는 일은 없다. 받아들이는 이가 100명이라면 이해하는 방식도 100가지로 나뉘므로, 같은 소설이나 영화에 대해 다른 사람과 함께 이야기 나누는 일은 즐겁다.

　여기에 소설이 한 권 있다고 하자. 종이에 인쇄된 책이 눈앞에 있다. 그러나 그 소설을 읽은 감상은 독자 한 사람 한 사람의 머릿속에만 존재한다. 저자가 담고자 한 메시지를 이해하지 못하는 독자에게 그 책은 아무런 내용도 쓰여 있지 않은 셈이다. '쓰인 것'과 '읽힌 것'은 다르기 때문이다.

　책을 다 읽은 후, '이러이러해서 이러한 사람이 있었고, 이러이러한 일이 일어나서, 결국 이렇게 되었다'라는 식으로 줄거리가 정리되어야 소설(소설을 읽는 행위)이라고 생각하는 사람이 많지만 이는 순전히 착각일 뿐이고, 소설이란 그저 읽는 시간 속에서만 존재한다. 읽으면서 이런저런 감정을 느끼거나 기억을 떠올리는 것이 소설이며, 그러한 감정이나 기억은 작품의 내용과 동떨어진 것도 포함한다. 결국, 소설은 독자의 실제 삶에 이런저런 영향을 끼치기 때문에 저자는 세부적인 부분에 힘을 쏟는다.

_호사카 가즈시 지음, 《소설 네 열정을 바쳐라》 (섬앤섬, 2007)

호사카 씨의 말처럼 "그저 읽는 시간 속에서만 존재" 하는 것이 소설이라고 한다면, 책이란 '쓰인 것'뿐만 아니라 '읽힌 것'까지 포함하게 된다. 소설뿐만 아니라 모든 콘텐츠에는 누군가의 사고방식이나 감정을 조금씩 바꾸어 놓을 가능성이 있다. 그러한 변화는 특정 콘텐츠가 발단이 되지만, 사실 그 콘텐츠를 통해 '읽힌 것'에 의해 일어난다. 따라서 오히려 '읽힌 것'만이 책이라는 식으로 말하는 사람이 있다 한들 이상하지 않다.

'쓰인 것'이 콘텐츠라고 한다면 '읽힌 것'은 커뮤니케이션이다. 일단, 커뮤니케이션은 '쓰인 것'을 기점으로 제작자와 이용자 사이에 일어난다. 이어서 '쓰인 것'의 이용자들 사이에서도 일어난다. 바꿔 말하면 한 권의 책은, 콘텐츠뿐만 아니라 콘텐츠를 기점으로 한 모든 커뮤니케이션의 총합이다.

인터넷이 발달한 이후 콘텐츠가 급격히 늘어남과 동

시에, 커뮤니케이션은 더욱 폭발적으로 증가하면서 한결 가시화되기 쉬워졌다. 때로는 따분한 책보다도 SNS부터 술집에서 일어나는 대화에 이르기까지, 온갖 커뮤니케이션의 장소에서 훨씬 의미 있는 '읽기'가 가능하다. 그런 식으로 생각하면, 콘텐츠보다 커뮤니케이션 쪽이 더욱 다양해지면서 역설적으로 '책다워지게' 된 때가 현재라고도 말할 수 있다.

'읽을 수 있는' 모든 것

'읽힌 것'도 포함하여 책이다. '읽힌 것'이야말로 책일지도 모른다. 이 말은 동시에, 이 세상에 존재하는 온갖 만물을 '읽으려고' 한다면 '읽을 수 있는' 대상 모두가 책이라는 뜻이다.

만약 도로 가장자리에 '갑자기 튀어나오는 아이 조심'이라 쓰인 표지판이 있다고 하자. 대부분의 사람에게 그것은 단순히 주의를 알리는 정보에 지나지 않는다. 하지만 인생을 좌우할 만큼 과감한 결단을 눈앞에 둔 사람이 그야말로 '갑자기 튀어나온' 그 문구를 마치 시처럼 '읽었다'면 잠시 멈춰 서서 마음을 돌릴 계기가 될지도 모른다. 그 순간, 이 '갑자기 튀어나오는 아이 조심'이라는 표지판이 이 사람에게는 책이 되었다고 말할 수 있지 않을까.

'읽을 수 있는' 것은 반드시 말뿐만이 아니다. 앞서 인용한 데라야마 슈지의 "하늘은 한 권의 책"이라는 구절이 좋은 예이다. 수많은 옛사람이 하늘을 바라보며 생각에 골몰하고 제각각 인생의 중대한 결단을 내려왔다. 올려다본 하늘의 방대함, 색의 변화, 구름의 모습에서 커다란 영감을 받고 행동해왔다. 하늘에는 아무런 말도 쓰여 있지 않지만 여러 사람에게 '읽혀' 왔다고 생각하면, 그러한 하늘이 매일 우리의 머리 위에 있고 올려다볼 때마다 변화하고 있다는 사실은 무척 풍요로운 일이다.

물론 책방에서 하늘을 팔 수는 없지만, 만약 앞에서 언급한 예처럼 달이 떠 있는 하늘을 찍은 사진집 옆에 망원경을 진열해서 판매하는 일은 가능하다. 최근 책방에서는 그런 식으로 이런저런 상품을 팔고 있다. 매장 디스플레이 측면에서는 아무런 문구가 쓰여 있지 않더라도, 가게 측에서 자연스레 만들어낸 '망원경으로 밤하늘을 바라보는 건 어떠세요'라는 맥락이 존재한다. 책방을 찾은 손님이 망원경을 구입할 때 두 상품 사이에 존재하는 맥락을 '읽어냈다'는 점과 망원경을 통해 하늘이라는 책을 '이해했다'는 점의 이중적 의미에서는, 망원경조차도 책이라고 말할 수 있을지 모른다.

모노노혼과 소시

지금까지의 정의로 보면, 인터넷상에 있는 것만이 아니라 이 세상에 존재하는 모든 만물이 책이라는 결론에 도달하기 쉽다. 다시 '책의 고유성'으로 돌아와서 역사를 재차 되짚어보자.

앞서 라틴어의 '책liber'과 고대 그리스어의 '책biblion'에 대한 예를 들었는데, 그렇다면 애초에 '책'이란 말은 일본어에서 대략 언제쯤부터 어떤 식으로 사용되어왔을까.

> 서책을 '책'이라고 부른 때는 까마득한 옛날은 아니며, 확실한 시기는 에도 시대부터이다. (……) 불전·한문 서적과 같은 교육서는 모노노혼이라 부르고, 오락성이 높은 책은 소시 또는 대중 소설(모두 포함하여 통속 소설이라고도 부름)이라고 불렀다.
>
> _하시구치 고노스케 지음, 《일본서 입문》 (헤이본샤, 2011)

현대에는 '책'이라는 하나의 말로 지칭하지만 에도 시대에는 '모노노혼'과 '소시'로 나누었다고 한다. 그 책들은 저마다 취급하는 가게도 달랐다.

17세기까지 강경파의 서책은 '모노노혼'이라고 부르며, '쇼모쓰야'나 '모노노혼야'라고 불린 책방에서 취급했다. 일반 사람에게 책방은 이 모노노혼야를 뜻했다. 책방을 서사나 서림이라고 부르던 때도 마찬가지였다. 쇼모쓰도이야라고 부르기도 했다.

그러다가 18세기 후반부터는 엔터테인먼트 요소가 강한 책이나 실용적인 책이 '소시야'라고 불리는 별도의 책방에서 판매되기 시작했다. 에도에서는 '지혼도이야'라고 불렀다. 이곳에서는 소설 외에 그림책, 해학이나 골계가 가미된 심심풀이 책뿐만 아니라, 오라이모노라고 해서 서당에서 읽고 쓰기를 연습할 때 쓰는 교과서도 많이 만들었다.

_하시구치 고노스케 지음, 《일본서 입문》 (헤이본샤, 2011)

현재 출판유통시스템에서 대량 부수로 거래되는 책은 "엔터테인먼트 요소가 강한 책이나 실용적인 책", 즉 에도시대에서 말하는 '소시'가 압도적으로 많다. 대형 출판사의 매상을 뒷받침하는 만화책이나 엔터테인먼트 소설, 라이트 노벨(젊은 층을 대상으로, 표지 및 삽화에 애니메이션풍의 일러스트를 많이 사용하여 읽기 쉽게 쓴 소설-옮긴 이) 등의 장르는 '소시'에 해당한다. 비즈니스서나 자기계발서도 '실용'을 위한 책이므로 현대판 '소시'라 할 수 있다.

한편 '모노노혼'은 현대의 장르에서 말하면 인문·사회

과학이나 자연 과학을 가리킨다. 이른바 순문학이라고 불리는 책도 여기에 포함된다. 즉, 해마다 대형 서점 체인에서 매장을 차지하는 면적이 축소되고 있는 종류의 책이다.

한마디로 '책'이라고 말했을 때, 가장 먼저 떠오르는 것은 어느 쪽일까. 이는 사람에 따라 분명히 다를 것이다. '소시'처럼 좀 더 오락이나 실용에 가까운 책을 상상하는 사람이 있는가 하면, '모노노혼'과 같이 보다 학문이나 교양에 가까운 책을 떠올리는 사람도 있다. 서로가 '책을 좋아하는 사람'이라고 소개되어 만난 두 사람이 있다고 하자. 한 사람은 하루에 비즈니스서 한 권씩은 독파할 만한 사람이고, 다른 한 사람은 마음에 드는 인문서나 해외 문학을 차분히 정독하는 스타일이어서 서로 이야기가 전혀 통하지 않는다. 흔히 있을 법한 이야기이다.

어느 쪽을 더 '책'에 가깝다고 느끼는가. 어쩌면 '모노노혼'과 '소시'라는 분류 방법에 따라 자신이 어떤 경향의 사람인지 깨닫게 될지도 모른다.

질문을 끌어내는 힘

이번에는 잠시 미래를 들여다보자. 최근 5년 사이 AI(인공지능)라는 말이 사람들의 일상에 실용품의 형태로 들어오는 변화가 일어났다.

AI의 주요 기술 중 하나로는 음성 인식이 있다. 사실 2018년 현재 해당 분야의 선두를 달리는 기업은 Amazon 이다. 2014년 말에 미국에서 발매된 Amazon Echo는 Alexa라고 불리는 Amazon의 AI 어시스턴트를 사용하기 위한 단말기이다. 이 기계는 책상 위에 놓고 말을 걸며 사용하는데, 스마트 스피커라 불리며 각 기업에서 현재 개발을 진행하고 있다. 일본에서는 2017년 말, Google Home을 시작으로 Amazon Echo나 LINE의 clova WAVE 등이 잇따라 발매를 시작했다(애플의 HomePod은 일본에서 발매 미정임). 말을 걸기만 하면 검색을 해주고 뉴스를 읽어주며 음악을 재생해줄 뿐만 아니라 피자를 주문하거나 택시를 부르는 일까지, 이제껏 컴퓨터나 스마트폰을 매개로 해왔던 상당한 일들이 가능해졌다.

케빈 켈리는 "클라우드(Cloud Computing의 준말. 인터넷 상의 서버를 통해 데이터 저장 및 네트워크, 콘텐츠 사용 등 IT 서비스를 한 번에 이용할 수 있는 컴퓨터 환경-옮긴 이)에게 평범한 대화 상황처럼 어떤 질문이든 가능한 세상이 당장이라도 올 것이다"라고 주장하며 다음과 같이 말한다.

> 좋은 질문이란, 기계가 마지막까지 대답 불가능한 것이다.
> 좋은 질문이란, 인간이기 때문에 가능한 것이다.
>
> (……)
>
> 사실과 질서, 대답은 앞으로 늘 필요하며 유용하다. 그것들이 사라질 일은 없으며, 실제로 미생물이나 콘크리트처럼 우리 문명의 많은 부분을 계속 지탱해준다. 그러나 우리의 생활이나 테크놀로지에서 가장 중요한 측면—가장 다이내믹하고 가장 가치 있으며 가장 생산적인 면은 새로운 미개척 분야에 있으며, 그곳에서는 불확실함이나 혼돈, 유동성이나 수많은 질문이 퍼져나간다. 대답을 생산하는 테크놀로지는 계속 필수 불가결한 상태로 존재하며, 그 덕분에 대답은 어디에나 존재하므로 곧 얻을 수 있고 신뢰할 수 있으며 거의 무료로 제공된다. 그러나 질문 생산을 도와주는 테크놀로지는 보다 가치 있는 존재가 될 것이다.
>
> _케빈 켈리 지음, 《인에비터블 미래의 정체》 (청림출판, 2017)

이제까지 출판된 모든 책, 인터넷상에 업로드된 모든 정보, 그 밖의 온갖 콘텐츠와 커뮤니케이션을 AI가 흡수했을 때, 모든 '질문'에 대한 '대답'의 정밀도는 보다 정확해질 것이 틀림없다. 미래학자 레이 커즈와일은 머지않아 AI가 인간의 한계를 뛰어넘을 시기에 대해 '특이점(기술적 특이점)'이라고 이름 붙였다.

케빈 켈리는 위 책에서 "최후에는 AI가 신처럼 지혜를 지니며, 존재하는 모든 문제를 해결할 수 있을 정도까지 도달하게 되어 인류를 소외시킨다"라는 '강한 특이점'에 대한 시나리오는 일어나지 않으리라는 입장을 취한다. 어디까지나 AI와 인간은 '복잡한 상호 의존' 관계로 나아갈 뿐이다. 확실히 그 변화는 현재 인간의 이해를 초월한 것일지도 모른다. 그러나 아무리 AI에게서 '대답'을 도출해 낸다 해도, 그것을 초월할 '질문'을 가지는 존재는 인간이라고 케빈 켈리는 생각한다.

어떤 미래가 다가올지는 모른다. 앞으로의 미래를 향해 AI가 점점 발달하고 온갖 '대답'을 "즉시 얻을 수 있고 신뢰할 수 있으며 거의 무료"로 제공받을 수 있다 해도, 인간이 책을 읽어야 한다면 그때의 책은 '질문'을 끌어내는 힘을 길러주는 대상임이 틀림없다.

어떠한 책이 '질문'을 끌어내는 힘을 길러줄지는 의견이 분분하다. 이제까지 우리는 무언가 모르는 부분이나 곤란한 상황에 대한 '질문'이 있으면, 이따금 책에서 '대답'을 찾아왔다. 요즘은, 적어도 단어의 의미나 관혼상제의 매너처럼 간단한 '대답'이 정해져 있는 질문에 대해서는 키보드로 두드릴 필요도 없이 Alexa에게 물으면 금방 알 수 있다. 그러나 평범한 방법으로는 '대답'이 나오지 않는 '질문'일수록, 책에 쓰인 '대답' 비슷한 것이 또 다음 '질문'을 낳는다. 에도 시대의 예로 돌아가서 '소시야'가 취급하는 책은 실용이나 오락이라는 욕망에 대한 '대답'이고, '모노노혼야'가 취급하는 학문이나 교양에 대한 책은 다음 '질문'을 끌어내기 쉽게 도와주는 수단이라고도 할 수 있다. 그렇다고는 하나 '질문을 끌어내는 것을 도와주는 테크놀로지'가 점점 보다 고도의 '질문'에 대답할 수 있도록 발전 중인 것 역시 틀림없는 사실이다.

'책이란 질문을 끌어내는 힘을 길러주는 대상'이라는 정의가, 적어도 책이 미래의 인간에게도 계속 필요한 존재로 남으리라는 가능성과 연결된다.

케빈 켈리가 말했듯이 그리 멀지 않은 미래에 "세상의 모든 책이 하나의 유동적 구축물로서 언어와 아이디어를 상호 연결한다"고 하자. 눈앞의 Alexa에게 질문을 하면 무엇이든 '대답'을 검색해준다. 그때 우리는 대체 어떤 이야기를 하면 좋을까. 이야기를 건네는 말, 즉 '질문'을 낳는 것이 책이라는 생각은 앞으로의 시대를 살아갈 책방에 있어서 썩 괜찮은 정의처럼 여겨진다.

책방이 책으로서 취급하는 것

책이란 무엇인지 지금까지 생각해보았다. ISBN이 붙어 있는가, 아닌가. 출판유통시스템으로 거래되고 있는가, 아닌가. 인쇄되고 제본되어 있는가. 전자 서적이 책이라면 웹 사이트도 책인가. 완성된 것? 편집된 것? 논점이나 내러티브? 모든 콘텐츠와 커뮤니케이션이, 읽어낼 수 있는 모든 것이 책일지도 모른다. 그러나 이러한 모든 것이 동등하게 '책의 고유성'을 지녔다고는 할 수 없다. 예를 들면 '대답'을 바라고 책을 읽는 시대는 막을 내릴 것이다. '질문'을 끌어내는 힘을 길러주는 대상이야말로 책이라 여기는 것 또한 좋은 방법일지도 모른다. 어디까지나 이 모든 것은 하나의 사고방식일 뿐이다.

1장의 마지막 부분에서 '책방'은 '공간'이라기보다 '사람'을 가리키는 말이자, '책을 갖춰서 매매하는 사람' 혹은 '책을 전문으로 다루는 사람'을 뜻한다고 썼다. 결국 책방에서 어떤 책을 취급할지 결정하는 주체는 '사람'을 뜻하는 '책방' 자신이다.

'책'을 엄밀히 정의하기란 불가능하다. 멀리 되돌아온 느낌이지만, 일단 독자 여러분이 '책'을 넓은 관점에서 인식함으로써 제각각 자기 나름대로 '책의 고유성'이란 무엇인지에 대해 생각할 수 있도록 썼다. 여기까지 읽는 동안 위화감이 드는 부분이 있다면, 그 지점에는 당신의 '책'과 '책이 아닌 것'에 대한 경계가 감추어져 있다.

결국은 각자가 책이라고 생각하는 대상을 책으로 여기는 수밖에 없다. 이른바 순환 정의(전제와 거의 같은 말로 규명하는 정의로, 예를 들면 A를 정의할 때 B라는 말을 쓰고 B를 정의할 때 A를 쓰는 그릇된 정의-옮긴 이)임을 알면서 쓴다면, 좁은 뜻의 책은 '많은 사람이 책이라고 인정한 대상'이고 넓은 뜻의 책은 '책방 스스로 책이라고 인정한 대상' 혹은 '책방이 주요 상품으로 적극 취급하고자 하는 대상'이라고 정의하는 편이 좋다. 책방이 책으로 취급하는 대상이 그 책방에서는 책이라는 뜻이다.

예를 들어, 포장 상자에 담긴 레토르트 카레를 서가에 진열하여 판매하는 책방이 있다고 하자. 포장지 측면에 카레라는 명칭이 적혀 있어서 서가에 꽂으면 책 제목처럼 보인다. 물론 좁은 뜻에서 카레는 책이 아니다. 그러나 책방에서 일하는 사람이 단순히 궁한 나머지 카레를 부차적 상품으로 취급하는 것이 아니라 책과 동일한 맥락으로 여기고 서가에 진열하여 적극 판매했다면, 그러한 근무 태도는 전작《책의 역습》에 등장하는 '책방'과 같다고 느껴진다. 이때 넓은 뜻에서 카레도 '책'이라 말할 수 있다.

사실 이 이야기는 전작에서 '카레도 책이다'라는 소제

목으로 쓴 적이 있는데, 전후 맥락을 배제한 채 그 부분만
꼬집어서 비판하는 사람도 많았다. 그러한 연유로, 북 디
자이너 가쓰라가와 준 씨가 그의 저서에서 아래와 같이
조심스레 언급한 부분에서는 고개를 끄덕였다.

> 그렇다고는 하나, 장정을 생업으로 하는 필자에게 카레는 역
> 시 '책'은 아니다. 여기에서 포장 디자인과 북 디자인의 차이
> 가 선명해진다. 내용물을 보호하고 광고 기능을 한다는 점에
> 서는 같지만, 장정은 내용물과 상생 관계에 있는 존재이다.
> 장정은 책의 내용과 현실 세계를 이어주는 '다리가 되어'주
> 므로, 쓰임이 끝나면 버려지는 포장과는 다르다.
>
> _가쓰라가와 준 지음, 《장정의 요모조모》 (사이류샤, 2018)

어느 서점 직원에게 책과 똑같이 판매할 수 있는 카레
는 '책'일지도 모른다. 그러나 어느 북 디자이너에게 책과
똑같이 디자인할 수 없는 카레는 '책'이 아니다. '책방'의
입장에서 바라본 일의 차이이자 본인이 그 일에 어떤 태
도로 몰두하고 있는지의 차이로, 모두 타당하다.

책방이 책으로 취급하는 대상이 그 책방에서는 책이
된다. 결코 헷갈리게 하려는 의도가 아니라는 사실을 이
해해주기 바란다. 다음 장부터 책방으로서 살아가는 쪽의
시점, 즉 '屋(사람)'의 시점으로 옮겨가는 데 있어서 일단

이곳을 출발점으로 삼으려 한다.

● '책'은 물체가 아니다. 그것은 지속해서 전개되는 논점과 내러티브다.

http://wired.jp./2012/01/28/future-of-reading-kevin-kelly/

제3장

책방이
된다는 것은

책을 전문으로 다루는 사람

'서점'이란, '상품'인 책을 진열하는 서가와 평대를 뜻하는 말이자 그것들이 구성하는 '책의 진열 장소'라고 썼다. 즉, '공간'을 나타내는 말이다. 에도 시대의 서점은 취급하는 내용에 따라 '모노노혼야'와 '소시야'로 나뉘어 있었다는 내용도 설명했다.

현대 일본의 서점은 취급하는 내용이 아니라 책의 상태에 따라 크게 분류된다. 새 책을 취급하면 '신간 서점', 헌책을 취급하면 '헌책방' 또는 '고서점'이라 부른다. 그밖에 '책을 진열한 장소'로 도서관이 있지만 '서점'이라고는 거의 부르지 않는다. '상품'인 책을 진열하는 곳이 아니기 때문이다.

한편, '책방'이란 '책을 갖춰서 매매하는 사람' 혹은 '책을 전문으로 다루는 사람'을 뜻한다고 썼다. 즉, '사람'을 나타내는 말이다.

'책방'에 포함되는 대상은 반드시 '신간 서점'이나 '고서점'과 같은 '서점'에서 일하는 사람만이 아니다. '도서관'에서 일하는 사람도 모두 '책을 전문으로 다루는 사람'이기 때문에 넓은 의미에서는 '책방'이라 할 수 있다. 직접 '책을 갖춰서 매매'하지는 않지만, 사실 '책을 전문으로 하는' 사람은 많다.

대부분의 신간 서점에서는 폐점 시간인 밤이 되면 출입문 근처 등 정해진 장소에 반품하고 싶은 책을 정리하여 상자 안에 쌓아두고 문을 잠근다. 다음 날 아침에 출근하면, 마치 마법처럼 새로 출간된 책과 주문한 책들이 반품할 책들과 서로 교체되어 같은 장소에 놓여 있다. 물론 마법은 아니다. 심야에 운송 회사 트럭이 다녀가서 반품 물량을 회수하고 납품 물량을 두고 가는 것이다. 대개는 운송업자 한 사람이 배송 경로상에 있는 각 서점의 열쇠를 가지고 다닌다.

신간 서점은 마치 산타클로스와 같은, 이러한 운송업자 없이는 성립하지 않는다. 대체로 '책을 전문으로' 배달하기 때문에, 운송업자도 넓은 의미에서 '책방'이나 마찬가지이다. 출판사나 중개 회사, 인쇄업자나 제본업자는 물론, 앞서 언급한 가쓰라가와 씨 같은 북 디자이너, 삽화를 그리는 일러스트레이터 등, '책을 전문으로' 하여 일하는 모든 사람이 '책방'이며 그러한 마음이 강한 사람일수록 더욱 '책방답다'고 느껴진다.

대부분 책방이라고 하면, '책을 갖춰서 매매'하고 '책을 전문으로' 다루면서 신간 서점이나 고서점에서 일하는 사람을 상상한다. 이 책에서도 좁은 의미에서는 그렇게 여긴다. 그러나 한편으로는, 반드시 '책을 갖춰서 매매'하지 않더라도 '책을 전문으로 다루는' 사람도 적극적으로 넓은 뜻의 '책방'이라 부르고 싶다. 책은 그들 없이 성립되지 않기 때문이다.

처음에 나눠주는 설문지

나는 '책방'이 되고 싶은 사람을 대상으로 '앞으로의 책방 강좌'라는 강의를 부정기적으로 열면서 아래와 같은 알림장을 발송한다.

책을 둘러싼 환경이 크게 변화하는 지금이야말로, 다양한 스타일의 '책방'이 생겨날 가능성이 있습니다.

'요식업계의 미래'와 '식食의 미래', '의류업계의 미래'와 '패션의 미래'가 별도이듯, '출판업계의 미래'와 '책의 미래'는 다릅니다. '출판업계의 미래'는 조금 어두울지 모르지만 그 속에서 살아남기 위한 방법은 분명히 있으며, '책의 미래'에는 오히려 밝고 넓은 가능성의 바다가 펼쳐져 있습니다.

이 강의는 앞으로 넓은 의미에서 '책'을 다루는 사람='책방'을 목표로 하는 사람을 위한 수업입니다.

'지금은 힘들지만 언젠가 서점을 개업하고 싶다', '일을 하면서 무언가 책과 관련된 즐거운 일을 해보고 싶다'와 같이 느슨한 호기심을 갖고 있는 사람부터, '개업 준비를 위해 정보나 동료가 필요하다', '근무하는 회사에 책과 관련된 신규 사업을 제안하기 위한 아이디어를 짜고 싶다'라는 구체적인 목표를 가진 사람까지, 대상을 넓게 아우르고 있습니다. 현재의 책을 둘러싼 환경에 대해 강의하면서, 참가자가 각각 생각하는 개별적인 '책방' 이미지를 구체적인 사례로 실현해나가기 위한 첫발을 내딛도록 합니다.

이미 실제로 점포를 갖추어 영업하는 사람, 개업을 위해 동료를 모으거나 건물을 찾는 사람, 리틀 프레스의 창간을 위해 취재를 시작한 사람, 책 좋아하는 사람을 대상으로 이벤트를 기획하거나 애플리케이션을 개발하는 사람부터, 일단 이벤트 출점이나 온라인 매장 등 작은 활동부터 시작하기 위해 준비하고 있는 사람, 미래를 위해 우선 계속해서 몽상을 부풀려가는 사람까지 각양각색의 졸업생이 있습니다.

'책방'에 대한 수많은 몽상이 조금씩 실현되어가는 과정을 직접 눈으로 확인할 수 있다는 점이, 이 강의의 가장 큰 묘미라고 생각합니다.

_앞으로의 **책방** 강좌 제10기 http://bukatsu-do.jp/?eventschool=honya-10th

현재 요코하마에서 강의를 진행하고 있으며 수강생은 10기까지 있는데, 반드시 도쿄나 요코하마 근교에 사는 사람만 오지는 않는다. 모리오카의 주상 복합 빌딩에서 평일 밤과 주말에만 책방을 하고 싶다는 사람, 나고야에서 근무하지만 본가가 있는 다카마쓰에서 책방을 하고 싶다는 사람, 오사카에서 독채를 빌려 아이를 기르면서 책방을 하고 싶다는 주부, 구라시키에서 자택 1층에 그림

책 전문 책방을 개업하고 싶다는 사람, 와카야마나 오키나와에서 이미 서점을 하고 있지만 가게를 개선하고 싶다는 사람 등등이 신칸센이나 비행기, 야간 버스를 타고 강의를 들으러 온다.

일럼장에도 쓰여 있듯이 반드시 현실의 점포를 개업하는 사람만이 대상은 아니다. 각각의 수강 동기를 알기 위해 강의 첫 시간에는 먼저 아래와 같은 설문지에 응답하도록 하고 있다. 아무쪼록 독자 여러분도 이 책을 읽는 동기에 대해서 한 번 생각해보기 바란다.

A. 당신은 왜 이곳에 왔는가?

1. 어떤 종류의 '책방'을 이미 운영하고 있으나 가게를 개선하고 싶어서

2. 어떤 종류의 '책방'을 앞으로 (개월/년) 후에 구체적으로 시작할 예정이어서

3. 어떤 종류의 '책방'을 앞으로 (개월/년) 후쯤에 시작할 수 있기를 바라는 마음에서

4. 어떤 종류의 '책방'을 언제쯤 할 수 있을지 아직 모르지만 언젠가는 하고 싶어서

5. 어떤 종류의 '책방'을 할 생각은 없지만 다른 사람의 이야기를 듣거나 몽상하고 싶어서

B. A에서 답한 '책방'이 당신의 생활에서 차지하는 위치는?

1. 독립된 본업(생계를 꾸릴 수 있을 만큼의 수익이 필요)

2. 처음에는 개인적인 부업(소소한 수익 역시 목적 중 하나)이고 언젠가는 독립된 본업

3. 어디까지나 개인적인 부업(소소한 수익 역시 목적 중 하나)으로 본업과는 별개

4. 어디까지나 개인적인 라이프워크(수익을 목적으로 하지 않는)로 본업과는 별개

5. 본업으로 속한 조직에서 직접적인 수익을 내는 사업(수익 사업) 중 하나

6. 본업으로 속한 조직에서 직접적인 수익을 내지 않는 사업(선전·홍보·브랜딩, CSR(기업의 사회적 책임), R&D(연구개발), 교육, 사내 커뮤니케이션, 복리후생 등) 중 하나

A에서 확인하는 항목은 구체성이다. 바로 앞의 사례 중 먼 거리를 오가는 사람들은, 수강료보다도 훨씬 비싼 교통비 및 숙박비를 지불해서라도 강좌에 올 만큼 구체성이 높으며 1이나 2를 고르는 사람이 많다. 한편, 근교의 수강생은 꼭 당장 가게를 시작하고자 하는 사람만 있는 것은 아니어서, 물론 1이나 2를 고르는 사람도 있지만 3이나 4, 5를 고르는 사람도 많다.

B의 질문에서는 '본업'이나 '부업', '라이프워크'(즐기면

서 하는 평생의 일-옮긴 이)라는 말이 계속 나온다. 강의를 신청할 때 알림장을 유심히 읽지 않은 경우라면 특히, 처음 들었을 때 '그런 사고방식도 있군' 하고 깨닫는 사람도 있으리라는 생각에서 이미지 확장을 돕기 위해 이 항목을 넣었다.

책방으로 생계를 꾸릴 수 있을까

　대중 매체에서 빈번히 언급될 정도로 눈에 띄는 책방이 늘고 있어 가끔은 착각하는 사람도 있는데, 만약 그러한 책방을 단순히 '최근 유행하는 돈이 되는 사업'으로 인식하고 있다면 이쯤에서 다시 생각해보는 편이 좋다.

　예를 들면, 최근에는 차분한 인테리어에 잡화도 팔고 카페를 병행하는 식의 책방이 확실히 늘고 있다. 어쩌면 잘 운영되는 사업처럼 보일지도 모른다. 그러나 내가 아는 한, 그러한 책방의 대다수가 실제로는 아직 시행착오의 단계인 탓에 수익이 나오지 않는 경우가 많다. 애초부터 계속 유지해나가기 어려운 상황에서 성공 사례의 겉모습만을 모방하여 리뉴얼했다고밖에 생각되지 않는 책방도 있는데, 그러한 곳은 대체로 어려움을 겪고 있다.

　무언가 사업을 시작하고 싶다. 아무래도 책방이 유행하는 듯하다. 이러한 절차를 밟다가 책방이라는 선택지에 도달한 사람이 있더라도 물론 상관없다. 어쨌든 책방이 늘어나는 현상은 기뻐할 만하며, 오히려 그러한 사람이야말로 변혁이 가능하다고 생각할 수도 있기 때문이다. 다만, 책을 파는 사업을 성사시켜서 한 사람의 생계를 꾸리는 일이 쉬운 길은 아니라는 사실을 각오해야 한다.

녹록하지 않다는 사실은 처음부터 알고 있지만 그럼에도 책방을 하고 싶어 하는 사람을 상정하여 이 책을 썼다. 어떻게든 책방을 본업으로 삼아 생계를 꾸려가고 싶다면 못할 것도 없다. 특히, 임차료가 들지 않는 건물을 가지고 있다거나 서점 직원으로 일한 경험이 충분한 사람일수록 유리하다. 건물이나 경험이 없어도 책을 파는 일과 자신이 잘하는 별개의 일을 능숙하게 합칠 수 있다면 가능성은 넓어진다.

그러한 가능성을 최대한 구체적으로 총망라하여 표현하는 일 또한 이 책의 커다란 목적 중 하나이다. 책의 후반에서는 이러한 내용에 많은 지면을 할애하였다.

생계를 꾸리지 않아도 책방

한편으로 나는 '책방'이 되고 싶은 사람들에게, 일단은 부업으로 시작하거나 혹은 수익을 목적으로 하지 않고 라이프워크로써 즐기기 위해 시작하겠다는 사고방식을 적극적으로 퍼뜨리고자 한다.

책 좋아하는 사람에게 '책을 갖춰서 매매하는' 일은 즐거우며, '책을 전문으로 다루며' 살아가는 것은 행복이다. 그 즐거움이나 행복을 누리는 일과 생활을 위해 돈을 버는 일은, 반드시 같은 방식으로 충족시킬 필요는 없다.

예를 들면, 낮에는 전혀 다른 일을 하고 밤이나 주말 시간을 이용하여 '책방'을 하는 식이다. '책을 갖춰서 매매'하는 것뿐이라면 누군가의 가게를 빌려서 해도 좋고 벼룩시장이나 히토하코 후루혼이치(참가자 전원이 팔고 싶은 책을 상자 하나에 담아 와서 판매하는 헌책 시장-옮긴 이) 같은 곳에 책을 들고 나가 팔아도 된다. 책을 소개하는 블로그를 하는 사람도, 자원봉사로 책을 읽어주는 사람도, 모두 그 시간에는 '책을 전문으로 다루는' 사람이다.

위와 같은 활동을 두고 '그런 일은 직업이 아니라 놀이'라고 말하는 사람도 있을지 모른다. 하지만 대형 서점의 체인조차 철도 회사나 인쇄소를 모회사로 둔 곳이 있으며, 전혀 다른 사업을 진행하면서 가게에서는 잡화를 팔거나 카페를 병설한 곳도 있다. 결국, 서점을 꾸려가기 위해 카페를 병설한 것과 낮에는 카페에서 일하고 주말에는 '책방'을 운영하는 일 사이에, 전자는 훌륭한 '직업'이고 후자는 단순한 '놀이'라고 야유당할 만큼의 차이가 있을까. 서로 운영 방식은 다르지만 단순히 가게의 공간을 나누었는지 개인의 시간을 나누었는지의 차이일 뿐이기도 하다.

한편, '책을 갖춰서 매매하는' 일이나 '책을 전문으로 다루는' 일에서 이익 창출에 가장 큰 의의를 둔다면, 자신이 하고 싶었던 것과는 상반되는 일도 발생하기 마련이다. 예를 들면, 원래는 전문이 아니었거나 취급하고 싶지 않았던 내용의 책을 이익 때문에 부득이하게 팔게 되는 경우이다. 책으로 생계를 꾸리지 않아도 된다면 그러한 일은 일어나지 않는다. 자신이 정말 구비하고 싶은 책, 전문으로 다루고 싶은 책만 취급하면 된다. 결과적으로 보면 오히려 부업이나 라이프워크로써 운영하는 '책방' 쪽이, 순수하게 취급하고 싶은 책만을 다룰 수 있게 되는 역전 현상이 일어난다.

단지 '책방'에만 해당하는 이야기가 아니다. 세상에 존재하는 모든 일이나 서비스를 하나하나 짚어가며 확인해보면, 대다수가 영리를 우선시하여 만들어졌다는 사실을 알 수 있다. 그것을 만들어낸 주체는 이익이 창출되지 않으면 아무리 재미있는 기획일지라도 추진하지 않는다. 결국 반대로 생각하면, 이익을 창출하지 않아도 된다고 결정하는 순간 실현 가능한 기획의 폭은 압도적으로 넓어진다. 이처럼 오히려 명쾌하게 결론짓고 나면, 비록 유명하지는 않더라도 사람들에게 주목받을 만한 재미있는 기획을 생각해내기 쉬워진다. 그러한 활동에 대해 나는 '돈이 되지 않는 일'이라 이름 짓고, 20대 무렵부터 계속 병행해왔다(그 부분에 대해서는 2009년에 출간한 첫 단행본《책의 미래를 만드는 일/일의 미래를 만드는 책》에 자세히 써두었다).

어느 기업이든 직접적으로 수익을 내지 않는 부문은 있다. 그중에는 넓은 의미의 '책방'이라 불릴 만한 활동도 많다. 선전이나 영업 수단을 겸한 책을 출판하거나, 홍보지를 발행하여 고객에게 나눠주거나, 사내에 책이 있는 공간을 만들어서 사원 교육 혹은 사원끼리의 커뮤니케이션 활성화를 위한 수단으로 이용하거나, 브랜딩을 위해 그러한 공간을 외부에게도 개방하여 활용하기도 한다. 취급 상품에 따라서는 광고 프로모션의 일환으로 서점과 연합하거나 자사에서 직접 서점을 운영하는 사례도 있다.

현재 회사에 근무하면서 막연히 '책방'을 하고 싶다고 생각하는 사람은 급작스레 회사를 그만두고 개인 사업을 하기에 앞서, 우선 평일 근무 시간 이후나 휴일을 활용할 수 있는 일이라든가 자신이 근무하는 회사 안에서 할 수 있는 일 중에서 소소하게 시작할 만한 일은 없는지 검토해보기를 추천한다. 그 편이 리스크도 적을 뿐더러 이익을 고려하지 않기 때문에 주목받을 만한 기획을 구상하기도 쉽다. 처음에는 어디까지나 부업으로 시작하다가 정상궤도에 올랐을 때 본업으로 전환하는 방법도 좋고, 처음부터 비즈니스를 목적으로 하지 않고 라이프워크로써 하고 싶은 일을 실컷 하는 방법도 좋다.

그런 식으로 리스크가 적은 책방이 늘어나는 것은 본인뿐만 아니라 풍요로운 '책'의 미래를 만들어가기 위해 필요한 일이라고 생각한다.

특히 출판사나 중개 회사 또는 서점을 경영하거나 그곳에서 근무하는, 이른바 출판업계 종사자들 중에는 종종 "책으로는 돈이 되지 않는다"며 푸념하는 사람들이 있다. 젊은 사람이 '책방'을 하고 싶다고 말하면 "책방 같은 건 미래가 없으니 관둬"라는 식의 자조 섞인 충고를 하는 이도 있다. 그러한 행위야말로 '책'의 미래에 대한 가능성을 사라지게 한다. '책을 갖춰서 매매하는 사람'이나 '책을 전문으로 다루는 사람'이 없어진다면, 그때야말로 '책'은 점점 힘을 잃어간다.

정도의 차이는 있겠지만 현재 자발적으로 '책'과 관련된 일을 하려는 사람의 대다수는, 비즈니스로는 어느 정도 어려우리라는 사실을 자각하면서도 '책방'을 생각한다. 책과 관련된 일을 하는 사람의 사명은, 위와 같은 사람들을 만났을 때 오히려 차분히 이야기를 들어주면서 그들이 생각할 수 있는 한도 내의 선택지를 제시해주는 일이다. 그러한 선택지를 명시하는 일 또한 이 책의 목적 중 하나이다.

'책방'을 어떻게 삶 속으로 끌어들여야 할까. 약간 과장일지도 모르지만 긍정적 사고를 바탕으로 행동하는 사람이 늘어난다면, 결국 '책'을 사랑하는 사람에게 다양한 모습으로 변형된 책방이 되돌아오리라 확신한다.

가장 가까운 책방은 부모

'책을 갖춰서 매매'하려면 매입을 해야 하는 데다 '책을 전문으로' 다룰 만큼 지식에 자신이 없다면, 아무리 소소하게 시작한다고 해도 장벽이 높게 느껴질지 모른다.

처음부터 반드시 '제대로 갖춰서 판매'할 필요는 없다. '전문'적인 지식이 없더라도 단순히 책을 선별하여 제공하는 측과 받아들이는 측의 관계가 성립한다면 나는 이러한 제공자를 넓은 의미의 '책방'으로 인식하는 한편, 그러한 사람이 많아지길 희망한다.

이러한 관점에서 생각했을 때, 가장 가까운 '책방'의 형태는 부모이다. 아이가 최초로 접하는 책은 대부분 부모가 골라서 사주거나 읽어주는 것이다. 만약 당신이 스스로 돈을 갖게 되기 전인 어린아이 시절부터 책을 좋아했다면 부모님은 틀림없이 당신에게 '책방'이었을 것이고, 만약 당신에게 아이가 있어서 직접 책을 골라 사준다면 아이에게 당신은 이미 '책방'이나 마찬가지이다.

책을 좋아하는 아이로 만들고 싶어 하는 부모는 분명히 많다. 이를 위해서는 아이를 서점이나 도서관에 데리고 다니고, 집에도 커다란 책장을 두어 부모 역시 흥미롭게 책 읽는 모습을 보여주는 것이 중요하다고 한다. 책장에는 아이를 위한 책이 진열되어 있다. 부모는 좀 더 어려워 보이는 성인 대상의 책을 읽는다. 조금이라도 흥미를 보이는 아이에게 부모가 "이 책은 어른들이 읽는 거니까 아직은 읽으면 안 된단다"라고 말하면, 아이는 더욱 궁금해 한다. 언젠가 읽어보고 싶다. 이처럼 아이가 흥미를 가질 수 있을 만한 환경을 만드는 일은, 바꿔 말하면 아이에게 있어 좋은 '책방'이 된다는 뜻이다.

물론 부모 자식 간에만 해당하는 이야기는 아니다. 스승과 제자, 친구 사이처럼 여러 관계 속에 책을 건네주는 '책방'이 존재한다. 스승이나 친구가 무심코 추천해준 책이 자신의 인생에서 중요한 한 권이 되고, 이를 계기로 책을 읽게 되었다는 사람도 틀림없이 많다. 좋은 '책방'과의 만남이 있어야 비로소 책을 좋아하는 사람이 된다고 해도 과언이 아니다.

그러한 의미에서, 이 책을 펼쳐든 독자 중에는 이미 누군가의 '책방'이 되었던 경험을 지닌 이가 많을 것 같다.

매장은 다른 사람이 말을 걸어오는 사람

'책방이 되고 싶다'고 생각하는 대다수의 사람은 매장에서 일하는 자신의 모습을 상상한다. 물론 사장으로서 점포를 운영하고 싶은 사람도 있을 테지만, 막상 영업을 시작해보면 사장이라 하더라도 전혀 가게에 나가지 않을 수는 없다.

인터넷이 보급된 이후, 다양한 업종에서 실물 매장을 차리는 것에 대한 의미가 확실히 바뀌었다. 많은 사람이 단말기를 들여다보면서 하루의 대부분을 보내게 된 시대에, 사람들을 현실의 점포로 끌어들이기란 쉽지 않다.

현실의 점포를 구성하는 요소는 크게 나누어 세 가지 뿐이다. 첫 번째는 물리적 공간, 두 번째는 실제 손으로 집을 수 있는 상품, 그리고 세 번째는 점원이라 불리는 진짜 사람이다. 아마 가상 현실 기술은 그 순서대로 현실성을 더해갈 것이다. 마지막까지 대체하기 어려운 것은 세 번째 요소인 진짜 사람이고, 이를 소매업 용어로 표현하면 접객이다.

예를 들면, 혼자 사는 어떤 사람이 휴일 내내 거의 집에 틀어박혀 있었더니 그날 대화를 나눈 상대가 편의점 직원뿐이었다는 이야기는 흔하디흔하다. 현대 일본, 특히 도심에 사는 대부분의 사람은 누군가와 무척 이야기하고 싶다고 느낄 때 아무리 거리에 많은 사람이 걸어 다녀도 그중 한 사람에게 갑자기 말을 걸지는 않는다.

거리에는 유일하게 언제라도 말을 걸기 좋은 사람 혹은 마음대로 내게 말을 걸어오는 사람이 있는데, 바로 점원이다. 물론 점원과의 대화에도 지레 겁을 먹는 사람은 있겠지만, 그들은 최소한 말을 붙여도 좋을 상황에 말을 걸어온다. 실제 말을 걸지 말지의 여부와는 관계없이 언제든 그들에게 말을 걸어도 된다는 사실이, 가게를 찾는 손님과 거리 전체를 안심시킨다.

결국 '책방'으로서 점포를 갖춘다는 말은 그곳에서 일하는 자신에게 언제든 타인이 말을 걸어올 수 있다는 뜻이기도 하다. 사실 책방은 접객 업무가 적은 장사이다. 손님 측에서는 가능한 한 접객을 바라지 않는다거나 최소한의 대화만 하길 원하는 사람도 많고, 실제로 상품을 계산할 때 정도만 대화를 주고받는 경우도 많다. 그런 만큼 손님은 가벼운 마음으로 가게에 들어온다. 책방처럼 자유로이 들어와서 아무것도 사지 않은 채 그냥 나간다 해도 얼을 게 많은 곳은 거의 없기 때문에 상대적으로 타 업종보다 손님을 모으는 힘이 있다. 점원 측은 영업을 하고 있는 이상, 어떤 손님이든 갑자기 자신에게 말을 걸어올 수 있다는 사실에서 벗어날 수 없다.

영업을 하는 가게가 있다는 사실만으로도 그 거리에 있어서 하나의 가치가 된다. 하물며 돈을 쓰지 않고도 세계 일주가 가능한 책방이라면 더더욱, 거리에 커다란 가치를 부여한다.

가게를 차리려고 할 때는 막상 내부 인테리어나 구비 상품 같은 서비스 측면과 그에 따른 경비 측면을 떠올리기 쉽지만, 핵심은 그곳에서 일하는 사람이다. 매장에 서는 순간 우리는 스스로 거리의 일부가 되며 누군가가 말을 걸어오는 사람이 된다. 빈번하게 방문하는 동네 사람도 있고, 멀리서 일부러 방문을 목적으로 찾아오는 사람도 있다. 크고 작은 차이는 있겠지만, 가게가 열려 있는 동안에는 불특정 다수의 타인에게 마음을 열어야 한다.

어떤 '책방'의 모습으로 그 자리에 설 것인가. 자신은 싹싹한가, 무뚝뚝한가. 책에 대해 먼저 많은 이야기를 하는 편인가, 아니면 다양한 상품을 구비해두고 조용히 대화하는 편인가. 이 또한 생각해둬야 할 부분이다.

종이책의 취급 방식은 변화해간다

'책방이 되고 싶다'고 생각하는 많은 사람이 상상하는 또 다른 장면은, 종이책을 상품으로 취급하는 모습이다. 생각하기에 따라서는 전자 서적이나 웹 사이트를 취급하는 사람을 비롯한 모든 사람이 넓은 의미에서 '책방'이 될 수 있다. 적어도 나의 강의를 들으러 오는 사람들 중에는 종이책을 취급하고 싶어 하는 쪽이 압도적으로 많다.

요즘 종이책을 취급하다 보면, "전자 서적에 대해 어떻게 생각하십니까?"라는 질문을 자주 받는다. 다들 과도기라는 사실을 알고 있으므로 종이책을 취급하는 사람이 어떤 생각을 하고 있는지 궁금해 하는 것이다. 이런저런 토론을 해보면 '적어도 종이책이 사라질 일은 없다'는 결론에 다다르기 쉽다.

파피루스는 종이가 도입된 이후에도 지중해 연안을 중심으로 한 지역에서 몇 세기나 사용되어왔다. 양피지는 지금도 사용된다. 가스나 전기난로가 발명된 후에도 화로는 사라지지 않았다. 인쇄가 가능해진 뒤에도 사람은 계속 펜으로 글씨를 썼다. 텔레비전은 라디오를 몰아내지 않았고 영화는 연극을 없애지 못했다. 홈 비디오도 영화관을 없애지 못했다.

지금 열거한 모든 대상에 대한 예측이 빗나갔다. 전자계산기
조차 주판을 사라지게 하지 못했다. (······) 새로운 테크놀로
지는 낡은 테크놀로지를 배척한다기보다 선택지를 늘어나게
한다. 틀림없이 컴퓨터는 종이의 역할을 바꿀 테지만, 결코
종이가 사라질 일은 없다.

_마크 쿨란스키 지음, 《종이의 세계사》 (도쿠마쇼텐, 2016)

아마도 확실히 종이책은 없어지지 않을 것이다. 그렇
다고 해서 종이책의 입지가 바뀌지 않는다는 말은 아니
다. 지금까지 종이책으로 즐겼던 것을 디지털 디스플레이
로 즐기게 된 사람의 비율은 여전히 증가하는 추세이고,
앞으로도 한동안 늘어날 것이다. 따라서 종이책을 만들고
파는 사업이 지금의 규모로 계속 이어질지 묻는다면, 안
타깝게도 그렇지는 않다.

테크놀로지의 역사는 새삼, 러다이트(테크놀로지를 싫어하는
사람들)는 반드시 패배한다는 가르침을 준다. 초대 러다이트
는 18세기에서 19세기 초반의 영국 숙련공들이었다. 그들은
최저 임금으로 일하는 미숙한 노동자가 조작하는 기계에 자
신들의 기술이 패배하는 것을 항의하였다. (······)
칼 마르크스는 주요 저서 《자본론》에서, 러다이트의 실패는
사회가 아닌 기계에 반대했기 때문이라고 말한다. 마르크스

는 이렇게 기술하고 있다. "러다이트의 과오는 기계화와 자본에 의한 고용을 서로 구별하지 못한 채 공격 방향을 잘못 잡은 점이다. 공격해야 할 대상은 제조 기계가 아니라 그것들의 사용 형태였다."

즉, 테크놀로지 자체를 규탄해도 아무런 이득이 없다는 말이다. 오히려 테크놀로지가 초래한 목적에 대항할 수 있도록 사회 구조를 바꿔야 한다.

_마크 쿨란스키 지음, 《종이의 세계사》 (도쿠마쇼텐, 2016)

'종이가 더 뛰어나다', '종이책 문화를 잃지 말라'라며 정면에서 외치던 예전의 '러다이트' 같은 사람들은 안타깝게도 여전히 많다. 그러나 테크놀로지의 흐름에는 저항할 수 없다는 사실은 역사가 증명하고 있다. 디지털 책을 사랑할 수 있는 사람이나 그러한 최첨단에 어울릴 수 있는 사람이라면, 미지의 가능성이 펼쳐진 그 길로 과감히 나아가는 편이 재미있을지도 모른다.

종이책을 계속 취급하고 싶은 경우일지라도 테크놀로지의 현재를 모르는 상태로 지내는 것이 상책은 아니다. 콘텐츠는 물론이고 종이책과 관련된 커뮤니케이션조차도 이미 대부분 인터넷에서 유통된다. SNS에서 평판이 어떤지 신경 써본 적이 없는 저자나 편집자는 아마 없을 것이다. 그러한 흐름은 더욱 빨라지는 추세이다. 물론, 오히려 정보 발신을 한정하고 작은 커뮤니티를 상대로 하면서, 되도록 테크놀로지와는 아무런 관계를 맺지 않는다는 점을 강점으로 삼을 수도 있다. 그렇지만 그 전제가 되는 테크놀로지를 모른다면 머지않아 거리를 두는 법 자체를 모르게 될 것이다.

그런데 디지털 책은 가능성이 너무 큰 데다 거대한 플레이어가 맹렬히 싸우고 있으며 현실의 공간과 관계가 없기 때문에, 세계적으로 강력한 경쟁 상대가 무척 많다. 반면, 종이책의 세계는 노선 변경이 어렵고 거대 플레이어의 힘이 점점 약해지는 중이다. 현행 출판유통시스템에 대한 의존도가 높은 대형 서점이나 중개 회사 등은 사업 규모가 크고 역사가 긴 만큼 변화하는 데 시간이 걸리고 출혈도 따른다. 반대로, 새롭게 소규모로 시작하는 경우일수록 손쉽게 시대의 흐름에 맞춰서 알맞은 형태로 출발할 수 있다. 변화가 큰 시대인 만큼, 종이책을 취급하는 소규모 책방을 시작하기에 지금이야말로 유쾌한 시기이다.

지금 종이책을 선택하여 전하는
일의 소소한 의미

2016년을 상징하는 '올해의 단어Word of the year'로, 영국의 옥스퍼드 사전이 '탈진실post-truth'을 선택한 일은 여전히 생생한 기억으로 남아 있다. 미국 대통령 선거에 대한 가짜 뉴스로 문제가 되던 시기에, 일본에서는 'WELQ(웰크. 일본의 유명 게임 회사인 DeNA의 산하에 있는 의료 정보 사이트로, 이곳에서 제공하는 뉴스가 명확한 근거 없이 생산된 가짜 뉴스라는 사실이 2016년에 적발되면서 일본 사회가 발칵 뒤집어짐-옮긴 이)' 소동이 일어났다.

브렉시트, 트럼프, 그리고 DeNA 이후의 사회 모습을 해외 매체는 훌륭하게도 'post truth'라고 이름 붙였다. 성과 중심의 시장 원리인 소비지상주의를 추진함에 있어서 그 무엇보다도 위력을 발휘하는 디지털 테크놀로지의 협력에 의해 산출되는 이 기괴한 현상은, 그것을 비판해봤자 아무런 의미도 없다는 점에서 기괴하다.

어쨌든 상대는 폐쇄된 조직 안에서 서로에게 득이 되는 관계에 있다. 그러한 상황에서, 그 조직 안에 있는 인간은 외부에 귀를 기울일 의리도 없고 의무도 없다. 시장이라는 외부의 신임을 얻은 이상, 그것은 심지어 '정의'이기까지 하다. 그곳에서는 논의는커녕 대화조차 성립하지 않는다.

_와카바야시 게이 지음, 《안녕 미래》 (이와나미쇼텐, 2018)

인터넷상에서 무료로 제공되는 대다수의 콘텐츠는 얼마나 많은 사람이 보는지에 대한 숫자를 성과로 요구한다. 웹 미디어에서는 텔레비전의 시청률처럼 페이지 뷰PV, SNS에서는 게시물 조회 수나 공유 수, 팔로우 수 등과 같은 숫자로 성과가 나타난다. 사업에서는 컨버전CV(광고 실적)이나 광고 수입 같은 형태로, 개인 사생활에서는 인정받고자 하는 욕구의 충족이라는 형태로, 이른바 보상이 이루어진다.

그 결과 2018년 현재 인터넷에는 진실인지 아닌지의 여부보다도 시장 원리가 우선시되고, 반사적으로 클릭하고 싶어지는 '욕구'에 따른 제목의 '자극적인' 정보가 넘쳐난다. 그러한 정보는 검색을 통해 능동적으로 선택하여 소비할 수 있을 뿐만 아니라, 개인 맞춤형 애플리케이션이나 SNS 피드에 의해 수동적으로 전달되기도 한다. 같은 인터넷을 보고 있지만 제각기 서로 다른, 자신에게 유리한 정보에 노출되고 있다. 개인의 의견을 피력하기 위해 내세운 주장이, 누군가의 이익을 채워주는 상황이 되어간다.

이러한 '소비지상주의'적 정보의 대다수는, 이른바 오

락이나 실용을 위한 정보이자 현대판 '소시'라고도 할 수 있다. 그러한 책은 인터넷뿐만 아니라 서점의 점두에도 진열되어 있다. 정말이지 '소비'에 부합하도록 이해하기 쉽고 욕망을 자극하는 까닭에, 인터넷을 돌아다니다 보면 아무래도 클릭하고 싶어질 법한 제목의 책이 무척 많다. 게다가 신빙성이 떨어지는 '가짜 의학책'이나 차별 의식을 부채질하는 '혐오 관련 책' 등은 틀림없는 '탈진실'적 책이다. 이것들은 요즘이 아니라 오래전부터 계속 존재해 왔다.

물론 그러한 책은 '수요'가 있기 때문에 대량으로 인쇄되고 무더기로 팔린다. 대다수의 오래된 서점에는 누군가가 의지를 가지고 단호하게 거부하지 않는 이상, 출판유통시스템으로 거래되는 책은 자동으로 입고된다. 같은 시스템을 기반으로 어떤 책도 차별 없이 취급하는 것이야말로, 특정 사상에 치우치지 않고 공평한 책방 본연의 자세라고 생각하는 사람도 있다. 나는 이러한 생각에 명확하게 반대한다. 결국 그 끝에는 책방마저 테크놀로지에 흡수되고마는 미래만이 기다리고 있기 때문이다.

정보원으로써 종이책은 신뢰할 수 있다는 사고방식이 있다. 이는 인터넷 이용자가 적었던 시대인 머나먼 과거의 산물이다. 인터넷에는 확실히 '탈진실'적 정보가 넘쳐난다. 대다수는 이에 휩쓸리고 말지만, 그 정보와 관련된 말들을 주의 깊게 들여다보고 있으면 도를 넘은 편견이나 명확한 오류는 누군가에 의해 바로 지적당하고 필요에 따라서는 순식간에 수정된다.

반면, 종이책은 독립하여 존재하는 인쇄물로, 그것을 읽은 사람이 아니고서야 정보의 옳고 그름을 판단하기 어렵다. 알아차렸다 해도 인터넷과 연결된 상태가 아니므로 그 정보의 악랄함이 확산되거나 수정되는 일은 일어나기 어렵다. 현재, 정보를 접하는 사람을 잘못된 방향으로 이끌기 쉬운 쪽은 오히려 명백하게 종이책이다. '탈진실'적인 책은 긴 세월에 걸쳐 종이책이 길러온 신뢰를 악의적으로 이용하면서 야금야금 갉아먹는다.

《WIRED》일본판의 전 편집장인 와카바야시 씨가 지적하듯, '소비지상주의'와 테크놀로지는 궁합이 무척 좋다. '폐쇄된 조직' 안에서 그 둘은 그저 속도를 더해갈 뿐이다. 잘 팔리기만 하면 된다는 생각에 '소비지상주의'를 지향하며 책을 판다면, 속도가 더해질수록 그 수요 예측은 딱 들어맞으며 책은 서점에 자동으로 배본될 것이다. 그러다 보면 머지않아 로봇에 의해 서가가 진열되고, 인공 지능이 책을 집필하게 된다. 어쩌면 이러한 상황이 되기 이전에 그런 종류의 정보는 모두 인터넷으로 대체되고, 굳이 물을 필요도 없이 Alexa가 먼저 말을 꺼낼 것이다. 그러한 흐름 속에서 현실의 서점은 확실히 무용지물이 되고 만다.

인간의 '책방'에서만 산출해낼 수 있는 무언가가 있다면, 그것은 바로 개인의 편견을 두려워하지 않고 풍성한 우연이나 다양성을 만들어내서 누군가에게 제안하는 일이다. 물론 개인은 만능이 아니다. 책방에는 그저 사람끼리의 단순한 신뢰 관계만 있으면 된다. 최대한 정직해지고자 하는 개인이 선택한 책방에는, '소비지상주의'에서 흘러들어오는 정보와는 이질적이면서도 적당한 확률로 발생하는 다양한 놀라움이 존재한다. '책방'을 신뢰하는 손님은 그 세계와 어울리며 마주치는 우연을 즐긴다. '책방'의 의무란, 바로 그러한 체험을 도출해내는 일이 아닐까.

앞으로 '책방'의 의무는, 가능한 한 책을 성실하게 고르는 일이다. 최대한 안테나를 늘리고, 모르는 분야에는 무리하게 손을 뻗지 않는다. 수많은 신간이 쏟아지는 가운데, 자신이 이해하는 범위 내에서 최대한 당당하게 의지를 가지고 손님에게 추천할 수 있는 책을 고른다. 되도록 정직하기 위해 노력하면서, 조금씩 모든 영역에 시선을 줄 수 있도록 최선을 다한다. 완벽한 사람이란 없다. 불가능한 일도 존재한다는 사실을 자각하고, 조금씩 진실한 장소를 제공하면서 손님과의 신뢰 관계를 구축해나간다.

말은 세상을 움직인다. '책방'이라는 직업은, 어딘가에 있는 누군가의 사고방식을 변화시키고 마음을 움직여서 그 사람이 타인에게 건네는 말을 바꾸게 하는 힘을 가진 다. 때로는 두렵게 느껴지기도 한다. 그러나 한 사람의 '책 방'이 할 수 있는 일은, 끊임없이 성실한 자세로 책을 고르 는 것뿐이다.

자신의 일이 세상에서 '읽히는' 말을 통해 '이야기되 는' 말의 질에 영향을 미친다는 자각. 사람들에게 책을 전 달하는 횟수가 쌓여갈수록, 세상이 조금씩 바뀌어간다는 사실에 대한 실감. 그것은 무척 중요한 일이며, 만연하는 '소비지상주의'에 개인이 저항할 수 있는 유일한 방법이 다. 적어도 주변의 소중한 사람들이 단순한 쾌락의 먹이 가 되지 않도록, 시끄러운 소리를 내는 말의 씨앗을 뿌리 는 일이기도 하다. 그러한 보람을 느낄 수 있는 일은 좀처 럼 드물다.

제4장

소매업으로서의 책방

책을 갖춰서 매매한다

'책을 전문으로 다루는' 모든 사람이 넓은 의미에서 '책방'이라고 앞에서 말했다. 그중에서도 '책을 갖춰서 매매하는' 일을 통해 생계를 꾸리는 것, 즉 소매점으로서 신간 서점이나 고서점을 경영하는 일은 간단하지 않다.

출판사나 중개 회사도 힘들기는 마찬가지이다. 출판사 중에는 자사의 책을 출판하여 유통시키는 일뿐만 아니라, 소유한 콘텐츠나 편집 능력을 살려서 별도의 사업을 전개하는 곳도 많다. 각 중개 회사는 책방 외의 다른 곳에서 책을 파는 일이나 책 이외의 상품을 책방에서 파는 일, 전혀 다른 상품을 출판유통시스템상에서 판매하는 일에 몰두하기 시작했다. 출판업계에서는 시행착오를 거듭하며 본래 역할을 변경하여 살아남을 길을 모색하는 한편, 그럼에도 계속 책을 출판하고 유통하기 위해 노력하고 있다.

신간 서점이나 고서점 또한, 책 이외의 상품도 취급하며 소매점으로서 오래 살아남기 위해 노력하는 곳은 많다. 어떤 책방으로 거듭나든, 우선 그 중심은 '책을 갖춰서 매매하는' 일이다. 독자와의 접점으로써 서점이 본래의 '책을 갖춰서 매매하는' 힘을 잃어버린다면, 출판사도 중개 회사도 책과 관련된 일을 이어나가기란 더욱 어려워진다.

이번 장에서는 '책을 갖춰서 매매하는' 책방 업무 중, 소매업의 기본적인 내용에 대해 이야기한다. 변화의 시기에 있는 항목의 경우, 미래를 대비하여 생각해야 할 핵심 사항까지 다룬다. 소매 경험이 전혀 없는 사람이라도 최대한 이해할 수 있도록 쓰기 위해 노력했다. 여기에 기록하는 내용은 어디까지나 입구의 역할을 할 뿐이다. 고려해야 할 모든 항목을 망라하기란 불가능한 데다, 원래대로라면 그 자체만으로 한 권의 책이 될 수 있는 항목도 있기 때문이다. 더욱 깊이 알고 싶다면 책방 이외의 다른 업종도 포함하여 많은 책이 출판되어 있으니 아무쪼록 읽어보기 바란다.

자격과 경험

책방을 시작하려면 무언가 자격이나 면허가 필요하지 않느냐는 질문을 자주 받는다.

적어도 일본에서는 세금을 지불하기 위해 개인사업자로 등록하거나 법인을 만들어 등기할 필요는 있다. 헌책을 매매하는 경우에는 고물상으로 등록 허가를 받아야 한다. 그 밖에는 매입처만 확보하여 책을 갖추면 특별한 자격은 필요하지 않다.

자격은 필요 없지만 경험은 있을수록 좋다.

특히, 일정량의 새 책을 중개 회사로부터 매입하여 취급하는 가게일 경우에는 특수한 업무도 많다. 하루 업무는 어떤 순서로 흘러갈까. 입고된 상품을 매일 어떤 식으로 진열하여 판매할까. 어떤 상품을 어느 시기에 반품해야 할까. 어떤 식으로 발주해야 할까. 애초에 이 상품은 반품 가능할까. 이 상품은 발주할 수 있을까. 업무가 밀릴 때어떤 일을 우선시해야 할까. 직원들에게는 어떤 식으로 대해야 할까. 이처럼 일상의 세부적인 업무는 역시 경험이 있으면 있을수록 좋다. 이 책의 서두에서 설명했던, 서점 후계자 2세를 양성하기 위한 연수가 있는 것도 납득이 간다.

한편, 헌책을 매매하기 위해 고서조합에 들어가 교환회에 참가하는 가게 역시도 경험이 있는 편이 좋다. 무엇보다도 가격을 책정하여 손님에게 전달하는 일은 까다롭다. 개인 장서에 가격을 매기는 일은, 마치 그 사람의 머릿속에 대해 가치를 매기는 것처럼 느껴지기도 한다. 경험이 쌓이다 보면 분명히 자기 나름의 방식이 자리 잡을 것이다. 자신의 가게에서는 어떤 물건에 가치를 두고 있는가. 어느 상품을 서가에 진열하고, 어떤 상품을 가판대나 교환회에 내놓을 것인가. 아무런 경험 없이 시작하는 사람도 많을 테지만, 다들 책방을 운영하는 동안 실패를 거듭하면서 배워나가기 마련이다.

경험이 없다면, 우선 아르바이트부터라도 좋으니 책방에서 한 번 일해보는 것도 괜찮다. 후쿠오카의 신간 서점 '북스큐브릭'의 사장인 오이 미노루 씨도 그러한 경험이 있다.

서른일곱이었을 때, 약 20년 만에 거의 혼자 몸으로 고향인 후쿠오카에 돌아왔다. 책방을 열겠다는 계획만큼은 확실했지만, 물론 갑자기 시작할 수 있는 일도 아니었다. 그리하여 일단 현장 실습을 위해 서점에서 아르바이트를 할 생각이었다.

(……) 서점업계의 특수한 구조나 일상 업무 등을 현장에서

배울 수 있었던 것은 정말 귀중하고 고마운 경험이었다.

_오이 미노루 지음, 《지역서점 후쿠오카 북스큐브릭》 (쇼분샤, 2017)

오이 씨는 '모든 사원이 자신보다 어린' 환경의 서점에
서 '아침 8시부터 오후 3시까지 아르바이트를 한 뒤, 퇴근
후에는 가게 자리를 물색하기 위해 자전거로 후쿠오카를
꾸준히 둘러보는 생활'을 1년 정도 지속하다가 운명처럼
만난 가게에 북스큐브릭을 열었다.

물론 이 책에는 내가 경험을 통해 얻은 내용을 최대한
가득 담으려고 한다. 그러나 '배우기보다 익혀라' 같은 말
처럼, 실제 경험을 통해 배우는 부분은 굉장히 크다. 책을
읽고 갑자기 가게를 열기보다, 우선 이러한 경험을 쌓는
쪽이 결과적으로 지름길로 통하는 경우도 많다.

매상과 경비

소매업에서는 일반적으로 매일 조금씩 매상을 올린다. 현금으로 주고받은 매상을 계산하기 쉽도록 금전 등록기를 사용한다.

매상도 중요하지만 최종적으로 남는 것은 이익이다. 회계에는 다양한 종류가 있는데, 평소 인지해두어야 할 이익은 크게 총이익과 순이익으로 나뉜다.

매상에서 원가를 뺀 나머지가 총이익이다. 80%의 공급률로 매입한 물건이 팔리면 20%가 총이익이 된다. 거기에서 다시 그 밖의 여러 가지 경비를 뺀 나머지가 순이익이다. 총이익에서 인건비와 임차료, 광열비, 그 외 비품 같은 경비를 빼고 남은 금액이 순이익이 되는 것이다. 매상은 매일 계산해야 한다. 총이익 또한 어림짐작으로라도 매일 파악해두는 편이 좋으며, 상품이 책뿐일 때는 평균치로 계산하면 되기 때문에 간단하다. 경비는 매일 지불하는 경우가 많으므로 순이익은 달마다 계산한다.

가능하면 싸게 매입해서 비싸게 판다. 되도록이면 필요 이상의 경비를 들이지 않는다. 이것이 장사의 기본이다.

그러한 의미에서는 헌책을 취급하는 쪽이 소매업에 더 가깝다. 매입 단가와 판매 단가를 자유로이 정할 수 있기 때문이다. 헌책 영업에는 싸게 매입하는 것과 비싸게 판매하는 것의 두 종류가 있다고 할 수 있다. 만약 판매가 서툴러도 매입만 잘하면 이익을 낼 수 있다. 인터넷에서 팔아도 좋고 시장에 출품해도 좋다. 직접 판매는 하지 않은 채 매수나 업자 간 알선(446쪽 참조) 등으로 운영하는 매입 전문 책방이라는 선택지도 있다. 한편, 매입이 서툴러도 판매만 잘하면 그 나름대로 이익을 낼 수 있다. 따라서 직접 매수는 하지 않고 판매를 전문으로 하는 사람도 있다. 물론 많은 사람이 상상하는 헌책방은 매수와 판매를 모두 하기 때문에 보통은 두 종류의 영업이 결합되어 성립한다. 자연스레 책방마다 능숙한 부분과 서툰 부분이 있지만 외부에서 봤을 때 눈에 띄지 않는 경우도 많다. 그러한 까닭에 헌책방의 총이익률은 가게에 따라 제각각이다.

한편, 새 책은 경우가 다르다. 물론 교섭의 여지가 없는 것은 아니지만, 특히 일본에서는 기본적으로 매입 가격이 그렇게 큰 폭으로 바뀌는 일은 없다. 판매가도 전국 어디에서든 일률적이다. 평균 공급률은 자연히 70~80%대가 되고, 총이익률은 20~30%대로 정해진다.

경비는 고정비와 변동비로 나누어서 생각하는 편이 좋다. 매월 거의 같은 금액이 드는 항목을 고정비, 매상에 비례하여 변동하는 항목을 변동비라고 부른다. 고정비를 지출할 수 있느냐가 가게를 유지하는 핵심이 된다.

책방은 고정비의 비율이 높다. 그중 가장 커다란 항목이 인건비와 임차료이다. 따라서 타인을 고용하지 않고 자신이나 가족만으로 인력을 보충하는 경우, 거기다 건물까지 소유하고 있다면 리스크는 훨씬 낮아진다. 그 외에는 광열비 같은 고정비, 비닐봉지나 포장을 위한 책싸개 같은 비품으로 나가는 변동비를 체크해두면 된다.

인테리어나 설비에 든 비용은 감가상각이라고 하여, 수년으로 나누어 매월 경비에 포함해서 계산해나간다. 이 또한 무거운 부담으로 다가오는 고정비이지만, 빚을 지지 않았다거나 특히 임대 계약 기간에 구애받지 않는 건물로 시작한다면 언젠가 회수할 수 있으리라 생각하며 뒤로 미루는 것도 좋다.

어찌 됐든 막연히 매상만 바라보고 있어서는 안 된다. 얼마 되지 않는 총이익에서 이러한 경비를 지출하고 조금이라도 순이익을 남길 수 있을 만큼 충분한 매상을 올릴 수 있을지 늘 의식하는 자세는, 소매점으로서 책방을 이어가기 위한 열쇠가 된다.

고객 수와 고객 단가

좀 더 매상을 올리고 싶다. 이때 중요한 기본 원칙은 〈고객 수×고객 단가=매상〉이라는 계산식이다. 매상을 올리려면 방문하는 고객의 수를 늘리든지, 고객 한 사람의 구입 금액을 올리든지 하는 두 가지 선택지밖에 없다.

예를 들어 음식점이라면, 고객 단가도 영업 아이디어 중 하나로 자유로이 생각할 수 있다. 굉장히 높은 단가로 하루에 몇 석밖에 예약을 받지 않는 고급 프렌치 레스토랑이 있는가 하면, 굉장히 저렴한 단가로 시간대를 구별하여 매장 회전율을 늘리는 저가 프렌치 레스토랑도 있다. 어떤 종류의 가게로 할지 고민할 때 우선 고객 단가부터 정한 다음 필요한 고객 수를 역계산해 나가다 보면 다양하고 대담한 아이디어가 탄생할 수도 있다.

그러나 책이 주력 상품일 경우 책방이 고객 단가를 정하기는 어렵다. 적어도 새 책은 상품 하나당 단가가 대략 정해져 있다. 일본의 문고본은 몇백 엔에서 천몇백 엔, 단행본은 천몇백 엔에서 수천 엔이라는 좁은 범위로 가격대가 한정된다. 애초에 복제품이기 때문에 같은 책은 어디에서 사도 같고 상품의 질 또한 바꿀 수 없다. 음식점처럼 의도적으로 고객 단가를 올리거나 내리면서, 그에 따라

고객 수를 한정하거나 늘리는 영업 방식으로 매상을 올리기란 어렵다.

따라서 책방은 가게 내부를 공들여 만드는 방법을 통해 고객 단가를 올려나가게 된다. 독자적인 상품 구성과 진열 방법에 소신을 가지고, 어떻게 조금이라도 비싼 책을 한 권, 거기에 또 한 권 더하여 두 권, 세 권씩 사고 싶게 만들 것인가. 일찍이 '마루젠 마루노우치 본점'의 4층에는 3년간, 마쓰오카 세이고 씨가 기획한 '마쓰마루혼포'라는 숍인숍(한 매장에 독립된 여러 전문점이 늘어서 있는 점포의 형식-옮긴 이) 매장이 있었다.

> 새로운 서가 디자인은 책의 모습을 크게 달라지게 한다. 책등을 일직선으로 배열하는 것이 아니라, 전후좌우에 책을 입체적으로 배치할 수 있게 된 것이다. (……)
>
> 당초 마루젠 측에서는 이러한 진열 방법에 대해, "책을 측면으로 두면, 서가의 분위기가 어수선해지고 구석에 있는 책은 안 팔리지 않을까"라는 반대 의견도 있었다. 그럼에도 마쓰오카는 그 방법을 강행했다.
>
> 결국, 서가에서 책을 색출하듯이 여러 권을 한꺼번에 구입하는 방문객이 늘면서, 평균 고객단가 3,500엔이라는 실적으로 이어졌다.
>
> _마쓰오카 세이고 지음, 《마쓰마루혼포의 방침》(세이겐샤, 2012)

신간 서점의 전국 평균 고객 단가가 1,300엔 정도인데 반해, 그 세 배에 가까운 3,500엔이라는 마쓰마루혼포의 고객 단가 수치는 경이롭고 예외적이다. 물론 서가 디자인을 흉내 내는 일은 가능할지도 모르지만, 분명히 마쓰오카 씨의 방대한 지식을 바탕으로 한 셀렉트나 가게 자체의 화제성 같은 몇 가지 다른 요인이 있을 것이다. 어디까지나 결과일 뿐이지만 누구나 목표한다고 해서 가능한 숫자는 아니다.

책방의 경우, 매상을 크게 좌우하는 요인은 고객 수이다. 출판업계 전체 매상은 최근 20년에 걸쳐 약 절반으로 줄었지만, 앞서 말한 신간 서점의 고객 단가 평균은 거의 바뀌지 않았다.[1] 앞에서도 언급한 것처럼, 어느 특정 시대까지는 책방이 일상생활에서 필요한 장소였지만 지금은 평생 책방에 가지 않더라도 살아갈 수 있기 때문이다.

고객 수를 늘리는 방법은 크게 두 가지로 나뉜다. 처음 방문하는 신규 손님을 늘리거나 재방문하는 손님을 늘리는 것이다.

처음 오는 손님을 향한 접근은 자연스레 가게 밖으로 향하게 된다. 책방에서는 요란스러운 접객에 시달리지도 않으며 책을 사지 않아도 정보를 얻을 수 있으므로, 처음 방문하는 손님도 가볍게 들어온다. 늘 가게 앞을 왕래하는 사람이나 이따금 우연히 지나치는 사람이 가게 외관을 보며 무언가 이곳에 흥미로운 대상이 있다고 생각하게 끔 궁리한다. 한편, 멀리서 손님이 찾아오게 하려면 언젠 가 가보고 싶다는 생각이 들게끔 노력해야 한다. 물론 대 중 매체에서 취재를 하러 오는 것만큼 좋은 방법은 없지 만, 최근에는 SNS를 비롯한 인터넷상에서 얼마나 스스로 에 대해 발신할 수 있느냐가 더욱 중요하다. 책방은 매일 변화가 있기 때문에 발신의 소재가 될 요소는 산더미처럼 많다. 흥미를 가져줄 만한 사람을 상상하면서 그저 끊임 없이 공을 던지면 된다.

한 번 방문한 적이 있는 고객이 다시 오게 하려면, 주 로 가게 내부를 향해 접근해야 한다. 이는 고객 단가를 높 이는 방법과도 닮았는데, 소소하지만 꼭 해야 할 일을 하 나씩 성실히 해나가는 수밖에 없다. 다시 들여다보고 싶 어지도록 상품 구색을 갖추고, 기분 좋은 접객을 위해 언 제나 마음을 쓴다. 물론 포인트 카드나 회원 제도 등을 갖 추는 방법도 있다. 책을 할인해주는 일은 불가능하지만 책 이외의 상품을 할인해주거나 메일로 정보를 발신하거 나 커뮤니티를 만드는 등, 무언가 서비스를 제공하는 일 은 가능하다.

인테리어와 진열

책방의 공간은 단순하다. 이렇다 할 인테리어를 하거나 특별한 설비를 갖추지 않아도 최저한의 밝기와 청결함, 쾌적한 온도를 유지할 수 있다면, 그다음은 서가와 평대를 배열하여 그곳에 책을 진열하고 계산대를 구비하여 오픈할 수 있다. 따라서 오픈할 때 딱히 인테리어 디자이너 없이 최저한의 공사만을 시공업자나 목수에게 부탁하는 경우도 많다.

그러한 이유 때문인지 호텔이나 음식점, 의류 매장 등과 비교했을 때, 대다수의 책방은 검소하고 진부한 인상을 준다. 심혈을 기울인 인테리어나 완벽한 청소 상태, 절묘한 밝기, 쾌적한 온도와 습도, 편안한 음악, 은은한 향기, 흥미를 끄는 장식, 방문한 손님의 분위기 등등 열거하자면 끝이 없을 만큼 다른 업종에서는 그러한 연출로 꾸며진 공간의 가치를 중요시하는 데 반해, 상대적으로 책방에서는 그다지 대수롭지 않게 여겨왔다. POP(매장에 설치하는 상품 광고-옮긴 이)나 포스터 등을 적극 활용할지의 여부나, 서서 책 읽기를 금지할지 장려할지에 대한 문제는 자주 논의되어왔다. 옛날에는 책방이 일상생활에서 필요한 장소였기 때문에 그만큼 연출을 중시할 필요가 없었던 것이다.

이제 시대가 바뀐 이상 공간을 어떻게 연출할지는 책방이 소매점으로서 염두에 두어야 할 커다란 요소 중 하나이다. 거꾸로 말하면, 새로 시작하는 책방은 공간 연출에 한층 공을 들일 만한 여지가 많이 남아 있다. 최근 수년간 대형 서점에서는, 타이완의 성품 서점이나 일본의 츠타야 서점을 흉내 낸 듯한 공간 조성이 유행해왔다. 그러나 앞으로 책방을 새롭게 시작하려는 사람은 그 뒤를 좇을 필요가 없다. 크기에 상관없이 좀 더 자유롭게 공간 연출에 대한 가능성을 고민하면서 각자의 개성을 추구해야 한다.

책은 진열만으로 상품의 특성을 살려서 시선을 끌기가 어렵다. 대부분의 책은 그대로 노출되기 때문에 흠집이 나지 않도록 신경 써야 한다. 거의 모든 책의 형태가 장방형인 까닭에, 이미 수십 년 전부터 책의 진열 방식은 기껏해야 재목을 쌓듯 탑 형태로 포개어두는 정도로만 바뀌었을 뿐 전보다 나아진 점이 없었다. 표지와 책등뿐인 책의 요소를 어떤 식으로 가구와 함께 매력적으로 보이게 할지는 고민해야 할 과제 중 하나이다.

접객

　접객이란 글자 그대로 손님을 대하는 일이다. 표정이나 목소리 톤, 말투 등을 의식적으로 잘 구분하여 사용함으로써, 손님의 생각을 간파하고 기분 좋은 커뮤니케이션이 이루어지도록 신경 쓰는 것이 기본이다.

　원래 소매업에는 점원 쪽에서 적극적으로 손님에게 말을 걸며 접객하는 업태와 그렇지 않은 업태가 있다. 예를 들면, 백화점에 가서 의류나 화장품을 살 경우에는 점원 쪽에서 말을 걸어온다. 이러한 상품은 설명이 필요하며 손님에게 말을 건네는 편이 더 잘 팔린다고 여겨지기 때문이다. 한편, 점원이 말을 걸어오는 것이 불편하며 혼자 고르고 싶어 하는 손님도 있다. 그러한 성향의 사람이 증가하는 추세에 발맞추어, 의류의 경우 유니클로 같은 패스트 패션(유행을 즉각 반영하여 빠르게 유통시키는 의류를 아우르는 말-옮긴 이)이나 화장품의 경우 마쓰모토키요시(일본의 대표적인 약국 체인 회사로, 의약품부터 화장품, 일용잡화, 간단한 식음료품 등을 판매함-옮긴 이) 같은 드러그스토어가 성장해왔다.

　책방은 어떠할까. 앞서 언급한 에도 시대의 예에서는 "점원이 포목전처럼 물건을 꺼내와 보여주는" 방식이 일반적이었다. 메이지 중기 이후에는 서가와 평대에 책을 진열하여 손님이 직접 고르는 방식으로 바뀌었다. 원체 이익률이 낮아, 한 사람씩 정성스럽게 접객하면서 설명하고 판매해서는 장사가 되지 않는다. 만약 자동차를 판매하는 경우라면 한 대를 파는 데 세 시간이든 사흘이든 시간을 들일 수 있지만, 책방에서 책 한 권을 파는 데 세 시간씩이나 들였다가는 인건비 때문에 큰 적자를 보기 십상이다. 한편, 독서라는 행위가 기본적으로 혼자서 이루어지듯 책이라는 상품 자체도 상당히 개인적이다. 그렇기 때문에 원래부터, 되도록이면 커뮤니케이션 없이 혼자서 책을 골라 사고 싶어 하는 사람이 많다.

반면, 자그마한 지역 사회에서 책방을 운영할 때는 접객 판매까지는 아니더라도 커뮤니케이션은 필요하다. 히로시마현 쇼바라시에는 인구가 8천 명인 도조초 마을이 있는데, 이곳에는 전국적으로 이름이 알려진 책방 '위 도조점'이 있다. 이 책방의 사토 도모노리 씨는 지역 손님의 얼굴을 대부분 기억하고 있으며, 이름이나 가족 구성원까지도 상당수 파악하고 있다고 한다. 손님의 요구에 부응하기 위해 책뿐만 아니라 문구나 담배, 화장품도 취급하고, 미용실이나 동전 세탁소를 병설하였으며 연하장 인쇄까지 시행하면서 이 가게는 마을 커뮤니티의 주요 거점이 되었다. '위 도조점'만큼 철저하지는 못하더라도, 최소한 단골손님에 대해서 '이 손님은 미스터리 팬이었지', '그 작가의 신작이 나오면 반드시 사 가는 손님이야' 하며 특징을 기억하는 정도는 많은 책방에 요구되는 커뮤니케이션의 기본이다.

인터넷에서 무엇이든 살 수 있게 된 이후, 실물 매장이 존재하는 의의 중 하나는 그곳에 진짜 사람이 있다는 점이다. 접객은 당연히 그중에서 중요한 요소이다. 한편, 테크놀로지의 진화가 실물 매장에도 영향을 끼치면서 이제껏 인간이 담당해온 부분까지 자동화가 진행되고 있다. 2018년 현재, 전용 애플리케이션과 매장 안의 센서를 사용하여 계산대 없이 결제하는 미국의 'Amazon Go'나 모바일 결제 아이디로 로그인하여 셀프 계산대에서 계산하는 중국의 'Bingo Box' 등이 화제가 되고 있다. 앞으로 소매업이 어떻게 변화할지는 미지수이지만, 한편에서는 무인화하고 다른 한편에서는 고도의 인간적인 접객을 추구해가는 양극화가 진행될지도 모른다. 그 속에서 책방은 어떻게 존재해야 할까. 생각만으로도 흥미로운 시대가 되어가고 있다.

입지와 상권

책방은 흔히 입지로 하는 장사라고 여겨져 왔다. 특히 일반 신간 서점의 경우, 어디에서든지 똑같은 상품을 같은 가격에 살 수 있다면 최대한 접근하기 쉬운 곳에 위치한 가게를 이용하는 쪽이 편리하다. 일반적인 헌책방도 판매야 어찌 됐든 매수할 때는 헌책방끼리 경쟁을 한다. 매수를 중심으로 하는 가게라면 책을 읽는 사람이 어느 정도 살고 있는 지역에서 불필요해진 책을 가능한 한 독점으로 인수하길 원한다.

'상권'은 해당 가게를 이용하는 사람들이 있는 지역을 말한다. 대형 중개 회사에 계좌 개설(399쪽 참조)에 대해 상담하러 갔다가 긍정적으로 이야기가 진행되는 경우, 상권 분석에 들어간다. 우선 지도상에 있는 출점 예정지를 중심으로 원을 그린다. 그 상권 안에 인구가 얼마나 있고 이미 영업 중인 책방은 몇 군데이며 매장 면적은 어느 정도인지에 대한 자료부터, 그 입지에 새롭게 출점하여 성립할 수 있을지에 대한 여부를 분석한다. 인구에 비해 다른 책방들이 충분한 면적을 차지하고 있다면, '지금 이 상권에서는 책방을 열 필요가 없다'는 분석상의 결론이 도출된다.

물론 접근의 편리성도 고려된다. 도심부에 위치할 경우 되도록이면 역 근처에, 교외라면 주요 도로에 접해 있는 편이 유리하다. 물론 1층이 좋다. '빌리지 뱅가드('노는 서점'을 키워드로 하여 책, 음반, DVD, 잡화 등을 판매함-옮긴이)'의 창업자 기쿠치 게이치 씨가 오래전 계단 열세 개를 올라가야 하는 건물에 가게를 열려고 했을 때, 당시 중개 담당자로부터 "계단을 하나 오를 때마다 매상이 만 엔씩 떨어져요"라는 충고를 들었다고 한다.[2]

어디까지나 이러한 상권 분석 방식은 어느 서점이든 대체로 동일하다는 전제가 달려 있다. 가게마다 각각의 매력이나 개성을 수치화하기는 힘들다. 하지만 매력이나 개성이야말로 확실히 중요하다.

그러한 관점에서 생각하면 입지는 그다지 관계가 없다고도 할 수 있다. 어디에서든 책을 살 수 있다 해도, 그곳에서만 체험할 수 있는 공간이 있고 그곳에서만 만날 수 있는 사람이 있다면 일부러 시간을 내서라도 찾아가기 때문이다.

한편으로는, 그렇기 때문에 입지가 중요하다고도 할 수 있다. 단순히 상권에 손님이 있다는 이유를 제외하고서라도 그 입지를 선택한다면 그 까닭은 무엇일까. 거창하게 말하면, 입지 또한 그 가게의 사상을 표현한다. 단순히 그 동네와 장소를 좋아한다는 이유라도 좋다. 특정 동네에 있는 가게가 존속해나갈 때, 동네의 개성과 가게의 개성이 겹쳐지며 서로에게 영향을 끼친다. 동네가 가게를, 가게가 동네를 만들어가는 것이다.

개성 있는 가게가 한데 모여 있다면, 상권이 겹쳐도 그다지 경쟁하는 일은 없다. 대형 서점 체인은 서로 가까이 있을수록 경쟁하기 쉽지만 소규모 책방끼리는 양적인 상품 구비로 서로 승부할 수 없는 만큼, 오히려 같은 동네에 모여 있는 편이 좋다. 이는 '책방 순례'라는 형태로 나타나고 있다. 근처의 여러 책방을 돌아보는 루트가 생기면, 가게끼리 좌우로 연결되면서 그 동네를 찾아오는 사람들을 방문하게 만들기 때문에 장점이 훨씬 크다.

요즘 시대에서 입지란 반드시 실물 매장이 있는 장소에 대한 이야기만은 아니다. 자신의 가게 손님이 어디에 있을지 넓은 시선으로 생각한다면 어떤 SNS를 적극적으로 사용할지, 통신 판매(이하 통판)를 한다면 어떤 플랫폼을 사용할지에 대한 부분도 넓은 의미에서 입지 전략이라 할 수 있다. 타이완 타이베이에 있는 'Mangasick(망가식. 마니아적 장르와 아티스트의 작품을 진열하고 판매하는 만홧가게-옮긴 이)'의 경우 페이스북에서는 자국민을 겨냥하여 중국어 번체자(중국어에는 정자인 번체자와 이를 간소화한 간체자가 있다-옮긴 이)를, 인스타그램에서는 영어를, 트위터에서는 일본어를 쓰는 등 전략적으로 언어를 나누어 사용하여 소규모 매장임에도 전 세계를 대상으로 발신하고 있다.

타깃

주요 대상이 되는 구매자 층을 타깃이라고 한다. 책은 종류가 각양각색이어서 남녀노소 다양한 사람이 읽는다. 특히 모든 영역의 상품을 구비한 서점은 상권 안에 존재하는 모든 사람을 타깃으로 삼는 경우가 많다. 물론 한 권마다 각각 타깃이 한정된 책도 많이 있다. 서점 안에서도 그러한 책은 서가나 각 코너로 한데 모아 타깃을 제한한다. 아동 서적의 서가라면 아이와 그 부모가 타깃이다. 남성 잡지는 물론 남성이, 여성 실용서는 여성이 타깃이다. 한편, 입지에 따라서는 가게의 전체 타깃이 보다 명확히 정해지는 곳도 있다. 온전히 사무실이 늘어선 거리라면 평일의 회사원들이 주요 타깃이 된다.

현재 책방이 생활에서 반드시 필요한 장소가 아니라 '책을 좋아'하고 '책방을 좋아'하는 사람들을 위한 장소가 된 이상, 가게의 방향을 명확히 하기 위해서는 오히려 타깃을 좁혀가는 방법도 검토해야 한다.

전문 서점이라고 불리는 가게는 오래전부터 존재해왔다. 이러한 가게의 타깃은 명확하다. 도쿄 진보초의 건축 서적 전문점 '난요도 서점'에는 건축가나 건축을 공부하는 학생이 모이고, 오사카 센니치마에의 요리 서적 전문점 '나미야쇼보'는 프로 요리사가 주요 손님이다. 가게에 방문하는 사람은 주로 전문가나 마니아로, 일반 손님은 거의 오지 않는다.

최근의 전문 서점은 조금 달라지는 추세이다. 도쿄 산겐자야에 있는 'Cat's Meow Books'는 고양이 책 전문점이다. 고양이 전문가도 오는 모양이지만, 어디까지나 평범한 '애묘가'가 모이는 가게이다. 맥주도 제공하여 동네 주민이 퇴근길에 들르기도 한다. 어디에나 많은 '애묘가'를 주요 타깃으로 한 덕분에 동네 사람들이 모이는 것이다. 분야는 좁지만 폭은 넓은 가게라 할 수 있다.

2018년 3월에 히비야 샹테(도쿄의 쇼핑몰-옮긴 이) 3층에 문을 연 'HMV & BOOKS HIBIYA COTTAGE'는 독특하게도 콘셉트를 '여성을 위한 책방'이라고 확실히 밝히고 있다. 입지적으로도 결코 여성만 올 법한 장소는 아니다. 그럼에도 '여성을 위해서'라고 한 차례 타깃을 좁혔다. 물론 남성의 방문을 거부하지는 않지만, 우선 타깃을 여성으로 정하여 여성상을 제일로 생각하면서 가게를 만들었다는 점에서, 일반 책방에는 발길이 뜸했던 여성도 들어가기 쉬운 가게가 되었다. 남녀노소 모두를 타깃으로 할 때보다 상품 구색에 개성을 드러낼 수 있어서 결과적으로 폭을 넓힐 수 있었을지도 모른다.

현재의 상권에 존재하는 모든 사람을 대상으로 삼으

면, 오히려 특색이 사라져서 어느 누구의 흥미도 끌지 못하는 책방이 될 우려가 있다. 타깃을 한 차례 좁혀서 가게의 색깔을 확실히 하면 오히려 평소 책방을 찾지 않던 사람에게까지 타깃의 폭을 한층 넓힐 수 있는 가능성이 있다. 이는 앞으로 책방을 시작할 때의 묘미 중 하나이기도 하다. 결과적으로는 그때서야 비로소 누구에게나 개방된 업종이라는 책방 본래의 특성이 살아날 것이다.

영업시간

영업시간은 어떤 식으로 정해야 할까. 언뜻 생각하면 그다지 구애받을 필요가 없는 부분이지만, 그럼에도 책방을 처음 시작하는 사람은 어떻게 정해야 할지 감이 오지 않을 수 있다.

가장 일반적인 기준은 주변 가게의 영업시간이다. 대체로 소매점은 손님이 적은 시간에는 가게를 열지 않으므로, 주변 가게를 보면 그 지역 손님의 동향을 대충 파악할 수 있다. 효율만을 중시할 경우에는 사람이 많은 시간대에만 가게를 열면 되므로, 주변 가게를 참고하면서 인파의 흐름을 상상하여 영업시간을 설정한다.

다른 한편으로는, 대부분의 가게가 그러한 방법을 선택하기 때문에 오히려 영업시간으로 가게의 특징이나 사상을 드러내는 일 역시 가능하다.

예를 들면 '다이칸야마 츠타야 서점'의 영업시간은 오전 7시부터 다음 날 새벽 2시까지이다. 다이칸야마라는 입지에서 단순히 주변 영업시간만을 고려한다면, 아침 7시부터라거나 심야 2시까지라는 발상은 나올 턱이 없다. 이 지역은 의류 매장이 많아서 아침의 시작도 빠르지 않고 밤 늦게까지 영업하지도 않는다. 그렇다면 츠타야 서점은 왜

그리도 길게 영업을 하는지 의문이 생기는 사람이 있을지
도 모른다.

물론 다른 시간대와 비교하면 개점과 폐점 시간은 비
교적 한산하다. 그러나 아침 7시에 츠타야 서점에 가면 강
아지 산책을 하러 나온 김에 들른 인근 주민이나, 아침형
인간의 회사원 같은 사람들이 와 있다. 심야 2시에 가면
밤까지 일하면서 자료를 찾으러 온 크리에이터, 시부야나
에비스 근처에서 술을 마시고 집에 가는 길에 들렀다가
택시를 타고 돌아가는 사람 등도 온다.

그들이 원래 그러한 라이프 스타일을 바라고 있었던
것은 아니다. 다이칸야마 츠타야 서점의 영업시간에 의해,
'아침 일찍 다이칸야마에 가는 것도 기분 좋네', '심야의
책방은 이런 식으로 이용할 수 있군' 하고 생각하는 사람
이 생겨났다. '츠타야 서점이 있기 때문에 다이칸야마 근
처에 살고 싶어 하는' 사람까지 분명 많아졌을 것이다. 책
방 영업시간 하나로 그 거리의 상권을 넓히며 새로운 라
이프 스타일을 창출하고 인근 주민까지 늘리는 일이 가능
하다는 뜻이다.

한편, 히로시마 오노미치에는 '니주 dB'라는 작은 헌책
방이 있다. 이곳은 평일에 밤 11시부터 다음 날 새벽 3시
까지밖에 영업을 하지 않는다. 오는 사람이 있을지 의아
해하는 사람도 있겠지만, 다른 어느 가게도 영업을 하지

않는 시간이기 때문에 오히려 그 시간에 무언가를 하고 싶어 하는 손님이 온다. 나 역시 그 책방에 처음 가본 이후, 오노미치에 간다는 사람과 만날 때마다 "밤 11시부터 새벽 3시까지만 운영하는 '니주 dB'란 책방이 있으니 마지막에 들러 봐" 하고 알려준다. 영업시간 하나로 다른 사람에게 알려주고 싶어지게 만드는 연출이 가능한 것이다.

영업시간은 어디까지나 하나의 예일 뿐이다. 언뜻 보기에는 고집할 필요가 없는 부분에도, 통념이나 상식에 얽매이지 않고 새로운 사고방식을 도입하다 보면 어디에도 없는 커다란 특징이 될 만한 지점이 분명 존재한다.

예전의 책방과 앞으로의 책방

일본 출판업계에서 신간 종이책의 매상이 절정에 달한 때는 1996년으로, 서적과 잡지를 통틀어 2조 7천억 엔이었다. 2017년의 총합계는 1조 4천억 엔으로, 근 20년 만에 거의 반 토막 났다.

1996년까지의 기간 동안 매상은 점진적으로 늘어났고, 신간 서점은 안정적인 사업으로 알려져 있었다. 당시 매장 건물주에게 신간 서점은 안정적 수요가 기대되는 동시에, 반품이 가능하기 때문에 리스크가 적은 이상적 업태로 인식되었다고 한다. 중개 회사의 부추김도 한몫한 까닭에 역 앞이나 길가에는 점점 서점이 늘어났다.

자격도 필요 없고 이익률도 거의 일정했으므로 매상에만 의존하면 충분히 운영할 수 있었다. 상품은 차례차례 입고되었고 손님은 자연스레 책을 사러 서점에 찾아왔다. 굳이 인테리어에 구애받을 필요가 없었고 진열도 평범하면 되었다. 접객이 서툴더라도 입지가 좋고 영업시간만 적당하면, 널리 남녀노소를 타깃으로 하여 안정적 수익을 얻을 수 있었다. 그러한 배경을 토대로 당시 신간 서점은 점점 많아졌다. 그러나 1996년을 경계로 매상은 서서히 줄어드는 추세이다.

나 또한 예전의 책방에서 자랐다. 가능하다면 예전의 책방이 그대로 남아 있기를 바라는 마음도 있다. 그러나 어른이 되어 책 관련 직업에 종사해보니, 안타깝게도 시대나 환경이 상당히 바뀌었다는 사실을 체감한다. 예전의 사고방식으로는 더 이상 책방을 지속하기 힘들어졌다.

앞으로의 책방에 대해서 우리는 지속 가능한 형태를 생각해야만 한다. 아무리 시대가 바뀌어도 '책을 갖춰서 매매하는' 일은 틀림없이 가능할 것이다. 물론 이제까지 말해왔듯 소매업으로서의 기본을 근거로 삼아야만 한다. 그러는 한편, 시대의 변화에 발맞춰 책방을 갱신할 필요가 있다.

책방으로 생계를 꾸려가고자 한다면 '소형화'하고 '곱셈'하는 것을 방침으로 삼아야 한다고 생각한다. 독립하여 생계를 꾸리지 않아도 책방으로 살아가는 일은 가능하다. 그러기 위해서는 책방을 '본업으로 끌어들일'지 '본업에서 분리할'지 방침을 정해야 한다.

다음 장에서는 이러한 네 가지 시점을 바탕으로, 앞으로의 책방 형태에 대해 하나씩 생각해나가고자 한다.

1___ 《서점 경영의 실태》 (도한)

2___ 기쿠치 게이치 지음, 《빌리지 뱅가드에서 휴일을》 (신푸샤, 2005)

제5장

책방
소형화하기

작은 책방

앞으로 책방을 시작하고자 한다면 되도록 규모가 작은 편이 좋다.

앞에서 말한 대로, 특정 시대까지 책방은 '클수록 좋다'는 생각이 일반적이었다. 그곳에 가면 찾는 책을 꼭 발견할 수 있었다. 널찍한 평수와 터무니없이 많은 양의 책이라는 말이 책방을 선전하는 단골 문구였다. 지금도 커다란 책방이 없는 지방에 가면 그러한 규모를 갈망하는 주민들이 적지 않다.

예를 들어 자신이 태어난 고향에서 그러한 수요를 발견한다면 자신이 열고 싶다고 생각하는 사람도 있을지 모른다. 그러나 안타깝게도 이는 상당한 모험이다. 규모가 클수록 임차료와 인건비도 늘어나고, 재고도 어마어마한 금액이 된다. 거대 체인이 출점하지 않는 이유는 돈이 되지 않기 때문이라고 여기는 편이 좋다. 그 정도로 출판업계는 오랜 경험을 쌓아왔다.

일본인은 소형화하는 능력이 있다고 알려져 왔다. 1982년에는 《축소지향의 일본인》(문학사상, 2008)이라는 일본문화론이 베스트셀러가 되었다. 당시 출판업계는 아직 상승세여서 서점은 점점 대형화되어가고 있었다. 그로부터 35년이 지난 지금, 새삼 작은 책방이 좋다거나 서점을 소형화하자는 말은 너무 늦어버린 것일까. 어쩌면 오히려 지금이야말로 고려해야 할 때라는 생각이 든다.

커다란 서점이 근처에 있고, 원하는 책을 금세 찾을 수 있다는 것은 행복한 일이다. 그러나 그러한 영역은 서서히 테크놀로지로 대체된다. 반면, 훌쩍 들어간 책방에서 전혀 생소한 책이나 평소 궁금했던 책, 어쩐지 마음이 가는 책과 우연히 만나는 개인적인 체험은 책방이 존재하는 한 사라지지 않는다. 그러한 책방은 반드시 규모가 크지 않아도 된다. 작아도, 어쩌면 작기에 그러한 체험이 가능하다.

교토 이치조지에 있는 '게이분샤 이치조지점'의 점장이었던 호리베 아쓰시 씨가 독립하여 '세이코샤'라는 책방을 열었을 때, 몇몇 매체에서 대담을 한 적이 있다. '책방 소형화하기'라는 말은 당시 호리베 씨가 자신의 가게를 설명하기 위해 사용하였다.

게이분샤 이치조지점의 넓이는 120평이다. 작지는 않으나 결코 대형 서점이라고 할 만한 크기는 아니다. '책과 관련한 이런저런 편집숍(상품 기획자의 역량에 따라 브랜드를 선별하여 소량씩 들여와 판매하는 가게-옮긴 이)'으로서 지역에서도 사랑받고, 멀리 떨어진 지역에서도 많은 사람이 찾아온다. 게이분샤에는 갤러리 '앙페르'와 잡화를 취급하는 '생활관'이 생겼고, 호리베 씨가 퇴사하기 직전에는 이벤트 공간인 '코티지'도 생겼다. 건실한 온라인 매장도 있다. 호리베 씨가 퇴사한 지금도 여전히 훌륭한 책방이다.

다각적으로 가게를 전개해나갈 경우, 포용할 수 있는 사람의 수와 매장 넓이도 고려해야 하고 상품의 수나 종류도 늘어나며 그에 따라 해야 할 일도 많아진다. 독립한 호리베 씨는 우선 그러한 업무들을 혼자서 감당할 수 있도록 가게를 소형화하기로 했다.

일본은 물론이고 세계 어디를 둘러봐도 건실한 책방의 대다수는 작은 책방이라는 느낌이 든다. 그러한 작은 책방은 어떤 식으로 운영되고 있을까. 건실한 이유가 무엇인지에 대해 이번 장에서 명확히 하고자 한다.

호리베 씨는 "지금의 가게에서 가장 좋았던 점은, 처음에 작게 설계한 것", "최저한으로 생각한 것이 좋았다"고 말한다. 1982년에 베스트셀러가 된 일본문화론의 영어판 제목은 《Smaller is better》이다.

직원은 고용하지 않는다

작은 책방을 경영하고 싶다. 그때 먼저 소형화해야 할 부분 중 가장 이해하기 쉬운 항목이 경비이다.

갑자기 현실적인 화제로 넘어간 듯하지만, 꼭 금액에 대한 이야기만은 아니다. 경비로 지출되는 항목이 많으면 가게와 관계된 요소, 즉 신경 써야 할 요소가 많아진다. 특히 고정비는 매상과 관계없이 매월 다가온다. 만약 그러한 각각의 항목에 신경 쓰지 않아도 된다면, 그만큼 가게에 대한 이상을 추구하는 일에 집중할 수 있다.

그중에서도 최대 경비가 드는 부분은 인건비이다. 혼자서 구석구석까지 돌아보며 관리할 수 있는 가게라면 인건비라는 항목 자체에 신경을 쓸 필요가 없어진다.

그렇다고는 하나, 되도록 매일 정해진 시간에 매장을 열어두는 것이 가게의 기본이다. 아무리 혼자서 돌아볼 만한 크기라 해도, 어쩌다 가게를 비워야 하는 용무가 생기기도 한다. 그럴 때 가게 문을 닫고 싶지는 않다. 가끔은 쉬고 싶지만 정기 휴일은 만들고 싶지 않은 사람도 많을 것이다.

그런 경우에는 가급적 가족의 도움으로 해결할 수 있도록 한다. 앞에서 말한 '세이코샤'의 호리베 씨나 도쿄 오기쿠보에 있는 '책방 Title'의 쓰지야마 요시오 씨는 부인과 함께 이인삼각으로 가게를 경영하고 있다.

본인 혼자나 가족의 도움만으로 책방을 운영할 수 있다면, 인건비는 매월 정해진 액수가 필요한 고정비가 아니라 매상에 따라 바뀌는 변동비에 가까운 경비가 된다. 누군가를 고용하더라도, 가게를 보면서 빈 시간에 자신의 일도 하며 시간을 마음대로 쓸 수 있는 친구에게 임시 아르바이트를 부탁하는 식으로 손쉽게 조절 가능한 상태라면 좋다.

가족과 함께 가게를 운영하면 자신의 삶과 가게가 밀접하게 겹치기 마련이다. 분명 고생도 하겠지만 대체할 수 없는 기쁨도 있다. 게다가 사람을 고용하지 않으면 타인의 인생을 책임질 일도 없다. 가게를 계속하거나 그만두는 일도 본인의 자유이고, 누군가에게 폐를 끼치지 않아도 된다.

물론 자영업 그 자체의 리스크도 있다. 부부가 운영하는 경우, 만약 급작스레 가게 운영이 힘들어졌을 때를 생각하면 한쪽은 어딘가에서 일을 하는 편이 안전하다고 생각할 수도 있다. 앞서 말한 'Cat's Meow Books'의 경우, 점주가 회사에서 일하는 낮에는 부인이 대신 가게를 지킨다. 퇴근 이후의 저녁과 주말에만 점주가 가게에 나오는 식이다.

179

자택을 겸한다

최대 경비가 드는 다른 하나는 임차료이다.

마침 좋은 가게 건물을 가지고 있어서 임차료를 지불하지 않아도 된다면 그것만큼 좋은 조건은 없다. 하지만 그렇게 좋은 조건을 가진 사람은 드물다. 후쿠오카의 '북스큐브릭'이나 도쿄 아카사카의 '후타고노 라이온도' 책방처럼, 오랫동안 운영할 계획으로 가게 건물을 구입하는 방법도 있다. 물론 자금이 없다면 대출을 받아야 하므로, 이 경비는 임차료와 같은 고정비로 고려해야 한다.

임대든 구입이든 적용할 수 있는 소형화 방법은 자택과 점포를 겸하는 것이다.

이는 예전의 개인 상점 형태라고 할 수 있다. 자택과 점포가 공간적으로 연결되어 있으면 사람을 고용하지 않은 채 더욱 자연스레 가족이 운영해나가게 된다. 앞서 말한 '세이코샤'나 'Cat's Meow Books'도 자택 겸용 점포로, 모두 1층이 가게이며 2층 자택으로 연결된다.

원래 방 한 칸을 다목적으로 사용하는 방식은 일본 가옥의 특징 중 하나이다. 성격이나 사고방식에 따르기도 하겠지만 반드시 자택과 점포를 칼같이 나눌 필요는 없다. 예를 들면, 가게였던 곳을 영업시간 외에는 거실이나 서재로 겸하는 형태도 가능하다.

일등지가 아닌 입지

임차료는 넓이만으로 정해지지 않는다. 당연한 말이지만, 일반적으로 유리한 입지는 그만큼 임차료도 비싸다. 상층이나 지하보다 지상 1층이 좋고, 뒷골목보다 큰길이 좋다. 가능하면 역 근처가 좋겠다. 모두 희망사항일 뿐이다.

앞에서 언급한 것처럼, 예전에는 상권의 매장 면적이나 접근성 등을 바탕으로 책방의 입지를 분석하고 판단해왔다. 개인이 시작하는 작은 책방의 경우, 그러한 분석은 이제 아무런 의미가 없다. 일등지—等地이면서 남녀노소 상관없이 최대한 많은 사람이 오는 호경기 시절의 책방은 이미 오래전에 자취를 감추었다.

결국 어디에 가게를 차릴지는 어떤 책방으로 만들고 싶은지와 밀접하게 겹쳐진다. 예를 들어 '세이코샤'는 뒷골목 건물에 위치한다. 내가 경영하는 도쿄 시모키타자와의 '책방 B&B'는 주상 복합 빌딩의 2층에서 시작해서, 현재는 지하 1층으로 이전하여 영업 중이다. '책방 Title'은 오기쿠보역에서 도보로 10분 이상 떨어진 곳에 있다. 어느 책방도 굉장한 일등지라고 할 수 없지만, 인근 사람은 물론이고 멀리서도 일부러 찾아온다.

일등지에 있고 누구라도 들어오기 좋은 가게라면 그

만큼 다양한 손님이 찾아온다. 그러한 손님의 다양한 요구에 모두 응하려다 보면 결국 개성 없는 가게가 되기 쉽다. 차라리 중심부에서 떨어진 위치를 선택하여 의지를 가진 손님만 올 법한 곳에 가게를 차리면, 여유 있게 손님을 고를 수 있고 그들에게 편안한 장소를 만드는 일에 집중할 수 있다. 시간은 걸리겠지만 친밀도 높은 손님은 점점 늘어간다.

그렇게 생각하면 오히려 임차료가 비싼 일등지는 제외하는 편이 낫다. 극단적인 예이기는 하나, 은신처 느낌의 바bar를 상상하면 이해하기 쉽다. 그러한 곳에서는 농밀한 커뮤니케이션이 잘 이루어지기 마련이다.

책방이 찾아오기 힘든 입지에 있을 경우에는 오가다 들르는 손님을 기대할 수 없기 때문에, 그만큼 가게의 존재를 알릴 필요가 있다. 따라서 정보의 발신력이 요구된다. 예를 들어 입고된 책 소개뿐만 아니라 책방에서 이벤트나 전시를 자주 개최하여 그 정보를 SNS에 함께 소개한다면, 이는 책방만의 독자적인 정보가 되기 때문에 더욱 널리 확산하는 힘을 지닌다. 멀리서 일부러 와주는 손님도 처음에는 그러한 정보를 통해 가게를 알게 된다. 그러한 사람들을 서서히 단골손님으로 만들 수 있도록 노력해야 한다.

한눈에 들어오는 크기

되도록 직원을 고용하지 않고 혼자 운영하기로 했다면 면적은 자연스레 정해진다. 건물의 형태에 따라 다르겠지만 구체적으로 20~30평 정도이다.

이 크기는 물리적으로 시선이 구석구석까지 미치는 한계인 동시에, 크기에 따라 혼자서 수용 가능한 작업량의 한계이기도 하다. 신간 서적은 연간 8만 종이 출간되고 있으며, 헌책일 경우 쌓아놓은 모든 책이 상품이 된다. 그러한 책들이 매일 팔려나가면 그만큼 다시 새로운 책을 입고하여 변화가 있는 매장을 계속 만들어나가야만 손님도 싫증을 내지 않는다. 매장 전체에 조금씩 그러한 변화를 줄 수 있도록 신경 쓰는 작업을 혼자서 해내야 한다. 이 부분은 경험이나 업태에 따라서도 전혀 다르겠지만, 역시 20~30평이 하나의 기준이 된다. 책의 권수로 따지면 수천 권에서 만 몇천 권 정도일 것이다.

점주의 시선이 구석구석까지 미친다는 말은, 손님의 시선이 구석구석까지 미친다는 뜻이기도 하다. 대형 서점에서는 사람의 출입을 늘 파악하면서 지금 매장 안에 손님이 몇 명 있는지 인식하기 어렵지만, 작은 책방이라면 손님이 가게에 들어온 순간 알아차린다. 이 손님은 자신의 가게에서 책을 살 것인가. 예전에 온 적이 있는가. 점주가 그러한 생각을 하는 동안 손님 역시 가게 안을 살펴보며 흥미를 끄는 책은 있는지, 있다면 어디쯤에 있는지를 눈으로 찾는다. 반대로, 가게가 너무 좁으면 거리가 지나치게 가까워서 책을 고르기 어렵다고 느끼는 사람이 있을지도 모른다. 결국 적당한 넓이가 알맞은 거리감을 낳는 법이다.

크기에 대한 느낌은 접객과도 관계가 있다. 좁은 공간 안에 오랜 시간 머무르면, 계산을 할 때 자연스레 커뮤니케이션이 생겨나기 쉽다. 설령 나중에 Amazon에서 살 수 있는 책일지라도 지금 이 가게에서 바로 사고 싶어지게 하거나 다음에도 방문하고 싶어지게 할 만한 접객이 가능하다면, 아무리 테크놀로지가 발전하더라도 실물 매장을 계속 이어갈 수 있다. 작은 책방이야말로 사람과 사람의 관계를 만들어가는 일이 무척 중요하다.

짧은 영업시간

개인의 척도에서 생각하면 영업시간에도 자연히 한계가 있다. 영업시간을 샐러리맨의 근무 시간에 맞춘다면 잔업 없이 여덟 시간이 된다. 매일 혼자 가게에 나갈 경우 최대 열~열한 시간 정도로 영업시간을 정해두는 편이 좋다.

앞 장에 '다이칸야마 츠타야 서점'의 긴 영업시간이 새로운 라이프 스타일을 창출한 점에 대해 썼다. 물론 길게 영업할 수 있다면 더할 나위 없이 좋겠지만, 한 가지 예로 든 '니주 dB'의 경우 평일에 네 시간밖에 영업을 하지 않는다. 나머지 스무 시간 중에 문을 열 경우 더욱 매상이 오를 시간대도 있을 것이다. 그만큼 임차료가 아깝다고 생각할 수도 있다. 그러나 평일의 심야 네 시간만 영업을 하기 때문에 더욱 이름이 알려진 면도 있어서, 단정적으로 말하기는 어렵다. 입지에 대해 쓴 내용과도 비슷한데, 일등지에 맞을 법한 영업시간대를 일부러 제외함으로써 은신처 같은 느낌을 풍기는 것이다.

그러한 관점에서 생각하면 영업시간의 단축 또한 의지를 가진 사람만 오게 하기 위한 방법으로 효과가 있다. 책방에 올 사람은 영업시간을 제대로 조사해서 그 시간에 맞추어 방문한다. 결국 영업시간은 자신의 가게 상황에 맞추어 가장 편안한 시간대, 혹은 매상 효율이 좋은 시간대로 골라서 설정해도 된다. 물론 '니주 dB'처럼 어느 시간대로 짧게 단축하여 가게의 개성을 표현하는 수단으로 사용해도 좋다.

매상을 고려하자면 영업시간에 대해서 이렇게 단정지어 말하기 힘든 시기가 올 수도 있다. 반면, 손님의 입장에서 생각했을 때 영업시간은 나중에 단축하기보다 나중에 연장하는 편이 좋다. 처음에는 짧게 시작하여 차근차근 개인 시간을 만들어나간다. 아무래도 책방이기 때문에, 책 읽을 시간 정도는 확보하고 싶다고 생각하는 쪽이 책방으로서 성실한 자세이다.

세계관 만들기

　가능하면 타인을 고용하지 않고, 되도록 자택을 겸하면서, 일등지가 아닌 입지에, 한눈에 둘러볼 수 있을 정도의 크기에서, 적당한 영업시간으로 가게를 운영한다. 이는 어디까지나 수단에 대한 이야기일 뿐이다. 이렇게까지 하는 이유는, 지속하기 쉬운 형태의 가게로 만듦으로써 자기 나름의 이상적인 책방을 이루어나가는 일에 집중하기 위해서이다.

　일본에서 출판되는 신간 서적은 매년 8만 종이다. 주문 가능한 유통 재고량은 약 100만 종이라고 한다. 헌책의 경우 그 제한이 없기 때문에 개인이 인식 가능한 범위 안에서는 거의 무한에 가깝다. 그중에 자신이 팔고 싶은 책을 고른다. 이 책 옆에는 이 책을 놓고, 이 서가는 이러한 분야로 꾸미고, 이러한 맥락과 가치관을 만들고 싶다는 생각을 하면서 책을 진열한다. 인테리어, 청소, 밝기, 온도나 습도, 음악, 향기, 장식 등 공간 구석구석까지 신경 쓰면서, 책들의 매력을 끌어내고 손님이 꺼내어 펼쳐보기 쉽도록 연출한다. 한마디로 말하면, 모두 가게의 세계관을 만들어가는 작업이다.

　거기에는 넓이와 깊이라는 두 가지 요소가 있다.

소규모 종합 서점으로서, 한 권 한 권을 음미하여 진열함으로써 가능한 한 넓고 깊은 세계를 만들어낸다. 아니면 특정 분야의 전문 서점으로서, 또는 특정 타깃으로 특화하여 최대한 좁고 깊은 세계를 만들어낸다. 즉, 넓든 좁든 상관없고 깊으면 깊을수록 좋다. 적어도 본인의 지식이 얕아도 좋다는 뜻은 아니다. 가게로서 입문적인 자세를 지향할 수는 있으나, 무엇이 입문으로 어울릴지는 여러 분야에 대해 깊이 알지 않으면 모르기 때문이다. 책에 대한 공부를 그만두는 순간 책방의 시간은 멈추고 서서히 따분한 책방이 되어간다.

한쪽으로 치우쳐도 괜찮다. 앞서 말했듯이 손님의 요구에 대해 최적의 해답으로 인도해주는 것은 테크놀로지의 특기이다. 살아 있는 인간이 가꾸는 책방은 특정 가치관을 강요하지 않도록 배려하면서도 그 넓이와 깊이는 자신의 세계에 있어도 좋다고 인정한, 자기 나름의 미의식의 범위 안에서 만들어내는 편이 좋다. 한쪽으로 약간 치우친 필터로서의 개인도 가게의 개성이 되고 매력이 된다. 개인의 가게이기 때문에 자연스레 점주의 인격이 드러나서 좋으며, 이는 좋든 싫든 피할 수 없는 부분이다.

물론 처음에는 자신 없을 수도 있다. 사실 처음부터 훌륭한 책방이란 거의 존재하지 않는다. 처음에는 최고였다가 나중에 쇠퇴해가는 경우는 그저 노력을 게을리해서일 뿐이다. 무언가 좋아하는 분야가 있어도 그다지 깊게 파고드는 일 없이 어느 지점에서 안주한 채 소비해버리면 그뿐인 유형의 사람은, 책에 관여해 있더라도 그의 서가에는 거의 변화가 일어나지 않는다. 그와 달리, 좋아하는 분야를 좀 더 깊이 파고들려는 탐구심과 잇따라 궁금한 점을 발견해내는 호기심을 지닌 사람이 있다. 자신의 그러한 면을 사람들이 보고 있다는 자의식과 한층 더 잘 보이고 싶다는 향상심이 강한 사람은, 책을 만지면서 자연스레 공부하게 되고 그의 서가는 서서히 깊어진다. 개업한 뒤 시간이 흐르면서 그러한 성향의 점주와 손님이 무언의 커뮤니케이션을 서서히 쌓아가게 되면, 같은 면적의 가게라 해도 그 세계는 점점 깊어진다. 한층 소박하게 지역의 특색을 살려나가는 가게도 있고 더욱 혼돈으로 치닫는 가게도 있지만, 어느 쪽이든 흥미롭다.

총이익 올리기

세세한 부분까지 세계관을 만들어나가기 위해서 가능한 한 소규모로 운영하고 싶다. 그러나 다른 한편으로는, 보통 책방의 면적이 배가 되면 진열할 수 있는 책도 배가되므로 매상도 배가 된다. 매상은 〈고객 수×고객 단가〉일 뿐이므로 넓이에 비례하여 매상이 오른다는 말은 곰곰이 생각하면 이상하게 느껴지기도 하지만, 경향으로 봤을 때는 역시 그렇게 되기 쉽다.

작은 매장에 적은 매상이라도, 어떻게든 자신의 시선이 미치는 범위에서 특색 있는 가게를 만들어가고 싶다. 그러기 위해서는 최대한 경비를 줄여야 한다고 앞에서 말했다. 한 가지 더 줄여야 한다면 바로 원가이다. 즉, 총이익률을 올리는 것이다.

헌책은 그렇다 치더라도 새 책을 중심으로 운영한다면 매입가가 그만큼 큰 폭으로 바뀌는 일은 없다고 앞 장에 썼다. '평균 공급률은 자연히 70~80%대'라고 말했듯이 편차는 10% 정도일 뿐이다.

그러나 잘 생각해보면, 1,000엔짜리 책의 공급률이 80%일 때 총이익은 200엔이고 70%일 때는 300엔이 되는데 거기에는 1.5배의 격차가 있다. 가령, 월 200만 엔의 매상을 올린다고 하면 그 총이익률이 20%로 40만 엔인 것과 30%로 60만 엔인 것에는 상당한 차이가 있다. 그 안에서 임차료나 광열비를 지불해야 한다.

이 또한 '세이코샤'의 호리베 씨가 독립할 즈음에 생각한 방법이다. 원래는 중개 회사를 거쳐 80% 가까이의 공급률로 매입해야 하지만, 호리베 씨는 자신이 취급하고 싶은 책을 내는 출판사와 직접 거래하여 70%의 공급률로 매입하는 대신 반품하지 않는 조건으로 진행할 수 있도록 각 회사에 부탁하러 돌아다녔다. 그리하여 가게 전체의 총이익률을 가능한 한 30% 가까이로 끌어올렸다.

물론 이는 '게이분샤 이치조지점' 시절의 호리베 씨가 쌓은 실적과 신용이 있었기에 가능한 일이기도 하다. 그러나 중개 회사를 거치지 않는 만큼, 출판사에게도 무리한 조건은 아니다. 호리베 씨는 직접 계좌를 개설한 출판사 목록을 '세이코샤' 웹 사이트에 공개하고 있다. 모든 출판사가 응해주지는 않겠지만, 앞으로 작은 책방을 시작하는 사람에게 있어서는 도움이 되는 목록이다.

마치 식품으로 착각할 만큼 유효 기간이 짧은 책도 있지만, 긴 시간을 들여서라도 팔고 싶은 책을 직접 고른다면 절대 그 책이 썩을 일은 없다. 물론 언제 방문하더라도 새로운 발견을 할 수 있는 신선한 매장을 유지하지 않으면 손님은 떨어져 나간다. 그러나 이 장에서 언급하는 작은 책방은 잇따라 입고와 반품을 반복하며 신선함을 유지하는 형태와는 어울리지 않는다.

깊이 궁리한 끝에 선택하여 직접 매입한 책을 마지막까지 책임지고 독자에게 전달하고자 매장에서 끊임없이 궁리한다. 그러한 책방의 제안이 신선하다면, 책의 새로운 매력이 도출되어 이제까지 그 책을 펼쳐본 적이 없던 손님에게 재발견될지도 모른다. 총이익률을 올릴 수 있다면, 그만큼 가치 있는 일에 정성을 들일 수 있다. 이상론일지도 모르지만, 작은 책방이기에 세부적인 부분까지 그러한 손길이 끊임없이 미칠 수 있는 가능성이 있다.

다만, 단순히 규모를 축소했다고 해서 책 판매만으로 생계를 꾸려나가기란 결코 호락호락하지 않다. 사실 '세이코샤'나 '책방 Title'을 비롯하여 이번 장에서 '소형화하기'의 예로 제시한 책방은 제각각 '곱셈'에도 몰두하고 있다. 다음 장에서는 곱셈에 대해 이야기하고자 한다.

제6장

책방과
곱셈하기

곱셈이란 무엇일까

책방을 할 생각이기 때문에 당연히 책을 팔고 싶다. 그러나 책의 매상만으로 이익을 계속 내기란 힘들다. 책 이외에도 수입원이 있다면 그보다 더 좋을 수는 없다.

내가 운영하는 '책방 B&B'의 특징은, 2012년에 오픈한 이래 매일 빠뜨리지 않고 토크 이벤트를 개최한다는 점이다. 맥주를 비롯한 음료를 제공하고 잡화나 가구도 판매할 뿐만 아니라 아침에는 영어 회화 교실도 운영한다. 매장을 이전한 후에는 갤러리도 병설했다.

이러한 운영 방식은 단순히 '모두를 합한 것'이 아니라, 서로 상승효과를 낳고 있기 때문에 '곱셈한 것'이라고 할 수 있다. 실제로 '책방 B&B'에서는 이벤트에 오는 손님의 수가 많은 날일수록 맥주뿐만 아니라 책의 매상도 높아진다.

책방을 꾸준히 운영해나가고 싶다. 그러므로 무언가 다른 분야를 곱한다. 가능하면 공간을 늘리지 않은 채 최소한의 인원으로 진행하면서 책방의 수입원 중 하나로 삼는다. 복수의 수입원이 있으면 한 가지 요소가 기울더라도 다른 무언가로 보충할 수 있으므로 지속하기 수월해진다. 그런 식으로 책방 자체의 가치를 높이는 일을 지향한다.

책방에서 책 이외의 것을 취급하는 일이 잘못된 방향이라고 생각하는 사람도 있을지 모른다. '저 지경까지 왔다면 이미 책방이 아니다'라는 단정적인 시선이 어딘가에서 느껴지기도 할 것이다. 그러나 그 경계는 '책'의 정의와 마찬가지로 사람에 따라 달라진다. 이번 장에서는 최대한 '책방'을 광범위한 시각으로 바라보면서 책방을 유지하기 위해 책 이외의 것을 취급하는 접근법에 대해, 가급적 사고방식의 다양한 변화를 제시하고자 한다.

나는 커피와 케이크를 파는 책방에 간 적이 있고, 태국 요리점을 겸하는 책방도 알고 있다. 인생에서 절망을 느낀 사람에게 상담소의 기능을 해주는 가게를 우연히 발견한 적도 있다. 요즘 시대에 잘 나가는 책방이 되려면 책 판매 이외에 여러 가지를 병행해야 한다는 것이 일반적인 사고방식이다. 그럼에도 내가 책방에 바라는 것은 역시 책 자체에 대한 열정이다. 입구에 서서 열심히 손님을 불러들이는 것이 아니라, 다른 가게에는 없는 상품 구성이라든가 자신의 감성과 신념을 통해 책의 세상을 표현하는 형태로 나타나는 열정을 말한다.

_헨리 히칭스 지음, 《이 별의 잊지 못할 책방 이야기》 (포프라샤, 2017)

물론 "책 자체에 대한 열정"이 있는 사람일수록 "책 판매 이외에 여러 가지"를 생각하고 싶어 하지 않을 수도 있다. 손님 입장에서도 되도록이면 책만 취급해주길 바랄지도 모른다. 그러나 "책 판매 이외에 여러 가지"에 대해 생각하는 것과 "책 자체에 대한 열정"은 모순되지 않는다. 어느 쪽이든 동시에 지닐 수 있다. 오히려 열정을 가지고 책을 계속 다루기 위해서라도, 적극적으로 책 이외에 여러 가지를 취급하는 일에 대해 검토해야 한다.

애초에 책만 판매하기를 고집하면 매상이 기울었을 때 팔고 싶지 않은 책도 팔아야 한다. 팔고 싶은 책만 팔기 위해서라도 책 이외에 여러 가지를 파는 것이다. 역설적이기는 하지만 책 이외에 여러 가지를 판매하여 조금이라도 수익을 안정시킬 수 있다면, 원하지 않는 책을 팔 필요 없이 자신이 팔고 싶은 책만 파는 일에 집중할 수 있다.

책을 선택하는 일에 세 배의 수고를 들인다 해도 책만으로는 좀처럼 세 배의 이익이 나지 않는다. 그러나 세 배의 수고를 들여서 엄선한 책이 진열된 공간에는 그곳만의 특별한 매력이 생겨난다. '곱셈'은 그 공간이 지닌 매력을 다른 형태를 통해 수익으로 바꾸는 가능성을 모색하는 일이기도 하다.

다만, '곱셈'은 반드시 직접적인 수익만을 목적으로 하지는 않는다. 예를 들면 앞 장에서 언급한 '세이코샤'에서도 토크 이벤트를 빈번하게 개최하고 있지만, 대단한 수익을 목적으로 하지는 않고 어디까지나 '책방 홍보를 위

197

해' 운영하고 있다고 한다.

모든 활동이 반드시 직접적인 수익을 내지 않더라도 "책 자체에 대한 열정"을 지닌 채, 책방 전체를 이상적인 형태로 이끌어가는 것을 목표로 하여 책 이외의 품목을 확장해나간다. 이 책에서는 이러한 운영 방식을 포괄하여 '곱셈'이라고 부른다. 진열만 해두어도 책이 날개 돋친 듯 팔리던 시대가 지난 이상, 앞으로의 책방은 많든 적든 '곱셈'을 해나가게 되리라 생각한다.

무엇이든지 곱셈이 가능하다

세상만사에 대한 온갖 책이 존재한다. 그렇기에 책방
은 무엇과도 곱셈이 가능하다.

꽃에 대한 책 옆에서 생화를 팔거나, 자전거에 대한 책
옆에서 자전거를 팔아도 된다. 인테리어 잡지 옆에서 임
대 건물을 취급하는 부동산이 영업을 할 수도 있고, 연애
소설 옆에서 결혼 상담소 영업을 해도 좋다.

주종 관계 또한 다양하다. 책이 중심이 되거나 보조가
될 수도 있다. 물론 대등하게 다룰 수도 있다. 예를 들어
무인양품(의류 및 생활 잡화, 소품, 식품, 문구류 등을 판매하는
일본 소매업체-옮긴 이)이 운영하는 'MUJI BOOKS'에 가
서 눈여겨 살펴보면 그 변화가 잘 이해된다. 책을 중심으
로 잡화가 조금씩 섞여 있는 매장, 잡화를 중심으로 책을
조금씩 섞어놓은 매장, '여행'이나 '향기' 등과 같은 공통
항목 아래 책과 잡화가 대등하게 진열되어 있는 매장까
지, 세 종류의 매장을 공들여 혼합해놓았다. 무인양품에서
는 원래 온갖 물건을 팔기 때문에 대형 점포에서 이토록
다양한 책과의 곱셈이 가능한 것이다.

반대로 말하면, 무엇이든지 곱셈 가능하기 때문에 앞
으로 소박하게 책방을 시작하려는 사람은 더욱더 무엇과

곱셈할지가 중요하다. "잡화를 팔아요", "카페도 병행하려고요"라는 말은 이제 특별하지 않다. 적어도 어떤 잡화를 팔지 어떤 카페를 할지 정도는 명확히 해두어야 한다. 곱셈 자체가 드물게 여겨지는 시기는 곧 지나가버린다. 따라서 인근 잡화점이나 카페와 비교해도 손색없을 만한 독자적인 매력이 필요하다.

즉, 확실하게 자신의 강점을 살리는 일이 중요하다. 전례가 없다는 이유로 엉뚱한 업태를 생각해내기보다는, 자신이 좋아하는 분야나 잘하는 일과의 곱셈을 검토하는 편이 결과적으로 좋은 가게를 만든다. 특별한 기능이나 자격을 가지고 있다면, 그것과 책방을 곱셈하는 쪽이 가장 좋다. 바텐더였던 사람이 책방을 연다면 〈책방×바〉가 좋고, 어부였던 사람이 책방을 연다면 〈책방×생선가게〉나 〈책방×어업 용품점〉이 좋을지도 모른다.

동시에, 책방으로서의 매력을 끄집어낼 만한 전체적인 균형도 고려해야 한다. 카페를 병행하는 책방이 카페로서는 좋은 가게일지라도, 카페만 이용하고 돌아가는 손님이 대다수라면 그곳에 상승효과가 있다고 할 수 없다. 그저 다른 업태가 공간을 공유하고 있을 뿐이다. 장사만 잘되면 된다고 생각할 수도 있으나, 모처럼 같은 공간을 공유하고 있다면 그저 단순한 수입원이 아니라 최대한 상승효과를 낼 수 있는 형태를 추구하는 편이 좋다.

이상적인 형태는, 카페를 목적으로 찾아온 손님이 책도 사고 싶어진다거나 책을 사러 온 손님이 카페에도 들르고 싶어지는 가게이다. 그러한 상승효과가 생겨난다는 것은 짜임새 있는 가게로서 손님에게 공감을 얻어내고 있다는 뜻이다. 곱셈을 잘 살린다면 그 내용과 균형에 책방만의 고유성이 생겨, 오랫동안 사랑받는 책방을 유지해나갈 수 있다.

바꿔 말하면, 모든 곱셈의 대상은 그 책방에서 넓은 의미의 '책'이어야 한다. 앞서 말한 것처럼, 이 책에서 말하는 넓은 의미의 '책'이란 '책방이 적극적으로 취급하고 싶어 하는 중심 상품'이다. 다양한 곱셈을 하더라도 거기에는 짜임새, 즉 책방의 일관된 가치관이 분명히 존재한다.

책을 팔지 않는 책방

이 책에서는 '책을 갖춰서 매매하는 사람'이 아니더라도 '책을 전문으로 다루는 사람'을 모두 '책방'이라고 부른다. 예를 들면, 치과의 한쪽 구석 서가에 원장이 추천하는 책을 진열해두고 대기 시간이 긴 환자들이 꼭 읽어보길 바라고 있다면, 넓은 의미에서 〈책방×치과〉라고 생각할 수 있다.

즉, 책을 팔지 않는 곱셈 형태도 존재한다. 방문객을 위한 열람용 책이 진열된 공간은 사람과 책이 만나는 장소 중 하나이다. 그저 서가 하나에 소량의 책을 진열한 공간일지라도 동네에 책을 읽을 수 있는 장소가 몇 군데 있다면, 이것은 동네 안에 자그마한 도서관이 존재하며 동네 전체를 하나의 도서관으로 만들어준다고 할 수 있다.

예를 들어 원장이 선별해놓은 책들이 훌륭하다면, 동네에 존재하는 몇 군데의 치과 중에서 책이 있다는 이유로 그 치과를 고르는 사람이 생겨난다. 치과에서 오랫동안 서가에 책을 진열해두었다면, 어린 시절 그 치과에 다닌 덕분에 자연스레 책을 읽게 되었다는 사람이 나올지도 모른다. 결국 〈책방×치과〉는 좋은 상승효과를 낳고 있는 것이다. 사업상으로도 책이 치과의 고객 유치에 도움이 될 뿐만 아니라, 원래 치과라는 업태에서 발생하기 쉬운 대기 시간은 책의 재미를 전달하는 역할을 맡게 된다.

이처럼 책을 팔지 않는 책방도 있다.

단, 한 가지 주의해야 할 점은 책의 대출을 시행하는 경우이다. 책에 존재하는 저작권 중에는 대여권이라는 권리가 있기 때문에, 일본에서 대출 사업을 하는 경우 원칙적으로 수익을 저작권자에게 환원해야 한다.

저작권협회인 '일반사단법인 출판물대여권관리센터'를 통해서 사용료를 지불할 수 있다. 최근에는 DVD 대여점 등에서 만화책을 대여하고 있는데, 원래는 이 업태를 계기로 생겨난 단체이다. 실제로 책의 대출이 비즈니스로서 성립하는 분야는 현시점에서 만화책뿐이라고 해도 무방하다. 이 협회에 문의해본 결과, 만화책 이외의 서적도 저자의 의향에 따라 일부는 대출을 허락한 상태이지만 실제로 대출이 시행되는 사례에 대한 보고는 없다고 한다.

이른바 '책 대여점'이라는 업태는, 책이 고가였던 옛날부터 서민의 오락으로 사랑받으며 1960년대 초반까지 전국에 많이 존재했다. 그 후 책의 가격이 저렴해지고 공공도서관의 서비스가 향상됨에 따라 책 대여점은 쇠퇴하였지만, 2000년대 이전부터 책 대여점으로 영업해오고 있으며 장서량이 만 권 이하일 경우 기득권으로 인정되어 사용료가 면제된다. 도쿄 이케지리오하시에 있는 '유타카쇼보'처럼 지금도 영업 중인 책 대여점이 몇 군데 있지만, 역시 만화책을 중심으로 운영된다고 한다.

한편, 책을 대출해줄 경우 설령 그 자체로 돈을 받지 않더라도 주의가 필요하다. 책을 빌리면 다시 반납하러 와야 한다. 손님이 다시 방문해주기를 바라며 무료로 책을 대출해주고 있다면, 책이라는 저작물을 사업으로 이용하는 것으로 간주될 수 있다. 결국, 사업 수익의 일부를 저작권자에게 환원해야 한다는 말이 된다.

개인적으로 단순히 친구에게 책을 빌려주는 행위는 물론 문제되지 않는다. 요즘은 영리가 목적이 아닌 소규모 사설 도서관을 만들어서 지역 교류의 장으로 활용하려는 활동이 왕성하게 이루어지고 있는데, 이 또한 문제없다. 대출을 시행하지 않는다면 가게 내에 열람용 책을 진열해두고 거기에서 별도의 비즈니스를 행하더라도 문제가 되지 않는다. 대출을 시행하는 일이 사업과 묶이는 경우에 한해서만 주의할 필요가 있다.

책을 팔지 않는 책방으로 생계를 꾸릴 생각이라면, 책 대출 분야는 진입 장벽이 조금 높다고 생각하는 편이 좋다. 가능하면 그 공간에서만 열람하게 하거나 다른 사업과 결합하는 편이 좋다. 만약 책 대출을 시행하는 경우, 앞서 말한 출판물대여권관리센터나 변호사와 같은 전문가에게 상담하길 권한다.

덧붙여서, 책을 팔지 않는 책방이 편리하게 책을 관리하고자 할 때 '리브라이즈'라는 웹 사이트의 서비스를 활용하는 방법이 있다. 손쉬운 도서관 재고 관리 및 검색 서비스를 통해 장서로 보관된 책을 인터넷으로 일람하여 보여준다. 사설 도서관 같은 곳에서는 책 대출 시스템으로도 활용할 수 있고, 대출을 하지 않더라도 책 관리뿐만 아니라 방문객에게 어떤 책을 보유하고 있는 곳인지에 대한 정보를 제공할 수도 있다.

지금부터는 몇 가지 업태와의 '곱셈'을 통해 나타난 책방의 변화에 대해, 각각의 사례 및 주의할 점과 사고방식을 중심으로 살펴보자.

책방×요식업

가장 먼저 떠오르는 분야는 요식업이다. 특히 카페의
업무인 커피를 제공하는 책방은 '북 카페'라고 불리는 경
우가 많다. 북 카페라 하더라도 책을 판매하는 가게와 열
람만 하는 가게가 있는데, 책과 커피 중 어디에 얼마만큼
주력하는지 그 단계도 여러 가지이다. 책을 판매하는 경
우, 계산 전인 책을 카페 공간으로 들고 갈 수 있는 가게와
그렇지 않은 가게가 있다. 일부 상품에만 제한을 두는 경
우도 있다. 공간의 균형도 여러 가지여서 책방과 카페가
절묘하게 융합된 가게가 있는가 하면, 정확히 선을 그어서
단순히 책방에 카페를 갖춰놓은 듯한 느낌의 가게도 많다.
북 카페 외에도 시간을 유료로 하여 모든 책을 마음껏 읽
을 수 있는 공간을 제공하면서, 거기에 음식을 추가한 형
식의 업태도 있다. 이른바 '만화 카페'가 여기에 해당하는
데, 넓은 의미의 요식업에서 봤을 때 그 수가 가장 많다.

오랫동안 일반적인 음식점의 매출 원가율(총매출액 중
매출 원가가 차지하는 비율로, 제품 하나의 수익을 올리기 위해
드는 비용을 파악함으로써 영업 활동의 능률성을 평가하는 지
표-옮긴 이)은 30%라고 여겨져 왔다. 최근에는 40% 이상
이 성공의 비결이라는 말도 많고, 100%가 넘는 특가 상

품을 섞어서 전체 이익을 올리려는 사고방식도 있어서 일률적으로 단정 지을 수는 없다. 어느 쪽이든 공급률이 70~80%인 책보다는 총이익률이 높다. 따라서 서점을 오래 경영해온 사람들 입장에서는 요식업이 매력적으로 보인다. 물론 음식을 조리하는 만큼 인건비도 들고 식재료의 손실도 발생하기 쉬우며, 손님의 안목이나 입맛도 고급스러워지는 추세라서 경쟁률이 높다. 적어도 단순히 커피만 제공하는 경우라면 근처 찻집이나 카페와 반드시 경쟁하게 되므로, 무언가 부가 가치를 붙여야 한다.

다만, 책방과 음식점은 궁합이 좋다. 음식점에서는 천천히 시간을 보내고 싶어 하는 손님이 많기 때문이다. 책을 읽기 위해 카페에 가는 사람도 많다. 단순히 먹고 마시는 것만이 아니라, 동시에 여유로이 책을 읽으며 시간을 보내는 것이다. 많은 책으로 둘러싸인 이미지는 음식점의 공간적 차별화에도 작용한다.

한 가지 주의해야 할 점은, 책을 판매하는 가게에서는 특히 출입구 동선이나 정면의 디자인이 무척 중요하다는 사실이다. 음식점의 경우, 보통 손님은 무언가 음식을 먹고 돈을 지불할 의사가 있다는 전제하에 가게로 들어온다. 반면, 서점에서는 보통 가게에 들어온다고 해서 반드시 책을 사지는 않는다.

결국, 밖에서 언뜻 봤을 때 음식점이라고 느낄지 서점

이라고 느낄지에 따라 손님의 행동이 달라진다. 만약, 책방의 기능에 주력하려는 경우나 음식을 먹지 않는 사람도 책을 구경할 수 있을 만한 가게로 만들고 싶다고 생각하는 경우, 밖에서 봤을 때 최대한 서점다운 연출을 하는 편이 좋다. 언뜻 보기에 음식점처럼 느껴지는 구조라면, 아무리 책을 구경만 해도 상관없다는 내용의 간판을 세워서 알린다 해도 손님 입장에서는 들어가기 꺼려진다.

따라서 한 가지 비법은, 서가뿐만 아니라 평대도 밖에서 잘 보이는 곳에 만드는 방법이다. 특히 그러한 장소에서는 서가에 책이 한 권씩만 꽂혀 있는 정도라면, 사람들은 단순히 열람용이나 장식용 책이라 생각하며 음식점의 풍경으로 받아들이고 만다. 반면, 평대에 동일한 책을 여러 권 쌓아두면 사람들은 이를 상품으로 인식한다. 상품을 설명하는 POP 등을 첨부한다면 한층 상품다워진다. 이 방법은 다른 어떤 업태와 곱셈하는 경우라도 마찬가지이므로 꼭 유의하기 바란다.

한편 음식점의 기능에 주력하고자 하는 경우, 당연히 그곳이 음식점이라는 사실 또한 밖에서 인지할 수 있어야 한다. 여기에는 커다란 딜레마가 있다. 단순히 서점처럼 보이는 외관으로 꾸미면, 그곳이 음식점이라는 사실을 알고 있는 사람 이외에는 아무도 음식을 먹으러 오지 않는다. 특히 외부에서 가게 안이 잘 보이지 않을 경우, 입구

부근은 어디까지나 음식점답게 꾸미고 책은 마지막에 계산할 때 살 수 있도록 계산대 옆에 작은 코너를 마련해두는 편이 좋을지도 모른다. 물론 대단한 매상을 기대하기는 힘들겠지만, 어중간하게 운영하는 것보다 낫다. 어찌됐든 이 부분은 경우에 따라 다르기 때문에 균형을 맞추기 어렵다.

손님이 가게 안에 들어온 후에는, 책방 손님과 음식점 손님이 서로 방해받지 않도록 공간을 잘 설계해야 한다. 책과 음식의 경우 완전히 대등하게 운영하기란 어려우므로, 주력 분야가 책인지 음식인지 미리 결정해두는 편이 좋다. 매상의 균형과 공간의 균형, 양자를 고려하여 전체를 구성해야 한다.

정면의 폭이 넓은 건물일수록 융합이 잘되기 쉽다고 한다. 도쿄 가구라자카에 위치한 '카모메북스'가 좋은 예이다. 이 가게는 길가에 접해 있고 전면이 넓게 확장된 유리창으로 되어 있으며, 입구를 마주하여 왼쪽에는 커피 카운터와 카페 공간이 있고 오른쪽에는 구석까지 책의 공간으로 이어져 있다. 정면에서 바라봤을 때의 균형을 말하자면 카페가 70%이고 책이 30% 정도로 보이지만, 존재감으로 따지면 양자가 동일하게 느껴져서 책이 목적인 사람이든 카페가 목적인 사람이든 자연스레 들어가기 쉽다. 그렇다고 해서 완전히 나뉘어 있다는 느낌도 없이 적당히 융합되어 있어서 균형이 잘 잡힌 것처럼 보인다. 가구라자카에 불쑥 방문한 쇼핑객이나 그곳에 거주하는 사람들이 커피를 포장해 가는 동선이나 자리에 앉을 때의 동선, 편안히 책을 둘러볼 때의 동선이 모두 자연스럽다. 결과적으로 카모메북스 전체에 대한 공감을 불러일으키기 쉽도록 꾸민 느낌을 준다.

매상의 주력 분야를 음식으로 하면서도, 가게가 추구하는 가치관의 중심에 책을 커다랗게 내세우는 새로운 업태도 있다. 도쿄 하쓰다이에 있는 'fuzkue(후즈쿠에)'의 콘셉트는 '책을 읽을 수 있는 가게'이다. 점주 아쿠쓰 다카시 씨는 책을 읽기에 최고인 음식점을 추구한다. 커피나 술뿐만 아니라 정식 등 음식 메뉴도 잘 갖추고 있다. 이곳에서는 대화를 비롯하여 큰 소리를 내는 작업이 금지되어 있으므로 소리가 신경 쓰일 일이 없다. 게다가 머무르는 시간에 따라 메뉴가 바뀌는 특수한 요금 체계여서, 몇 시간이든 스스럼없이 있을 수 있다. 공간적으로도 책으로 둘러싸여 있으며, 서가의 책은 모두 점주의 장서로 채워져 있다. 그중에서 점주가 책의 재미를 알리기 위해 선별한 몇 점은, 새 책으로 매입하여 상시 판매하기도 한다. '대화가 없는 독서 모임'을 개최하거나 점주의 막대한 독서 일기를 웹 사이트에 공개하여, 책에 대한 애정을 아낌없이 쏟으며 가게를 경영하는 '책방'으로서 책을 좋아하는 일부 사람들 사이에 널리 알려져 있다.

좀 더 넓게 생각해보자. 예를 들어 서점 근처에서 오랫동안 운영해온 음식점이 있다고 하자. 서점에서 책을 산 사람이 바로 책을 읽기 위해 이 음식점을 방문하여 여유롭게 시간을 보낸다면, 넓은 의미에서 이곳은 '책방'의 역할을 완수해왔다고 할 수 있다. 독서하는 손님도 기분이 좋은 데다, 독서하는 손님을 바라보는 다른 손님까지도 점점 책이 읽고 싶어지게 되는 가게이다. '책방'이 되고 싶다는 생각에 음식과의 곱셈을 고민하면서 다양한 구상을 쥐어짜 내던 사람이라면, 가게에서 책을 팔지도 않고 진열조차 하지 않아도 서점 근처에서 영업한다는 이유만으로 서점 손님이 독서를 즐길 수 있는 음식점을 경영할 수 있게 되는 것이다. 결국 이곳은 그 사람에게 이상적인 '책방'의 형태가 될 수도 있다.

요즘은 원래 있던 신간 서점을 재단장하여 카페를 병행하는 경우도 늘고 있다. 계산 전인 책을 가지고 들어올 수 있는 가게도 많아졌다. 처음에는 업계나 일부 손님에게서도 등한시되었으나, 지금은 상당히 널리 퍼지는 추세여서 거부 반응을 표시하는 사람도 예전보다는 줄어든 분위기이다. 책의 매출이 떨어지는 가운데, 대형 중개 회사나 대형 서점 체인도 적극적으로 곱셈에서 활로를 찾기 시작했다. 처음에는 신기함과 편의성에서 손님이 이용한다 하더라도, 머지않아 근처의 훌륭한 음식점과 경쟁을 하게 된다. 따라서 비즈니스 모델의 획일적인 방법이 아니라 그 지역에서 필요로 하는 형태를 하나하나 제대로 생각해야 하며, 요식업에 대한 애정 또한 필요하다. 만약 요식업에 대해 아무런 지식도 없이 조금 안이한 마음으로 곱셈을 통해 이익을 얻을 생각이라면, 요식업에 애정을 가진 친구를 찾아 함께 운영한다거나 다른 음식점에서 한 번 일해보는 편이 좋다. 반대로, 그렇게까지는 아니더라도 단순히 책방에서 더 좋은 시간을 보낼 수 있도록 하기 위해 커피 정도를 제공하고 싶다는 마음가짐 또한 충분히 있을 법하다. 이때는 수익원이 아니라, 어디까지나 부가 서비스를 제공한다는 마음으로 가볍게 시작하면 된다.

책방×갤러리

미술관이나 박물관, 갤러리처럼 무언가를 전시하는 공간에서는 애초부터 약간의 책을 판매하는 경우가 많다. 즉, 넓은 의미의 '책방'이라고 할 수 있다. 미술관이나 박물관에는 기념품점이 있어서 전시 도록이나 관련 서적을 팔고, 작은 갤러리에서도 전시 중인 작가의 작품집을 팔거나 자체적으로 출판하기도 한다.

전시를 하면서 관련 책을 파는 일은 서로 궁합이 좋다. 전시품은 대부분 한 점뿐으로 귀중하기 때문에 아무리 마음에 들어도 구입하는 일은 좀처럼 불가능하다. 만약 그 작품이 책으로 정리되어 있거나 책에 조금이라도 실려 있다면, 책을 구입함으로써 전시를 본 기억과 함께 복제품이나 마찬가지인 책을 가지고 돌아갈 수 있다. 전시에 맞추어 오리지널로 출판된 도록이라면, 전시만으로는 알지 못했던 배경에 대해 보다 깊이 알 수 있다. 따라서 기념품점에서는 개최 중인 전시 도록과 관련 상품이 압도적으로 매출의 대부분을 차지한다.

갤러리 전시의 이점은 일정 기간으로 나누어 다른 전시를 개최함으로써 손님의 재방문을 촉진하고 그런 과정이 순환된다는 점이다. 갤러리 단골손님은 전시가 바뀔 때마다 와준다. 그중 누군가는 작가의 팬이 될지도 모른다. 한편, 작가 입장에서도 신작을 전시하는 소중한 기회이기 때문에 자신의 고객이나 친구, 지인에게 보러 와달라고 광범위하게 요청한다. 그중 누군가는 갤러리의 단골손님이 될지도 모른다. 갤러리와 작가에게도, 단골손님뿐만 아니라 새로운 손님까지 늘어나는 중요한 기회가 된다.

따라서 신간 서점이나 헌책방 안에 갤러리를 만들면 좋은 상승효과를 낳는다. 전시 관련 책을 판매할 수 있을 뿐만 아니라, 정기적으로 단골손님이 방문해주고 새로운 손님에게 가게를 알리는 계기도 된다. 작가와 직접 연락을 취해서 오리지널 기획을 추진할 수 있다면, 도록을 편집·출판하여 판매해도 좋다. 작품 자체의 판매를 진행하면서 수수료를 취하거나 기간에 따라 일정 사용료를 받거나 하면서 갤러리 자체를 직접적인 수익원으로 삼을 수도 있다. 이쪽에서 전시를 부탁할 경우에는 무료로 제공하고 전시 희망이 들어오는 경우에는 유료 메뉴를 준비해두는 등, 차별화하여 균형 있게 운영하는 방법도 있다.

앞에서 말했듯 책방은 매일 구비 상품이 변화하면서도 마치 살아 있는 생물처럼 '동적 평형'을 유지하기 때문에, 가게의 풍경에서 커다란 변화가 일어나기란 힘들다. 공간 안에 갤러리가 나름의 비율을 차지하고 있으면, 전시가 완전히 교체될 때마다 전체 풍경에도 커다란 변화를 줄 수 있다.

물론 큐레이션을 진행하는 일은 힘들다. 갤러리에서 근무한 경험이 있다면 좋겠지만, 최소한 전시 관람을 좋아해서 자기 나름의 안목으로 전시의 질을 판단할 수 있는 사람이 아닌 이상 좋은 상승효과를 기대하기란 어렵다.

물론 아무것도 없는 장소에 갑자기 갤러리를 만들기보다 책방과 곱셈하는 편이 여러 가지 전시를 시도하기 쉬운 것도 사실이다. 원래부터 책방에 책을 보러 오는 일정한 손님이 있다면, 작가 입장에서는 평소와 달리 다양한 사람이 작품을 보러 와주는 기회가 된다. 그림책이나 사진집을 출판하는 출판사에게는 출판 기념으로 원화전이나 사진전을 개최하는 장소로써 책방을 활용하도록 유도할 수도 있다.

다만, 고민스러운 점은 책과 갤러리 모두 벽을 사용한다는 사실이다. 책방의 공간 중에서 가장 책을 많이 둘 수 있는 곳은 벽면이다. 매장 전체를 둘러볼 수 있을 만한 높이로 서가를 꾸미려고 할 때, 벽면만큼은 어떤 높이든 가능하다. 갤러리 역시 주로 평면 작품을 취급할 경우에는 벽면이 좋다. 결국 책방에 갤러리를 만들 생각이라면, 책을 진열하기 위한 중요한 공간을 어느 정도 줄이는 일을 감수해야 한다.

가장 명쾌한 예는 도쿄 긴자의 '모리오카 서점'이다.

현재는 '책 한 권을 파는 책방'으로서 세계적으로 알려진 곳이다. 점주 모리오카 요시유키 씨는 진보초의 노포 고서점 '잇세이도 서점'에서 근무하다가 독립하여 도쿄 가야바초에 사진집이나 미술 서적을 주로 취급하는 고서점을 연 뒤 그곳에 갤러리를 병설했다. 이 가야바초점은 현재 폐점한 상태이지만, 그 이후 개점한 긴자점은 약 5평 남짓의 자그마한 공간으로, 매주 책 한 권을 중심으로 하여 전시를 진행한다. 바꿔 말하면 책을 바탕으로 전시만을 진행하는 갤러리이지만, 오랜 세월 고서를 취급하며 다양한 분야에 조예가 깊은 모리오카 씨가 '책 한 권을 파는 책방'이라고 그 업태를 규정함으로써 책방 궁극의 형태 중 하나가 되었다고 할 수 있다.

물론 전혀 큐레이션을 하지 않은 채, 돈을 지불하면 기본적으로 누구라도 전시 가능한 임대 갤러리로 운영하는 방향도 있다. 인근에 그러한 전시를 진행할 수 있는 장소가 없던 까닭에 지역 사회에서 필요로 하는 경우라면 해볼 만하다. 그러나 전시 내용의 질을 판단할 능력이 없거나 구태여 판단하고 싶지 않다는 소극적인 이유에서 임대 갤러리를 운영하려 한다면, 책방으로서는 중요한 벽면 공간을 내주는 것이므로 무리하게 갤러리를 병설할 필요는 없다.

책방×이벤트

작은 책방에서 가장 중요하면서도 어려운 부분은 손님을 모으는 일이다. 근처에 사는 사람들이 꾸준히 들여다보고 싶은 가게나, 멀리서 일부러 방문하고 싶어 하는 가게로 만들고 싶다. 그저 책을 사는 것뿐이라면 언제 어디서든 가능하다. 일부러 책을 사러 오게 하려면 그곳에만 존재하는 독자적 콘텐츠가 있는 것이 제일 좋다.

책방에 만들기 쉬운 독자적 콘텐츠 중 대표적인 분야가 두 가지 있다. 하나는 앞에서 말한 갤러리이고, 또 하나는 이벤트이다. 전자가 책방 공간의 일부를 콘텐츠로 만들었다면, 후자는 책방의 시간 중 일부를 콘텐츠로 만들었다고 할 수 있다.

이벤트에도 그 종류는 여러 가지가 있는데, 여기에서는 우선 게스트를 초청하여 진행하는 당일 한정의 이벤트에 대해 이야기하고자 한다. 바로 토크쇼나 워크숍, 낭독이나 음악 같은 라이브를 말한다.

이벤트의 장점은 갤러리와 비슷하다. 일단, 이벤트와 관련된 서적이 팔린다. 그리고 가게와 게스트의 손님 모으는 힘이 서로 교차하면서 각각의 단골손님이 새로운 손님으로 순환되어간다.

게다가 이벤트의 경우 갤러리보다 더 자주 개최할 수 있다. 갤러리에서는 매일 전시를 교체하기가 쉽지 않다. 반면, 이벤트는 날마다 하루에 몇 회씩 개최할 수 있다. 그만큼 SNS에서 발신할 수 있는 정보도 더욱 많아진다. 대부분의 사람은, 같은 정보를 여러 차례 다른 곳에서 접하게 될 경우 그 정보를 화제의 대상으로 인식한다. 예를 들어 SNS에서 A를 팔로우하던 어떤 사람이, A가 어느 책방의 이벤트에 출연한다는 정보를 발신하는 글을 보게 된다. 그로부터 일주일 후, 다른 관심사로 팔로우하던 B에게서도 그 책방에서 이벤트를 개최한다는 정보를 흘려듣는다. 그럴 경우, A와 B가 이벤트를 한다는 그 책방의 이름이 이 사람의 기억에 특별한 존재로 강렬히 남는다. 만약 두 이벤트에 가지 않더라도 이 사람에게 그 책방은 언젠가 가보고 싶은 곳으로 인식될 것이다.

한편, 이벤트는 손님이 책방을 처음 방문하는 계기가 되기 쉽다. 상층이나 지하, 뒷골목에 위치하거나 역에서 멀리 떨어진 책방일수록, 지나가는 사람들에게 선뜻 들어가기 어려운 느낌을 주는 경우도 많다. 이벤트를 통해 한 번이라도 방문을 유도할 수 있다면 그다음부터는 책방에 들어가기가 훨씬 수월해진다. 책방이 갖추고 있는 책들이 마음에 들었을 경우 다음에는 이벤트가 아니더라도 근처에 왔을 때 휙 들러봐야겠다는 생각을 하게 된다.

이벤트 개최를 고려할 때 무료로 진행할지 유료로 진행할지의 여부는, 그 전제에 따라 달라진다는 점이 커다란 핵심 중 하나이다. 무료로 하는 경우, 이벤트 자체를 정보 발신이나 손님 모집을 목표로 한 프로모션이라 결론지어 생각하게 된다. 반면, 유료로 하는 경우에는 아무리 소액이더라도 돈을 받는 이상 이벤트 자체도 책방에서는 하나의 상품이 된다. 이벤트로 직접 돈은 받지 않더라도 책 구입이나 음료 주문을 참가 조건으로 하는 방법도 있다.

　　이벤트 내용을 이차적으로 사용하는 방법도 있다. 생방송이나 녹화 등을 영상으로 발신하거나 텍스트를 받아 적어서 웹 사이트에 기사로 올리거나 책으로 판매하는 일도 가능하다. 각각을 프로모션이라고 생각하여 무료로 제공하거나 상품으로 취급하여 유료로 제공할 수도 있다. 이벤트는 책방 상품으로써 유료로 개최하고 그 보도 기사는 책의 프로모션으로써 나중에 웹 사이트에서 무료로 읽을 수 있도록 하는 조합이 있는가 하면, 이벤트를 프로모션이나 수록의 기회로 받아들여 무료로 개최한 뒤 나중에 그 내용을 책으로 출판하여 수익으로 삼는 조합도 있다. 이처럼 이벤트 내용은 다양하게 변형이 가능하다. 우선 저자나 편집자와 상담하면서 이벤트를 무슨 목적에서 어떠한 형태로 만들고 싶은지 정확하게 생각한 뒤 진행하는 편이 좋다.

'책방 B&B'의 경우 평일에는 매일 1회씩, 주말에는 낮과 밤으로 나누어 총 2회씩 이벤트를 개최한다. 무료 이벤트도 있지만 대부분은 유료이다. 진행 시간은 기본 두 시간이고 예매 티켓은 음료 한 잔을 포함하여 1,500엔이다. 이차적인 방법은 경우에 따라 다르지만, 대개는 취재가 들어와서 나중에 보도 기사로 게재되는 경우가 많다. 생생한 경험을 중시하기 때문에 영상을 유료로 전송하지는 않는다.

돈을 지불할 만한 가치가 있는 내용이어야 하기 때문에, 책의 출간 기념이 목적이라 해도 그저 책 내용만을 소개하는 이벤트는 아니다. 대담 상대나 청중을 누구로 할지, 어떤 주제로 이야기할지에 대한 범위를 정하기 위해 하나하나 고민한다. 담당 스태프는 이벤트의 편집자이기도 하다. 책방의 일일 한정 이벤트이지만, 특별한 시간을 만들 수 있도록 고민하면서 이벤트 당일까지 이끌어가는 일이 스태프의 업무이다. 공지와 함께 티켓 판매를 개시하고 손님을 모으기 위해 홍보하며 무대 설치 및 이벤트 운영과 접수 등 당일의 진행까지 신경 쓰는 일이란, 결코 쉽지 않다.

물론 책방이기 때문에 더 수월한 면도 있다. 바로 연간 8만 종의 신간이 나온다는 사실 때문이다. 하루에 출간되는 200~300종의 책들이 모두 기획의 소재가 된다. 이벤트하고 싶은 책을 찾아서 출판사와 저자에게 문의한다. 그때 책방의 입장이라는 사실이 강점이 된다. 책으로 둘러싸인 공간을 가지고 있고, 그곳에서 독자와 직접 책을 통한 교류가 가능하다. 책방 쪽도 경험을 쌓으면 쌓을수록, 어떻게 해야 책방 이벤트를 통해 책이 팔리고 저자나 독자를 기쁘게 할 수 있을지 알게 된다. 그러한 이벤트는 다른 이벤트 공간에서는 불가능한, 오직 책방만이 쌓은 축적물이 된다. 상품 구성이나 기획이 손님의 마음에 든다면, 편집자나 저자도 이 책방에서 다음에 다시 이벤트를 하고 싶다고 느낀다.

마지막으로 언급하고 싶은 내용은 도쿄와 그 밖의 다른 지방과의 차이점이다. 저자의 대다수는 도쿄에 살고 있으며, 출판사 역시 대부분 도쿄에 본사를 두고 있다. 먼 곳에서 저자를 초대할 경우 당연히 교통비와 숙박비가 들기 때문에, 이러한 부분은 도쿄의 책방이 훨씬 유리하다. 지방에서 빈번히 이벤트를 개최하고자 한다면 반드시 저자 초대만을 고집하지 말고 다양한 변형을 시도해 보는 편이 좋다. 실제로 나가노현 우에다시에 위치한 서점 'NABO'에서는 지방임에도 매일 이벤트를 개최한다. 어떤 지방이든 재능 있는 사람들이나 무언가 하고자 하는 사람들은 많다. 가까운 대학에서 교편을 잡고 있는 선생님이나 지역 아티스트, 무언가를 전문으로 하는 다양한

사람을 끌어들여서 강의나 워크숍, 라이브 등을 개최해나
간다. 동시에, 지방에서 열리는 이벤트에 적극적으로 활동
하는 저자나 출판사를 능숙하게 끌어들이는 방법도 있다.
그들이 가끔 책방 인근을 방문하는 때를 겨냥하여 비용을
줄이고 즐겁게 출연해줄 수 있는 방법을 생각해보는 편도
좋다.

책방×강습회

　책방에 사람이 모여 시간을 공유하는 콘텐츠는, 반드시 일일 한정의 이벤트뿐만이 아니다. 학교 교실처럼 일정 기간 동안 같은 멤버가 모여서 연속으로 진행하는 이벤트도 자주 볼 수 있다. 이러한 강습회는 이벤트와는 조금 다른 사고방식으로 만들어진다.

　일단, 연속으로 장기간 진행하기 때문에 좀 더 배움으로 체계화된 형태를 제공하기 쉽다. 강사 한 명이 계속해서 가르치는 방식뿐만 아니라 사회자 한 사람이 매회 다른 게스트를 초대하는 방법도 있다. 이벤트처럼 책방에서 개최한다는 이점을 살리려면, 책의 저자를 강사로 초대하는 등 책과 관계있는 형태를 취하는 편이 좋다. 책 한 권을 중심으로 하여 철저히 읽고 해독하거나, 매회 다른 과제 도서를 정해도 된다.

　책방이 이러한 콘텐츠를 통해 얻는 커다란 가치는, 특정 멤버가 계속 참가함으로써 커뮤니티가 형성된다는 점이다. 이는 갤러리나 이벤트에서는 기대하기 힘든 부분이다. 학교의 같은 반 친구처럼, 얼굴을 마주하는 동안 조금씩 대화가 생겨난다. 일방적인 강의와는 다른 대화 형식을 취하거나 과제를 내서 발표하는 식으로 진행하면, 강의 중에도 커뮤니케이션이 발생한다. 강의가 진행되는 시기 동안 배움이 깊어질 뿐만 아니라, 강습회가 끝난 뒤에도 여전히 그치지 않고 농밀한 커뮤니티로 발전한다면 수강생에게는 배움을 이어가는 동기가 된다.

좋은 강습회가 진행되면, 수강생은 그 책방에서 보낸 시간의 기억과 공간에 대한 귀속 의식 같은 특별한 감정을 갖는다. 그리하여 책방은 그들이 자발적으로 모일 때의 장소가 되거나, 수강생 개개인은 자주 얼굴을 비치는 단골손님으로서 정기적으로 책방에 방문하게 되기도 한다. 책방으로서 점주나 점원 자신도 그 커뮤니티 안에 포함된다면, 한층 가능성은 높아진다. SNS에서 그룹을 만들어 추진하는 방법도 좋다.

앞으로 작은 책방을 운영할 때 독자적 커뮤니티를 가지는 것은 강점이 된다. 적극적으로 강습회를 여는 것은 커뮤니티를 형성하는 방법 중 하나이다. 한편, 책방은 혼자가 될 수 있는 조용한 공간이기 때문에 누구에게도 방해받지 않은 채 가만히 책을 고르는 행위에 가치를 두는 손님도 많다. 단골손님만 가득한 술집에 선뜻 들어가기 꺼려지는 특유의 분위기가 있듯, 책방 또한 너무 깊은 커뮤니티나 적극적인 커뮤니케이션이 보이면 들어가기 꺼리는 손님도 있다. 따라서 자신의 가게와 어울릴 만한 균형을 만들어가야 한다.

책방이라는 공간을 살려 체계적인 배움의 장과 편안한 커뮤니티를 만들 수 있다면, 수강생과 책방 모두에게 그 강습회의 가치는 크다. 물론 내용도 중요하고 그만큼 공을 들일 필요는 있지만, 총 횟수에 몇만 엔과 같은 식으로, 이벤트보다 높은 단가의 수강료를 받을 수 있으므로 책방 경영에 커다란 도움이 되기도 한다.

책방×독서 모임

최근 몇 년 사이, 독서 모임이 많이 열리게 되었다. SNS가 생겨난 이후 지극히 좁은 폭의 동일한 취미를 가진 사람들끼리 서로 연결되고 정보를 공유하기 쉬워진 점이, 그 기세의 배경이라고 할 수 있다. 카페 한구석처럼 어느 장소에서도 가볍게 자발적으로 진행이 가능하다는 점 또한 매력이지만, 한편으로는 책방이 주최하고 책방에서 진행되는 독서 모임도 많다.

독서 모임의 기본 형태는 특정 책을 미리 읽어온 사람들끼리 그 책에 대해 서로 이야기를 나누는 방식이다. 그밖에도 자신이 읽고 재미있었던 책을 서로 소개하는 모임이나 앞으로 읽고 싶은 책에 대해 이야기하는 모임, 집합 장소에서 함께 책을 읽는 모임 등 좀 더 참여하기 쉬운 다양한 형태의 독서 모임도 있다.

이벤트에는 게스트가 있어야 하고 강습회에는 강사가 필요하지만, 독서 모임은 책을 정하여 모집만 하면 개최할 수 있다. 이처럼 보다 가볍게 시작할 수 있다는 점이 독서 모임의 이점이다.

그만큼 독서 모임이 의미 있는 시간이 될지는 시작해보기 전까지는 미지수이다. 물론 참가자도 중요하지만, 무엇보다도 모임을 이끄는 촉진자의 역할이 크다. 참가자와 골고루 이야기를 나누면서 깊은 논의가 이루어지도록 이끌어가는 일은 갑자기 아무나 할 수 있는 것은 아니다. 처음에는 다른 능숙한 사람에게 부탁해도 좋으며, 익숙지 않은 점에 대해 양해를 구한 뒤 친구와 지인을 중심으로 자그마한 모임부터 시작하면서 점주 자신이 시도해보는 방법도 좋다.

책마다 단발로 공지하여 다른 멤버가 모이는 형태나 고정 멤버로 계속해서 여러 책을 읽어나가는 형태, 어느 쪽이든 가능하다. 전자는 이벤트에, 후자는 강습회에 보다 가까운 방식이기 때문에 각각 장점도 다르다.

다만 어느 쪽이든 인원수가 너무 많으면 깊은 대화를 나누기 어렵다거나 저자가 오는 경우 이외에는 부가 가치를 부여하기 어렵다는 점에서 주요 수익원으로 삼기에는 문턱이 높다. 유료로 운영한다고 해도 어디까지나 보조 수입원이라 생각해두고, 책방을 홍보하거나 소규모 커뮤니티 개설을 목적으로 하는 편이 좋다.

한국의 서울에는 'BOOKTIQUE(북티크)'라는 독서 모임 전문 책방도 있다. 업태로는 북 카페에 가까우며 좌우 양쪽 벽에는 서가가 있고 입구부터 중앙에 걸쳐 넓은 평대가 있다. 평대 하나에 독서 모임 대상의 서적이 진열되어 있다. 그 이외의 공간은 먹고 마시는 자리이다. 구석에는 통유리로 된 방이 있는데 그곳에서 거의 매일 독서 모임이 열린다. 예전에는 방이 네 개로 나뉘어 있었지만 지금은 독서 모임 하나당 참가자가 늘어난 데다 갤러리로도 사용하기 위해 방을 개조하여 하나로 연결하였다. 모임의 촉진자 역할은 스태프가 담당한다.

독서 모임은 책을 읽는 행위와 직접 연결되므로, 그곳에서 만들어지는 커뮤니티는 이벤트나 강습회보다 한층 책방 자체와 직결되기 쉽다. 독서 모임의 대상으로 어떤 책을 고를지는 책방의 견해를 나타낼 뿐만 아니라, 단골을 늘리는 일과도 이어진다.

책방×잡화

　이벤트나 강습회, 독서 모임 등 지금까지 언급한 곱셈법은 형태가 없고 서가나 평대에 진열할 수도 없다. 물론 책방에 진열할 수 있는 것은 책뿐만이 아니다. 온갖 상품을 취급할 수 있다.

　일반 신간 서점에서 긴 시간 함께 판매해온 상품은 문구이다. 계산대 옆에 볼펜 몇 개가 진열되어 있는 곳도 있고, 가게 절반을 문구 매장으로 차려놓은 곳도 있다. 수첩이나 달력은 단골 상품이나 마찬가지인 계절상품이다. 가게 밖에 음료수 자판기가 있거나 계산대 근처에 사탕이나 껌, 담배 등을 파는 방식도 옛날부터 자주 있었던 유형이다. 특히 다른 소매점의 수가 적은 지역이라면, 세제나 통조림 등 수요에 따라 다양한 일용품이 추가되어 그 동네의 종합 소매점과 같은 역할을 하는 책방도 있다.

　문구든 식품이든 온갖 일용품을 포함해서 책과 함께 진열되는 상품을 이 책에서는 잡화라고 부른다. 최근 몇 년 사이 잡화는 앞에서 말한 것처럼 반드시 지역의 수요에 응하는 형태뿐만 아니라, 적극적인 제안으로서 책 옆에 두어 판매하게 되었다. 대개 책보다 이익률이 좋다는 점도 잡화를 도입하게 된 배경 중 하나이다. 잡화는 특정 책에 묘사된 대상 그 자체이기도 하고, 특정 책을 사용하여 무언가 실천할 때 필요한 도구이기도 하는 등, 어떠한 형태로서 그 책과 연관이 있다.

주요 상품으로 책이 진열된 가운데에 잡화가 하나 놓여 있다면, 별도의 물건으로서 시선을 끄는 입구가 되어 매장에 입체감을 준다. 억지로 연관성을 짜내면, 어느 책의 옆이든 둘 수 있는 잡화가 무수히 많다. 예를 들어 지금 이 책《앞으로의 책방 독본》이라면 책방의 그림이 그려진 엽서를 팔아도 좋고, 책방에서 사용하는 앞치마 같은 도구를 팔아도 좋다. 특징적인 장정과 닮은 형태의 오브제(표현 대상이 되는 온갖 물건을 작품에 그대로 사용하여 새로운 느낌을 불러일으키는, 상징적 기능의 물체를 이르는 말-옮긴 이)나 비슷한 색감의 파우치 등 뭐든지 좋다. 어쩌면 아무런 연관성이 없는 편이 더 좋을지도 모른다. 다만 거기에 무언가 맥락이 있다면 서가를 구경하는 손님에게 재미있는 상품을 갖춘 책방이라는 느낌을 줄 수 있다. 무수한 가능성이 열려 있는 만큼 책방 나름의 아이템을 발견해서 전개해나가길 바란다.

한편 주요 상품으로서 잡화를 진열한 뒤 그 중앙에 책 몇 권을 놓아두면, 책은 잡화를 말로써 설명하는 역할을 맡는다. 예를 들어 태국 요리를 위한 주방 잡화가 있다면, 그저 진열해놓기만 해서는 태국 요리에 필요한 도구인지 알기 어렵다. 반면, 그곳에 태국 요리책을 함께 놓아두면 확실히 알아챌 수 있다. 물론 태국 요리용 도구라는 POP를 써두어도 좋지만, 책을 이용하면 좀 더 세련되게 상품만으로도 설명이 가능하다. 그곳에 태국 문화나 역사에 대한 책, 태국에서의 삶을 그린 소설 등을 함께 놓아두면, 그저 요리하여 식사하는 것만이 아니라 그러한 책들을 통해 보다 깊은 체험이 가능하다는 점을 드러낼 수 있다.

지금까지 언급한 내용이 책 한 권이나 그 장르에 관계된 잡화라고 한다면, 독서라는 행위 자체에 관련된 잡화도 있다. 바로 책갈피나 문고본 북 커버, 책을 담아서 가지고 다니기 위한 토트백 등이다. 넓은 의미에서 펜이나 노트 같은 문구 전체도 잡화라고 부른다. 문구는 어느 책방과도 궁합이 맞으며 장소를 가리지 않는다.

책방에서 자체적으로 잡화를 만드는 방법도 좋다. 해외, 특히 미국의 책방에는 반드시라고 해도 좋을 만큼 가게 자체 제작의 토트백이 있다. 일부러 멀리서 방문한 손님이나 언어가 다른 외국인 관광객에게는 그곳에서만 살 수 있는 지역 상품으로 인기가 있다.

꼭 책과 직접적인 연관이 없더라도 지역 아티스트의 갤러리 전시에 맞추어 엽서나 스티커, 노트 같은 굿즈(판촉물의 하나로, 도서 구매자에게 증정되는 책 관련 상품-옮긴이)를 만들어도 좋다. 만드는 과정에서 아티스트와 책방

사이에 관계가 생기고, 이를 중심으로 좋은 커뮤니티가
형성될 가능성이 있다.

반드시 본인이 거주하는 지역이 아니더라도 각지의
공예품 시장이나 인터넷을 통해 자체적으로 잡화를 만들
어 판매하는 개인과 얼마든지 만날 수 있다. 잡화를 취급
한다고 하면 보통 잡화 브랜드의 카탈로그를 보거나 잡화
중개인을 찾는 일부터 시작하려는 사람이 많을지도 모른
다. 그러나 직접 손으로 만든 잡화에는 커다란 시장을 상
정해서 생산된 잡화와는 다른 이점이 있다. 손님에게는
다른 가게에서 본 적이 없는 상품이 되며, 책방만의 특색
을 나타내는 상징이 되기도 한다.

덧붙여서 이른바 잡화에 그치지 않고 통조림이든 채
소든 공감할 수 있는 대상만 찾는다면, 무엇이든 취급이
가능하다는 점 또한 책방의 매력이다. 다만, 왜 그것을 자
신의 책방에서 판매하는지 이유를 설명할 수 있어야 한
다. 당연한 말이지만, 잡화라고 해서 무엇이든지 책보다
잘 팔리며 이익을 창출해낼 수 있는 것은 아니다. 다른
잡화점에서 잘 팔린다는 이유로 자신의 책방에서 판매
해본다고 한들, 책을 사러 온 손님에게 잡화를 파는 일은
그리 간단하지 않다. 왜 이 상품을 파는가. 아무래도 운영
하는 것이 책방인 만큼 되도록이면 책으로 그 이유를 대
변함으로써 잡화점과는 다른 매력을 발산하여 상승효과

를 노리는 편이 좋다. 그러한 조합을 계속 창출해나간다면 책뿐만 아니라 잡화도 흥미로운 책방, 잡화뿐만 아니라 책도 흥미로운 책방으로 널리 인정받을 수 있다.

책방×가구

앞에서 말한 잡화는 책과 함께 서가나 평대에 진열한다는 점을 전제로 하였다. 그런데 생각해보면 그러한 서가나 평대 같은 가게의 집기나 비품에 해당하는 물품에도 가격을 매겨 판매할 수 있다. 그러한 물품을 이 장에서는 가구라고 부른다.

취급할 수 있는 가구는 서가나 테이블 외에도 손님이 앉는 의자나 가게 안을 밝히기 위한 조명 등이 있다. 이른바 가구 외에도 오디오 기기나 프로젝터, 금전 등록기 등 가게 비품으로 사용하는 물건 역시 가격을 매길 수 있다. 사용하는 물건을 빈티지 제품으로서 그대로 판매할 수도 있고, 가게에 있는 물건은 샘플로 진열하고 새 제품을 파는 일도 가능하다. 어떤 특징이 있다면 가게 안을 꾸미는 벽지나 페인트를 팔아도 좋다. 이른바 책방을 인테리어 쇼룸으로 인식하는 방식이다.

특히 서가는 책을 꽂아두고 사용하는 가구이다. 보통 인테리어 가게에서는 서가에 대량의 책을 채워 넣고 전시하는 일이 드물다. 책방에서는 서가에 책을 채워둠으로써 손님이 자신의 집에서 사용할 때의 모습을 상상할 수 있게 한다. 인테리어 가게에서는 그만큼 많은 종류의 서가를 전시하지 못하지만, 책방에서는 대량의 서가가 필요하므로 다양한 서가를 보여줄 수 있다. 그런 식으로 생각하면, 구입하는 입장에서 봐도 책방에서 서가를 판매하는 것은 이치에 맞는 일이다.

'책방 B&B'에서는 'KONTRAST(콘트라스트)'라는 북유럽 가구점과 제휴하여 빈티지 서가나 테이블, 의자 등을 판매한다. 한 점뿐인 상품은 팔리면 다시 채워 넣어야 한다는 뜻이기도 하므로 힘든 작업이다. 한편으로 좋은 점은, 서가가 팔리면서 가게 공간에 변화가 생긴다는 사실이다. 가구 하나가 교체되면 책방의 분위기는 완전히 바뀐다. 판매된 서가에 진열했던 책을 꺼내어 새로운 서가에 다시 한 번 채워 넣는 작업을 하면 책도 달리 보인다. 신기하게도 완전히 동일한 책을 서가만 바꿔서 그대로 다시 채워 넣었을 뿐인데, 이제까지와는 다른 책이 팔리는 경우도 있다. 책방의 신선함을 유지한다는 의미에서도 서가를 판매하는 방식은 긍정적이다.

책방×서비스

책방에서는 이벤트나 강습회, 독서 모임에 그치지 않고, 사실 형태가 없는 모든 대상을 취급할 수 있다. 책방에는 온갖 책이 있기 때문에 그 공간 안에서 다양한 서비스를 적용하는 일이 가능하다.

예를 들면 미용 관련 책이 있는 코너 옆에서 미용 서비스를 제공해도 좋고, 여행 관련 책 근처에 여행 대리점이 있어도 좋다. 인생 설계를 위한 책 옆에는 보험 설계 사무소나 점집이 있어도 좋다. 특히 책방 주인이 예전에 무언가 전문성을 지닌 분야에서 일한 경험이 있을 경우 그러한 전문성과 관련된 서비스를 적극 조합하면, 단가나 이익률도 책과는 큰 폭으로 달라지기 때문에 책방을 꾸려가기 한결 수월해진다.

한편, 잡화의 경우처럼 독서라는 행위 자체와 관련된 서비스도 생각할 수 있다. 예를 들면 도서 선별 작업이다. 인근 도서관이나 대학의 교수 등에게 주문받은 책을 전달해주거나 필요로 할 법한 책을 골라 추천해주는 일은 지금껏 신간 서점에서도 해왔지만, 보통은 무상 서비스로 제공되었다. 하지만 최근 몇 년 사이, 도서 선별 작업 자체에 수수료를 부과하여 소규모 매장이나 도서관의 도서 선정 및 관리를 해주는 일도 생겨나고 있다.

그 밖에도 매월 책을 발송해주는 북 클럽 같은 서비스나 독서를 위한 애플리케이션, 책의 관리를 위한 창고처럼 책과 독서에 관련된 온갖 서비스를 책방의 입장에서 여전히 개발할 여지가 남아 있다는 사실을 체감하는 중이다.

책방×미디어

이왕 책방을 할 바엔 책의 제작부터 판매까지 해보고 싶다. 이는 별난 생각이 아니다. 1913년에 창업한 이와나미 서점은 원래 헌책방이었고 대형 서점 체인인 기노쿠니야 서점이나 산세이도 서점, 마루젠 서점 등도 옛날부터 책을 만들어왔다. 도쿄 시부야에 있는 신간 서점 'SHIBUYA PUBLISHING & BOOKSELLERS(SPBS)'는 아예 이름 안에 출판이라는 단어를 넣었다.

작은 책방이라도 출판의 가능성은 가득 널려 있다. 점주 스스로도 다양한 분야에 관심을 가진 상태에서 책방을 만들어가고 있기 때문에 저절로 지식이나 정보가 늘어간다. 책을 만지는 동안, 자신이라면 이 책은 좀 더 이렇게 만들고 싶다고 생각하거나 이러한 책은 왜 나오지 않는지 의문을 갖는 등 책 자체를 향한 아이디어도 생겨난다. 어쩌면 제대로 된 단행본이 아니더라도 이벤트에서 이야기한 내용이나 갤러리에서 진행한 전시를 소책자 형태로 편집하여 판매하고 싶어지는 경우도 있을 것이다. 물론 ISBN을 붙여 출판사로서 본격적으로 활동해도 좋지만, 책방이 본업이라면 우선 자그마한 형태부터 시작하는 편이 나을 수도 있다. 이때 어떤 책을 만드느냐에 따라 책방의 정체성이 드러나기도 한다. 자신의 책방에서 다 팔지 못할 경우에는 공감할 만한 다른 서점에도 문의하여 직접 판매를 의뢰하면 된다.

웹 미디어를 활용하는 방법도 있다. SNS를 하고 있다면 모든 책방이 인터넷상에서 정보를 발신하게 된다. 책방의 사이트뿐만 아니라 자체 웹 미디어를 만들면 보다 축적된 정보를 발신할 수 있다. 특히 갤러리나 이벤트, 강습회나 독서 모임 등 자체 콘텐츠나 커뮤니티를 가지고 있을 경우, 이는 웹상에서 독자적인 콘텐츠가 된다. 이벤트나 독서 모임에 대한 후기를 게재하거나 작품의 온라인 전시를 하는 일도 가능하고, 강습회에 참여하는 수강생의 성적을 발표하는 장으로 사용할 수도 있다. 물론 본격적으로 시작하려면 비용이 들지만, 이용자의 접속이 늘어날수록 가게의 홍보가 될 뿐만 아니라 광고를 게재하거나 상품을 판매하고 별도의 유료 콘텐츠를 만들어 수익을 창출할 수도 있다.

그러나 종이든 웹이든, 미디어로 수익을 만드는 일은 간단하지 않다. 책을 내는 출판사나 웹 미디어를 운영하는 기업처럼 진지하게 사업으로 추진하는 사람과 경쟁할지, 아니면 전혀 다른 방법으로 맞설지를 염두에 둬야 한다. 현실 책방이라는 접점을 가진 것은 강점이다. 많은 재고를 껴안더라도 조금씩 직접 판매할 수 있는 만큼, 아직은 종이책을 판매하는 쪽이 더 쉬울지도 모른다.

결국 모든 분야의 상품을 구비한 책방보다는 개성이 강한 커뮤니티를 가진 책방이나 전문 서점 쪽이 더 유리할지도 모른다. 자그마한 규모로 운영할 경우, 한 권의 책이나 하나의 웹 미디어는 어느 정도 타깃을 좁히는 편이 훨씬 수월하기 때문이다. 예를 들어 강아지 관련 전문 서점이라면, 강아지 잡지나 웹 미디어를 사용하여 강아지에 대한 기사를 싣거나 강아지 관련 용품을 통판하는 식이다. 커뮤니티가 애초에 애견인으로 한정되어 있기 때문에, 자발적으로 미디어 운영을 돕거나 콘텐츠를 게재하고 싶어 하는 사람을 모으기도 수월하다. 독자의 타깃이 좁혀지는 만큼 광고 효과도 나기 쉽다. 가게가 작거나 손님 입장에서 멀리 떨어진 곳에 위치해 있더라도 공간적 제한이 없는 만큼, 전문적으로 특화된 책방을 중심으로 이루어지는 커뮤니티의 자주적 활동 중 하나로써 상대적인 확산을 가져오기 쉽다.

반대로, 미디어로서 이미 힘을 가진 사람이 책방을 시작하는 경우도 흥미롭다. 일본에서는 연예인이 가게를 연다고 하면 대부분 음식점이지만, 예를 들어 한국의 서울에서는 책을 좋아하는 유명한 아나운서가 운영하는 책방이나 인기 있는 밴드가 운영하는 북 카페도 있다. 그들은 SNS에서 영향력이 크고 실제로 텔레비전과 같은 미디어에 나올 기회도 있기 때문에, 그러한 매체를 통해 소개된 책은 사람들에게 커다란 영향을 끼친다. 당연히 그들의 책방에서도 그 책을 판매한다. 바쁜 와중에도 점주로서 가끔 가게에 나오고 그들의 팬도 가게에 방문한다. 점주 자신이 가진 미디어로서의 힘을 책방에 훌륭하게 살려내어 평소 책방에 가지 않던 사람들에게도 책을 전파하는 일이 가능하다.

책방×공간

책에 대한 강한 애정과 고집을 가진 채, 책방의 매력을 좀 더 늘려가기 위해서 곱셈을 하여 책을 진열한다. 책이 대량으로 진열된 공간만으로도 충분한 매력이 있지만, 좀 더 상품의 구색이 뛰어나고 가구나 비품에 특색이 있다면 그 공간의 매력은 한층 배가된다. 그러한 곳에는 공간 자체에 대한 수요가 생겨난다.

가장 흔한 사례는, 촬영 장소로 일정 시간 그 공간을 통째로 빌리고 싶어 하는 경우이다. 잡지의 패션 관련 페이지를 위한 사진 촬영은 물론, 텔레비전 광고나 영화, 드라마 등 영상을 촬영할 때도 사용된다. 신상품 발표 파티나 기자 회견을 위한 장소, 또는 개인적인 깜짝 파티를 위해 빌리고 싶어 하는 경우까지, 책방을 매력 있는 공간으로 꾸미면 다양한 문의가 들어온다. 이른바 특별한 촬영 스튜디오와 같은 형태가 된다.

물론 영업시간 내에 장소를 빌려주면 그 시간은 영업을 할 수 없게 되므로, 어느 상황에 얼마의 금액으로 대여할지에 대한 판단이 중요하다. 영업시간 전에만 대여가 가능하도록 정할 수도 있다. 영업시간 전이라면 시간당 얼마이고 영업시간 중이라면 얼마라는 식의 메뉴를 준비해두어 내용에 따라 고를 수 있도록 하는 방법도 좋다.

실제로 스튜디오를 주요 목적으로 한 책방도 있다. 도쿄 미나토구 니시아자부의 'NOEMA images STUDIO'는, 작가 가시마 시게루(19세기 프랑스 사회의 풍속과 삶을 세밀하게 파헤친 책을 주로 썼으며, 고서적 수집가로도 유명함-옮긴이)의 장서를 소장한 '서재 스튜디오'이다. 19세기 프랑스 시대의 가죽으로 장정된 책을 중심으로, 귀중한 장서가 쭉 진열된 공간에서 촬영이 가능하다.

일시적인 공간 대여는 하지 않고 책방과 맞닿은 한 공간을 점유하는 식으로 빌려주는 형태도 있다. 예를 들어 앞에서 말한 'SPBS'는 가게 안쪽이 출판사 사무실이자, 데스크 단위로 빌릴 수 있는 공유 사무실의 기능도 한다. 책방 안쪽에 자신의 사무실이 있으면 책방 전체가 자료이자 아이디어의 씨앗이 된다. 자택으로 만드는 형태도 가능하다. 책방에서 살아가는 삶을 꿈꾸는 사람은 적지 않을 것이다. 복합 주택 1층의 방 한 칸이 책방이고 다른 방이 주거 공간인 건물이라면 한번 살아보고 싶어 하는 사람도 많지 않을까.

다른 소매나 서비스업에 임대하는 형태는 특히 최근 대형 서점에서 실제로 활용되고 있다. 타이완의 '성품 서점'이나 일본의 '츠타야 서점'이 대표적인 예로, 건물의 중심부나 최상층에 책방을 만든 뒤 그 주변이나 아래층을 다른 업태의 세입자에게 빌려주거나, 책방 자체와는 별도의 업태를 운영하기도 한다. 책방에 손님을 모으는 힘이 있으면 다른 세입자에게도 손님이 유입되고, 건물 전체를 매력 있는 상업 시설로 만들면 서로에게 상승효과가 생긴다.

사무실이든 주택이든 상업 임대든 책방 공간 전체의 매력을 살려 영업함으로써 임차료라는 형태의 수입을 얻을 수 있다면, 한층 안정적인 경영이 가능하다.

책방으로서
살아간다는 것

가가와현 다카마쓰시에서 '책방 루누강가'를 운영하는 나카무라 유스케 씨. 그는 내가 수업하는 '앞으로의 책방 강좌' 졸업생이기도 하다. 수강을 마친 뒤 책방 오픈까지 지속적으로 도와주길 원해서 협력하기로 했다.

당시 나카무라 씨는 나고야에 있는 상사에서 일하고 있었는데, 본인도 부인도 책을 좋아하고 과거에 서점에서 근무한 경험까지 있었다. 게다가 본가인 다카마쓰에는 나카무라 씨 소유의 점포 건물이 있다는 좋은 조건도 갖추고 있었다. 나카무라 씨는 그곳에서 부인과 함께 작은 책방을 열기로 했다.

서포트의 일환으로 운영 모델이나 규모 면에서 가장 참고가 될 만한 세이코샤의 호리베 아쓰시 씨에게 이야기를 듣기로 했다. 이 정담은 당시의 기록이다.

정담 이후 나카무라 씨는 무사히 '책방 루누강가'를 열었고, 현재도 다카마쓰에서 영업을 이어가고 있다.

나카무라 유스케

1982년에 태어났다. 신슈 대학 문학부를 졸업했다. 신간 서점에서 3년간 일한 후 상사에서 근무했다. 퇴직 후 2017년 8월, 가가와현 다카마쓰시에 책방 루누강가를 열었다.

호리베 아쓰시

1971년에 태어났다. 리쓰메이칸 대학 문학부를 졸업했다. 학생 시절부터 편집 집필, 이벤트 운영에 종사해왔으며 게이분샤 이치조지점에서 근무하였다. 2004년에는 점장으로 취임하여 상품 구성부터 이벤트 기획, 점포 운영까지 도맡았다. 퇴직 후 2015년 11월, 교토 가와라마치 마루타마치에 책방 세이코샤를 열었다.

사업 계획서

나카무라__ 바로 사업 계획서부터 봐주시겠어요? 전반부에는 비즈니스 모델로서의 동네 책방이 어려워지는 가운데 책과 만날 기회가 줄어드는 현실 속에서 제가 몰두하고 싶은 일에 대해 썼습니다.

후반의 비즈니스 모델 부분에서는 음료나 이벤트를 결합하여 책의 낮은 이익률을 보완하고 싶다는 내용을 썼어요. 책은 직거래로 매입해서 조금이라도 이익률을 올리고, 가게 운영은 가족들끼리 꾸려가려고 합니다. 규모 면에서는 6천 권 정도의 책을 선별하고, 이곳에서만 구입 가능한 책도 입고하고 싶다는 식으로 썼습니다.

입지는 다카마쓰 중심부에서 조금 떨어진 골목 안에 위치한 25평쯤 되는 건물입니다. 원래는 CD와 레코드를 파는 가게였는데, 10년 전쯤 철수한 뒤로 계속 비어 있어요. 거리 중심부에 책방이 몇 군데 있지만, 그런 책방과는 다른 형태로 만들고 싶습니다.

우치누마__ 근처에 '솔레이유'라는 소극장 형태의 영화관이 있어요. 가게는 좁은 골목의 외길로 들어서면 있는데, 그 길에는 거의 아무것도 없지만 행인이 있는 상점가와 나란히 있어서 접근성은 나쁘지 않아요.

나카무라__ 그 밖에도 독서 모임에 주력하고 싶다는 내용과 어느 정도는 관광객도 타깃으로 삼고 싶다는 점에 대해 썼습니다. 이벤트도 진행할 생각이에요. 그다음은 아직 아이디어 단계이지만 매장을 중심으로 하여 근처 미용실이나 찻집으로 외판을 해나가고 싶습니다. 예산으로 최대 1,500만 엔은 쓸 수 있어요. 가게 내부와 외부 인테리어로 돈이 꽤 들 것 같긴 하지만요.

호리베__ 대형 중개 회사와 계약하는 방식은 고려하지 않으시는군요.

나카무라__ 네. 그리고 사업 전망은, 월 150만 엔을 벌어들인다면 유지해나갈 수 있을 것 같아요. 매상의 구성비는 서적으로 60%를 채우고 나머지는 이벤트나 음료, 잡화로 조금씩 보충해나가는 식으로 생각하고 있습니다.

호리베__ 임차료가 들지 않는군요. 대출금은 예상 이익에서 변제할 예정인가요?

나카무라__ 현재로써는 대출은 하지 않을 예정입니다. 자기 자본으로 1,500만 엔이 있어서요.

호리베__ 굉장하군요. 임차료를 낼 필요도 없고 1,500만 엔의 자금까지 있다면 리스크는 낮게 느껴집니다. 초기 비용은 좀 더 줄일 수 있을 것 같네요. 세이코샤도 비용이 1,500만 엔까지는 들지 않았으니까요.

우치누마__ 될 수 있으면 최초 운영 자금으로 남겨두는 편이 좋을 것 같군요.

나카무라__ 그리고 크라우드펀딩(자금을 필요로 하는 수요자가 온라인 플랫폼을 통해 불특정 다수의 개인으로부터 자금을 모으는 방식-옮긴 이)으로 돈을 모으는 방식도 검토하고 있어요.

호리베__ 이 정도로 확실한 생각을 갖고 있으니, 본인만의 방식대로 진행한다는 의미에서는 신선하기도 하고 기대도 되는데요. 제 경우엔 이런 자료는 만들지도 않았으니까요.

세이코샤를 운영하며 느낀 점

우치누마__ 호리베 씨한테 가게 개업에 대한 상담은 들어오나요?

호리베__ 이렇게까지 제대로 준비해서 상담을 해온 사람은 없었습니다. 저도 이런 사업 계획서를 보면서 대답할 수 있을 만한 머리는 아니거든요. 물론 숫자로 설명한다면 더 설득력도 있고 납득할 수도 있겠죠.

제 경우엔, 1년간 세이코샤를 운영해오면서 하루 매상이 평균 7만 엔이었습니다. 점포의 매상에다 통판이나 이벤트, 외판 등을 합하면 점포 매상이 300만 엔 조금 못 돼요. 이익률을 30%로 하면 월 매상 총이익이 90만 엔입니다. 그걸로 임차료 15만 엔을 지불하고, 인건비는 거의 발생하지 않으니까 대출금 변제나 경비에 충당하죠. 이 정도 느낌이라면 운영해나갈 수 있습니다. 하지만 빠듯하게 잡은 매상이 그 정도예요. 지금 가게 평수(18평)에서는 하루에 7만 엔을 유지하기도 꽤 힘들어요. 그것도 비교적 관광객분들이 와주시는 덕분에 가능한 이야기죠.

사실 지금의 가게를 시작해보니 '손님이 많다'는 건, 매상과 그다지 관계가 없다는 걸 느낍니다. 책을 사지 않는 사람도 많고, 사는 사람은 일괄로 구입하죠. 그래도 사람이 많이 오는 교토라는 입지의 이점은 있습니다.

따라서 점포 매상만으로 월 150만 엔을 벌어들이겠다는 나카무라 씨의 계획은, 평수나 상품 수를 생각하면 어려울 것 같단 생각이 듭니다. 가장 간단한 방법은 평수를 크게 확장하고 상품 수도 많이 늘리는 거예요. 그러면 상대적으로 매상은 올라가죠. 보통 매장이 넓을수록 임차료도 비싸고 인건비도 들기 마련이지만, 유리한 지리적 조건을 살려서 임차료가 없고 인건비도 이 상태로 실현 가능하다면 재고를 많이 들이는 방식으로 예상 이익에 근접할 수 있을 거라 생각합니다.

실제로 제가 운영하면서 드는 생각은, 숫자보다도 가치관이랄까 삶의 방식에 대한 문제예요. 예를 들어 '좋은 차와 집을 사고 싶다'고 생각한다면 꽤 빡빡할 겁니다. 하지만 전 원래 '비즈니스 마인드'로 일을 시작하지 않았어요. 삶의 방식으로써 저 자신이 좋아하는 책을 취급하고 지인이 만든 책을 소개하며 제가 연구한 것을 발표하기 위해 장사를 해오고 있습니다. 일단 수치를 우선시하지 않기 때문에, 전 현재 상태로 충분하다고 생각하고 있어요. 결과적으로 수중에 남는 금액 자체는 같더라도 사고 방식에 따라 전혀 다르게 느껴지니까요.

다카마쓰는 교토와 비슷한 환경이라서 책방을 운영해 나가기가 수월할 겁니다. 도쿄는 비용도 비싸고 같은 건물의 각 층에 사람이 많이 살고 있기 때문에 세분화된 가게가 많이 있어요. 지방이라면 그런 것에 현혹될 일은 거의 없죠. 개인적으로 삶에서 가장 중요한 부분은 사람과의 교제라고 생각합니다. 비슷한 일을 하는 동료와 같은 수준에서 함께 술을 마실 수 있고, 잠시 놀러가고 싶을 때는 경제 감각이 거의 비슷한 사람과 부담 없이 어울릴 수 있는 삶. 이런 인생이 가장 스트레스가 적으니까요.

세이코샤 외관

숫자보다도 삶의 방식으로써
책방을 시작한다

호리베__ 즉, 숫자로 된 목표보다는 어떤 태도로 살아 갈지를 목표로 하는 거예요. 숫자는 결과에 지나지 않습 니다. 사업을 할 때는 이러한 자료를 만드는 게 당연하지 만, 전 만들지 않았어요. 이 숫자대로 진행되지 않더라도 견뎌낼 수 있을지, 책방을 얼마나 계속 이어갈 수 있을지, 현재 상황에 스트레스를 받고 있지는 않은지와 같은 부분 을 중시하고 있죠.

가게를 시작하려는 사람에게 저는 수익 계산을 말하 기에 앞서, 마음가짐에 대한 이야기를 합니다. 어떤 느낌 의 가게를 만들고 싶고 어떤 상품을 갖추고 싶은지, 가치 관에 대해 이야기하는 거죠. 결국 1년 동안 책방을 하면서 저는 돈을 거의 모으지 않았습니다. 출판사를 병행하면서 책을 다섯 권이나 냈지만, 돈이 거의 바닥날 때까지 아이 디어를 내다가 내키면 시도해버리는 식이거든요.

하지만 그것으로 만족한다고 해야 할까, 그런 마음이 재산이 되었습니다. 출간한 책이 어느 정도 팔리면 확실 히 수입이 되긴 하겠지만, 그 돈은 다음에 또 무언가를 시 도하기 위한 여유 자금으로 남겨둔 채 좀 더 고민하면서 재미있는 일을 기획하고 싶어요. 결국 돈은 모으지 못했지만, 그런 시도들이 결과적으로 사람들을 불러들이게 되었죠.

나카무라 씨의 계획이 틀렸다는 말이 아니라, 제 경우에는 책방의 내용물을 사람들에게 발신하면서 이벤트도 하고 책도 만들어서 최종적으로 이 숫자가 되었다는 뜻입니다. 그렇기 때문에 책방의 내용물이 우선이랄까, 스피릿이 우선인 거죠. 정신론에 가까운 이야기이지만, 앞으로 책방이라는 직업은 비즈니스 모델이 있어서 시작하려는 사람이 아니라 그러한 삶의 방식을 추구하고 싶고 좋아하기 때문에 하려는 사람에게만 추천하고 싶어요.

최근 청년들 중에도 헌책방을 하고 싶다거나 헌책방 운영을 꿈꾸며 앞으로 여러 공부를 한 뒤 가게를 차리고 싶다는 사람이 저를 찾아오지만, 그런 사람에게는 그다지 추천하지 않습니다. 처음에는 판매할 만큼의 장서를 가지고 있는지, 그것의 어떤 점이 좋은지, 무슨 책을 가지고 있는지, 그러한 질문을 하죠. 앞으로 공부한다고 해도 별다른 소용이 없는 데다, 아무리 좋은 조건에 돈까지 있다 하더라도 장서를 갖추지 않은 상태에서는 하지 않는 편이 좋다고 생각하니까요.

이벤트를 할 때도, 헌책방의 장서 이야기와 마찬가지로 자신에게 재고나 모아놓은 재산, 인맥이 없다면 역시 불가능합니다. B&B 책방은 도쿄라는 유리한 지리 조건이 있기 때문에 교통비 없이 게스트를 부를 수 있지만, 교토나 다카마쓰에서라면 우선은 자신의 연고를 이용하게 되죠. 이벤트는 책의 매입처럼 이루어지는 일이 아니라서 아무런 관계성도 없이 게스트를 초대하면, 사업상의 이해 관계가 되고 맙니다. 만약 서로 지인이고 내부적으로 연결이 되어 있다면, 결과야 어찌 됐든 힘들진 않아요. 왜 이 가게에서 이런 이벤트를 하는지 설명하기도 쉽고, 상대도 이 가게의 이벤트에 참여한다는 점에서 의미를 찾게 되니까요.

어쨌든 제 방식은 일단 책방의 내용물이 먼저라는 겁니다. 혹시 나카무라 씨는 책방에서 근무했던 경력이 있나요?

나카무라_ 3년 정도 나고야 외곽에 있는 대형 서점에서 매장 관리를 했습니다. 하지만 관리 중심이었기 때문에 서가의 큐레이션에 대한 경험이 부족해요.

호리베__ 숫자의 세계에서는 잘 해나가면서도, 콘셉트가 잡히지 않는 책방은 꽤 있습니다. 신뢰도 마찬가지죠. '이 사람, 유명하진 않지만 재미있을 것 같으니 우리 가게에 초대해보자'라는 식으로 정서 면에서 연결된다거나, 그러한 연결 고리가 우회하여 가게의 브랜드가 되기도 합니다.

이벤트 같은 경우도, 저는 딱히 돈을 벌 생각보다는 책방을 홍보할 목적으로 개최하고 있습니다. 이벤트가 끝난 뒤 저와 아내 모두 뒤풀이에 가기라도 하면 이익은 거의 남지 않아요. 하지만 작가님과 친해질 수 있는 데다 다음에는 이런 기획을 해보자는 식으로 관계를 이어갈 수도 있으니, 이벤트를 꾸준히 함으로써 발신이 가능한 거죠.

숫자 속에 있는 의미의 세계를 잘 파악해나가는 일이 중요합니다. 미의식이나 가치관 같은, 숫자로는 이뤄내지 못하는 부분이 상당히 있으니까요.

축적된 시간은 가게의 재산이 된다

우치누마_ 나카무라 씨의 스피릿에 대해서도 무언가 보여주면 좋을 것 같군요.

나카무라_ 아내의 취미도 있긴 한데, 전 평범한 문과 계 타입으로 소설을 좋아하고 영화도 좋아하고……. 음악 같은 경우는 싱어송라이터 쪽을 선호하는데, 예를 들면 레너드 코헨(캐나다의 싱어송라이터이자 시인-옮긴 이)을 좋아해요. 영화도 이것저것 좋아하지만, 특히 고전 할리우드 영화를 선호합니다.

호리베_ 스튜디오에서 찍던 시절의 영화 말이죠?

나카무라_ 맞아요. 행복이 넘치는 느낌을 좋아하거든 요. 영화나 음악도 그렇지만 비평도 좋아하는데, 예를 들면 나가에 아키라 씨의 《비평의 사정》에 실린 것과 같은 비평가들의 책을 좋아합니다.

소설은 가리지 않고 읽고, 특히 영국 문학을 가장 많이 읽어요. 그릇이나 가구, 도에 같은 분야도 좋아해서 그러한 감성을 표현해나가면 좋을 것 같아요. 이러한 취향들이 결합된 느낌의 가게를 운영하고 싶어요. 일상과 밀접한 유형이랄까요, 따스한 면이 있으면서도 그 이상의 무언가가 존재하는 듯한, 투박한 느낌도 지닌 가게를 만들고 싶습니다.

호리베＿ 취미가 좋다고 할까, 균형이 잘 맞으니 다카마쓰에도 이러한 취향을 추구하는 사람은 있으리라 생각해요. 다만, 책 이외에 들여놓고 싶은 상품의 셀렉트 역시 중요합니다. 그러한 상품을 책과 어떻게 조합할지 말이죠.

셀렉트도 지금은 포화 상태라고 할 수 있어요. 셀렉트한 상품을 통해 무언가를 보여주는 시도는 어디든 하고 있으니까요. 어느새 히에라르키(상하 관계가 엄격한 피라미드형 계층 구조-옮긴 이) 같은 구조가 만들어져서 '이것이 좋은 상품'이라는 공통 항목이 생기면, 그 순간 시시해지기 마련입니다. 죄송한 말씀이지만 좀 전에 나카무라 씨가 말씀하셨던 것들은 자본이 있고 연출자가 관여한다면 누구든 가능한 일일지도 모르죠.

따라서 그렇게 세련된 가게보다는, 이제까지 나카무라 씨가 거듭 쌓아온 경험이나 다카마쓰에 살면서 맺은 그 지역의 인연이 오롯이 담긴 흥미로운 가게를 만든다면, 결국 사람들이 일부러 찾아오게 되리라고 생각합니다. 역시 축적된 시간이 담긴 무언가가 있으면 좋을 것 같은데요.

나카무라＿ 본가는 가가와현이지만 대학 시절부터 계속 나와 살았던 탓에 현재 고향에는 인맥이 거의 없어요. 거기다 서가의 큐레이션도 거의 제로부터 시작해야 하고…….

호리베＿ 그렇다면 앞으로 가게를 꾸려나가는 기간을 경력으로 쌓아가면 되겠죠. 가게를 만든 시점에서 완성이라는 생각을 하지 않는 자세가 제일 중요합니다. 바로 결과를 바라지 않은 채, 아무런 반응이 없더라도 계속 이어갈 수 있는 동기라든가, 노력 자체를 즐거워한다든가, 좋아하는 것을 점점 갱신해나간다든가, 그러한 자세가 가장 중요해요.

오랫동안 가게를 운영하면서 자신만이 축적해온 시간이 가게의 내용물이 되어가는 일은 분명히 재미있습니다. 느닷없이 처음부터 재미있는 가게라면, 점주가 색다른 취미를 가지고 있거나 다양한 분야를 좋아하는 사람이 운영하는 경우가 대부분이죠. 나카무라 씨는 비교적 완만한 느낌이기 때문에, 어찌 됐든 꾸준히 이어가기만 한다면 곧 생업이 되리라 생각합니다.

손님과 어울리는 법

나카무라＿ 구체적인 질문을 드리면, 손님의 남녀 비율이나 외부에서 온 사람과 재방문하는 사람의 비율은 어느 정도인가요?

호리베＿ 책을 구입하는 손님은 연배가 있는 분들이 많습니다. 관광객에도 두 부류가 있는데, 관광지 중 한 곳으로 생각하고 방문하는 사람은 일단 구입을 안 하죠. 멀리에서부터 일부러 책을 사러 오는 손님은 있는데 그런 분은 금방 알아볼 수 있고, 고객 단가는 비교적 높은 편입니다. 교토라서 학생은 많은데, 그들은 거의 책을 사지 않아요.

세이코샤의 월 매출 210만 엔은, 대부분 어른 손님이나 일부러 멀리서 와준 손님들에 의존하고 있습니다. 가게 근처를 지나다니는 사람을 주요 타깃으로 삼는다면 상당히 힘들지도 모르죠.

나머지는 가게 혼자만의 힘이 아니라 동네 사람의 힘도 있습니다. '동네'라는 추상적인 말을 사용했는데요, 전 그런 느낌이라고 생각해요. 교토의 특이점은, 협소한 데다 산으로 둘러싸여 있으며 도쿄를 싫어하고 유행에 흔들리지 않는 면이 있어서 독자적 문화가 조성되기 쉽다는 겁니다. 그 내부에서 착실히 순환하며 만들어진 문화가, 결과적으로 외부 손님을 끌어모은다고 생각해요.

예를 들면 정치의 경우 한 세대나 한 표 자체가 굉장히 커다란 의미를 갖지만, 문화는 혼자서 해낼 수 있는 무언가가 아닙니다. 몇 세대를 거치면서 시간을 들여야만 이룰 수 있기 때문에, 무언가를 시작했다고 해서 금방 변화가 있다든가 곧장 피드백을 줄 수 있는 부문이 아니라는 거죠. 좀 더 오래 지켜봐야 할 이야기랄까요.

나카무라 씨가 책방을 시작하여 다카마쓰의 문화가 바뀐다고 가정했을 때, 가게가 생긴 지 4~5년 만에 그러

책방 루누강가의 내관

한 변화가 일어날 가능성은 없습니다. 계속 배우고 깨우쳐야 하고, 어쩌면 다음 세대 이후에나 책방이 다양한 영역으로 조금씩 확대해나갈지도 모르죠. 타인에게 직접 영향을 끼치는 일은 불가능할지라도, 그러한 곳에서 성장한 사람이라면 장소에 애착을 가지고 내 고장의 문화를 흡수했기 때문에 더욱 고장의 문화를 바꾸는 일이 가능할지도 모른다는 생각이 들어요. 빠른 변화를 바라지 말고 긴 안목으로 내다봐야 합니다. 저희 책방도 이제 겨우 1년이 지났는데요, 1주년이니까 무언가를 해보자는 식의 사고는 하지 않습니다. 몇십 년이든 계속 책방을 이어가는 일이 중요하다고 생각합니다.

웹 사이트의 효용

나카무라＿ 웹 사이트에서 판매도 하고 계신데요, 웹에 게시하거나 게시하지 않는 기준이 있나요?

호리베＿ 소량 부수밖에 만들지 않는 책처럼 구입하기 힘든 상품을 많이 게재합니다. 하지만 그러한 상품은 한정되어 있기 때문에 역시 균형이 중요해요. 외국 서적만 올리면 외국 서적 전문점처럼 보이기 쉬운데, 그러기는 싫으니까요.

웹 사이트는 잡지와 비슷한 느낌입니다. 자신이 봤을 때 흥미로워야 하죠. 조금씩 태그를 붙여가다가 유독 한 태그가 많다고 느껴지면 다른 태그를 더 늘려가요. 잘 팔리지 않더라도 좀 더 고정 상품을 출시해보자는 식이죠. 인기 상품을 척척 내놓는 직접적인 비즈니스 모델에서는 한참 돌아가는 길이지만, 팔리지 않아도 균형을 맞추기 위해 전체를 보는 겁니다.

인터넷 사이트는 검색을 통해서 접속하는 사람이 많기 때문에, 검색하면 바로 책방 사이트가 뜨도록 하는 것이 가장 빠른 지름길입니다. 즉, 시중에서 구입하기 힘든 상품을 올리는 것은 기본이에요. 단지 그 상품만 찾으러 오는 손님보다도, 사실 저는 사이트 전체를 봐주는 손님을 대상으로 합니다. 검색하면 이 사이트가 바로 떠서 주문이 몇백 건이나 들어오니 좋다는 식이 아니라, 웹 사이트 자체도 가게의 이미지를 만드는 수단의 하나로 생각하고 있어요.

통판 같은 경우, 상품의 수가 많아질수록 통합해서 팔기 쉬워져서 고객 단가가 오르기 때문에 매출이 늘어나는 추세입니다. 가게 매출은 막 오픈했을 때가 제일 좋았고, 지금은 조금 안정된 상태라서 계획대로의 숫자를 어떻게든 유지해나가고 있는 실정입니다.

'장사가 잘되는 가게'가 아니라
'좋은 가게'

나카무라__ 통판 외에도 매장에서 잘 팔리는 종류의 상품 같은 게 있나요?

호리베__ 특정 종류에 치우치지는 않습니다. 이벤트가 결정된 경우 해당 이벤트의 정보 관련 상품이 주목을 받으며 잘 팔리지만 한편으로 세이코샤의 오리지널 상품을 내놓으면 그것 또한 잘 팔리는 식으로, 손님에 따라 관심 분야가 다르니까요.

저희 책방은 의식을 해가며 큐레이션을 합니다. 특정 장르만 눈에 띄게 만들어놓으면 다른 상품은 배경이 되고 마니까요. 팔리지 않더라도 끈기 있게 추진하는 상품도 있습니다. 그중에서 '우리 가게 손님은 이러한 경향이 있었지' 하는 상품은 관련 서가를 조금 확장하기도 해요. 손님과 줄다리기를 하는 거죠.

물론 잘 팔리는 책은 있는데, 그것도 매일 바뀝니다. 그러한 부분은 현장에서 계속 주시하면서 파악하는 묘미랄까, 경험인 거죠. 마케팅으로는 불가능하지만 가게를 지키고 있으면 금세 느낄 수 있습니다.

다만, 너무 거기에 영향을 받다 보면 자신이 좋아하는 분야와는 전혀 다른 상품만 잘 팔린다고 느끼기 쉬워서,

자주 바뀌는 것도 좀 그렇더군요. 절반은 타협하고, 양보가 안 되는 부분은 발신을 합니다. 인기 상품에 끌려다니면서도 다른 상품에 대한 발신도 계속 이어가는 것이 '좋은 가게'의 조건이죠.

그러다 보면 '장사가 잘되는 가게'가 아니라 '좋은 가게'를 만들고 싶어져요. '장사가 잘되는 가게'라는 건 숫자의 세계여서, 그것을 좇다 보면 자신이 하고 싶었던 세계는 사라지고 말아요. 결국 어느 쪽을 지향할지가 관건입니다.

앞으로의 책방에서는 '장사가 잘되는 가게'라는 건 성립하지 않으리라 봅니다. '좋은 가게'로 존재하면서 무언가를 계속 이어가는 것이야말로 앞으로의 책방이 지녀야 할 참된 모습이라고 생각해요. 인기 상품을 늘려가며 장사가 잘되는 책방이 되었다 치더라도, 취급하는 상품이 복제품인 만큼 어디에서든지 판매 가능하기 때문에 거대 자본에게는 이겨낼 재간이 없어요. 좋아하는 상품이나 특별한 상품, 연관성이 있는 상품을 갖추고 있어서 한 번쯤 방문해보고 싶어지는 개성 있는 책방인지 초대형 자본이 운영하는 책방인지를 비교하는 양극단적인 이야기가 되고 맙니다. 초대형 자본이 운영하는 책방은 결국 Amazon밖에 없기 때문에, 그러다 보면 현실의 서점일 필요도 없이 그저 정보를 검색만 하면 그만인 상황이 오고 말죠.

쌓아온 행적의 무게

나카무라__ 호리베 씨도 오픈 당시에는 500만 엔 정도 빌리셨다고 들었는데, 저도 가능하다면 대출을 받는 쪽도 검토하고 있습니다. 어떻게 하면 돈을 빌릴 수 있을까요? 현재 계획서를 가지고 금융 상담을 받으러 가면 대출은 어렵다는 이야기를 듣기 때문에, 애초에 150만~200만 엔이란 매상이 현실적인지 아닌지 의문이 들 정도예요.

호리베__ 아마도 나카무라 씨의 현재가 아니라 지금까지의 상황을 바라보기 때문일 겁니다. 경력을 말하는 거죠. 무언가 경력을 쌓거나 계속 이어오는 것은, 비즈니스 측면에서도 굉장히 중시된다는 걸 깨달았습니다. 전 나카무라 씨의 자료처럼 제대로 된 계획서는 없었지만 제가 쓴 책이나 각종 매체에 실린 기사, 웹 사이트 등을 어필했어요.

우치누마__ 그러고 보니 확실히 나카무라 씨는 서점에서 일한 경험까지 있는데, 자료에는 그 부분에 대한 정보가 거의 없군요. 부인께서도 지금 서점에서 근무하고 계시잖아요.

호리베__ 경력에 대한 내용은 써두는 편이 좋습니다. 두 분 모두 관련 업종의 일을 계속 해오고 있으며, 앞으로는 직접 그러한 가게를 운영하고 싶다는 식으로 말이죠.

직거래로 책방을 시작하려면

나카무라__ 세이코샤의 웹 사이트에 직거래 파트너 목록을 올리셨는데, 거기에서 더 늘어났다고 들었습니다. 어떤 곳이 늘었나요?

호리베__ 직거래의 경우, 웹 사이트를 갱신하지 않을 뿐이지 꽤 늘어났습니다.

나카무라__ 매입하고 싶은 책이 있을 때마다 거래처를 늘려가는 건가요?

호리베__ 네. 원하는 책을 한꺼번에 매입하고 싶은 출판사들요. 가끔 한두 권을 주문하는 정도라면 제안해봤자 상대의 기대에 부응하지도 못하는 데다 상대를 귀찮게 하는 느낌도 들고 특별 취급을 받게 되니까요. 그건 싫습니다. 상대 역시 확실하게 이점이 있다고 느꼈으면 해요. 적어도 10~20종 정도의 책을 사고 싶은 출판사와는 직거래로 하고 그 이하인 경우에는 마진이 적더라도 중소 중개 회사에 부탁하기 때문에, 이익률 30%를 유지하기란 꽤 힘듭니다. 실제로는 28% 정도일 거예요. 다만, 공급률이 60%인 리틀 프레스도 많아서 확실히는 잘 모릅니다.

마진이 적으니 그만두자는 식이 아니라, 결국 책방에 구비해놓고 싶은 책을 매입하자는 식입니다. 책방 서가를 꾸미려면 역시 배제할 수 없는 부분이니까요. 숫자 속에는 여러 모순이 섞여 있어서 숫자로는 손해를 보더라도, 심적으로는 이익을 본 기분이 들 때도 있습니다. 오히려 숫자의 세계에서는 불가능한 점이 책방의 개성이 되기도 하니까요. 돈을 벌지 못하더라도 좋아서 하는 일은, 남들이 따라 하지 못합니다. 그런 일들을 차근차근 해나가다 보면 사람들은 차츰 끌리게 되는 법이죠.

자금 마련의 어려움

나카무라__ 처음 초기 재고를 갖췄을 때 지불을 1년 뒤에 하기로 하셨다고 들었는데, 최근 계약한 출판사와도 같은 방식으로 계약을 체결하셨나요?

호리베__ 아뇨, 그건 첫 번째 거래에만 그랬고 그 후에는 전부 바로 매입하고 있습니다. 결과적으로는 처음 서가에 진열했던 상품을 반년 후에 사들인 것이므로, 솔직히 당시에는 자금 순환이 힘들었어요. 지쿠마쇼보나 가와데쇼보신샤의 책이 잘 팔리니 전부 사겠다고 하면, 반년 후에 일정량의 청구서가 우르르 밀려옵니다. 겨우 지금은 지불이 대부분 끝났어요. 1년을 들여서 제로부터 재산을 만든 셈이죠.

우치누마__ 정산은 조금씩 했나요?

호리베__ 3개월마다 정산하는 식이었어요. 반년 후 지쿠마쇼보, 가와데쇼보신샤, 헤이본샤 등의 책은 90%가 팔렸고 추가분은 매입하는 상황이었기 때문에, 설령 다른 상품이 조금 남아 있다 하더라도 1년이 지난 시점에서 전부 사들였습니다. 소규모 매체나 이벤트를 통해 일시적으로 취급했다가 드물게 반품한 물건도 있었지만, 초기에 서가를 꾸미기 위해 일반 출판사로부터 매입한 물건 중에 반품한 건 없었어요.

우치누마__ 한 바퀴 돌았으니 일단 정산은 하자는 식이로군요.

호리베__ 맞아요. 얼마나 팔렸는지 목록으로 확인한 뒤, 아직 정산되지 않은 부분은 전부 청구해달라고 요청하면서 조금씩 정산해왔습니다. 1년이 지난 지금은 위탁으로 시작했던 상품은 전부 지불이 끝났어요.

11월과 12월이 바쁘기 때문에, 지쿠마쇼보와 가와데쇼보신샤 두 곳에만 10월에 한 번 더 위탁으로 크게 매입을 부탁해서 책을 두 상자씩 들여왔어요. 제가 책을 두 권 냈는데 그 두 권의 출판 비용만으로 120만~130만 엔을 지불한 탓에 그 달 경비는 여유가 없었지만, 그래도 책은 보충해야 했기 때문에 그 두 출판사에만 부탁을 드렸죠.

우치누마__ 일시적으로 자금을 마련하기 위한 방법이었군요.

호리베__ 책 한 권을 만드는 데 중고 경차 한 대를 살 만큼의 비용이 드는데, 저는 그 일을 1년에 다섯 번 했으니까요.

우치누마__ 그래서 한꺼번에 이 정도 매입할 테니 이번에는 위탁으로 해주십사 개별적으로 교섭하셨다는 말씀이군요.

호리베__ 그 부분에 대해서는 제대로 인사를 드리러

갔습니다. 덕분에 1년을 잘 보냈으며 이번에는 이러이러한 이유로 잘 부탁드린다는 식으로 말이죠.

위탁의 경우, 1년 정산으로 해서 "다시 위탁으로 하셔도 됩니다. 오히려 위탁으로 하시는 건 어떠세요?"라고 처음부터 말해주는 곳도 많았습니다. 다만, 조금이라도 조건이 좋다면 바로 매입하는 편이 낫다는 생각으로 교섭을 진행했죠. 위탁이지만 반품할 필요가 없을 만큼 판매 실적이 좋았기 때문에, 상대방도 위탁에 대한 거부감이 사라진 것은 아닐까 생각해요.

물론 책을 다섯 권이나 만들지 않았다면 400만~500만 엔 정도는 남아 있었을지도 모르지만, 오히려 책을 만들었기 때문에 화제가 된 측면도 있습니다. 결국에는 계속 같은 일을 하고 있다는 생각이 들어요.

가게를 운영하는 방법

나카무라__ 호리베 씨는 부인과 두 분이서 어떤 식으로 가게를 운영하시나요?

호리베__ 근무 시간표 같은 건 없습니다. 순전히 서로 의논해서 정하죠. 하지만 이건 기질이랄까 성격 문제 같아요. 정확하지 않은 건 싫다든가 하는 거 말이죠. 저희는 다행히도 둘 다 감각적인 사람이라, 이 날은 일했으니까 이 날은 쉬게 해주라는 식입니다. 기본적으로는 제가 가게를 도맡아 하는 걸 전제로 하기 때문에, 보통은 가게에 나와주었으면 하는 날에 아내에게 부탁하죠.

전 밖으로 일하러 나가는 게 아니니까 가능한 거예요. 가게도 아내 친구나 서로가 아는 친구들이 오기 때문에, 가게에 나와 있다 해도 거의 사생활에 가까운 상태입니다. 매일 누구든 지인이나 친구는 오니까요. 이벤트를 할 때는 기본적으로 둘 다 나옵니다. 물론 혼자 할 때도 있고요.

우치누마__ 가끔 아르바이트를 고용하기도 하시죠.

호리베__ 화요일에 아르바이트를 쓰는데, 그건 지금도 마찬가지예요. 아내와 함께 쉬기 위해서입니다.

우치누마__ 예를 들자면 화요일을 정기 휴일로 하는

방법도 있을 텐데, 책방은 매일 열어둬야 한다는 생각에
서 그렇게 하시는 건가요?

호리베__ 맞아요. 한편으로는 무언가 매상이 있다면
열어두자는 생각이에요. 아르바이트에게는 일당 8천 엔을
지불하는데, 30%의 마진에서 하루 매상이 3만 엔밖에 없
을 경우에는 거의 남는 게 없는 셈이죠. 하지만 매월 나가
는 돈이 있으니 가게를 열어두는 날에 3~4만 엔의 매상이
들어오는 것만으로도 전혀 다르게 느껴져요. 매상이 없으
면 매입도 할 수 없으니까요. 이익이 나지 않더라도 책을
회전시키는 편이 좋다는 겁니다.

반품은 하지 않는다

우치누마__ 그건 세이코샤만의 독자적인 사고방식일
지도 모르겠군요. 대형 중개 회사와 위탁으로 거래하는
경우, 지불이 힘들면 반품으로 조절할 수 있다는 생각도
할 법한데 말이죠.

호리베__ 저희 책방에서는 반품은 하지 않아요. 애초
에 지불을 반품으로 조정할 수 있다는 것 자체가 이상한
겁니다. 그건 당연히 비정상적이에요. 책이 돈으로 환산돼
버리는 거니까요. 그렇게 되면 책 고유의 존재성이 사라
져버린다고 해야 할까요.

나카무라__ 반품하지 않는 게 원칙이라면, 일상에서
책이 더러워지거나 했을 때는 어떻게 하시나요?

호리베__ 반품률이 낮으면 최악의 상황에는 처분해도
좋고 헌책방에 팔아도 좋다고 생각합니다. 게다가 책은
모두 직접 고르기 때문에 팔리지 않는 책은 있더라도 서
가를 꾸미는 데 쓸모없는 책은 없어요. 전부 의미가 있어
서 매입하는 거니까, 맥락을 만들기 위해서 팔리지 않더
라도 진열해둘 필요가 있는 책은 존재합니다. 그 책은 상
태가 나빠지더라도 옆에 놓인 책은 팔립니다. 즉, 비품처
럼 생각하면 되는 거죠.

직거래의 장점

우치누마__ 출판사와 직거래를 할 때 계약서 형식이나 기준이 있나요?

호리베__ 70%로 매입해서 월말 정산하고 지불은 익월이 기본입니다. 배송료는 출판사마다 다른데, 예를 들면 최저한의 주문 부수가 있다면 알려달라고 하면 됩니다. 공급률과 지불 기간, 배송료에 대해서 처음에 계약을 하는 게 전부입니다. 규모가 큰 거래에 대해서는 서로 각서를 교환하기도 해요. 각서라고는 해도 이름을 쓰고 도장을 찍어서 각자가 한 부씩 보관하는 정도입니다. 수입 인지를 필요로 하는 곳은 많지 않아요.

우치누마__ 예를 들면 공급률을 70%가 아닌 75%로 해달라고 요청받은 경우에는 어떤 식으로 대처하나요?

호리베__ 직접 부탁하는 단계에서는, 어떻게든 가게에 비치하고 싶은 책이니 75%라도 받아들이는 경우는 있습니다. 반대로 취급해주길 원한다는 오퍼가 오는 경우도 있는데, 비치하고 싶은 책이 적어도 열 종 정도 있는지 없는지를 기준으로 합니다. 열 종이 안 되면 출판사 측도 그 나름의 금액이 안 되니까요.

나카무라__ 처음에 책을 구비할 때 출판사에 어떻게 접촉하셨나요?

호리베 주요 출판사는 일단 메일을 보내고 약속을 잡은 뒤 직접 방문합니다. 출판사 몇 군데와 거래가 성사되면 나머지는 어린이문화보급협회(423쪽 참조)를 통해 어떻게든 해나갈 수 있을 거라고 생각했어요. 가게 체제를 유지하며 발신을 계속 해나간다면 직거래에 대한 생각은 분명히 바뀌리라는 확신이 있었습니다.

그 확신이 갑자기 생긴 것은 아닙니다. 현재 출판사에서 그러한 움직임을 보이고 있거든요. 미시마샤, 나쓰하샤 같은 자그마한 출판사가, 당연하다는 듯 소규모로 바뀌어가는 모습은 눈에 보일 정도로 드러나고 있죠. 게이분샤에 다니던 시절에도 직거래는 제법 해왔고, 여러 면에서 어느 정도는 지금껏 해왔던 일의 연장입니다. 물론 제로부터 시작하는 부분도 많아요. 계속 해나가다 보면 경험이 되고 스킬이 된다고 생각합니다.

매장의 상품을 구입하길 바라는 마음

우치누마__ 손님이 주문할 경우에는 어떻게 하시나
요?

호리베__ 손님의 주문에 대해서 적극적으로 발신하지
는 않습니다. 주문이 있을 때는 다양한 루트를 이용해서
받고 있는데, 경우에 따라서는 Amazon을 통해 상품을 들
여와서 이익이 제로일지라도 팔고 있어요. 주문을 받을
수는 있지만 시간이 걸리기 때문에 추천하지는 않습니다.

손님이 주문하는 것, 즉 원하는 상품을 사려면 누구든
Amazon을 통해 주문할 수 있잖아요. 따라서 Amazon을
의존해서는 안 된다고 생각합니다. '책을 찾으러 오는 게
아니라 가게에 있는 책을 사주길 바라는 마음'으로 이어
가다 보면, 그런 손님이 찾아옵니다.

모두에게 노상 좋은 얼굴만 보여줄 수도 없고 애초부
터 자신의 가게 규모에서 전부 수습한다는 건 불가능합니
다. 상품을 골고루 갖추었을 때의 이점을 좇기 시작하면
단순히 자본이나 면적의 차이에서 결정되기 때문에, 이쪽
에서는 이겨낼 재간이 없어요. 결국 사고방식을 완전히
바꾸지 않으면 안 된다고 생각합니다.

'자택 겸 점포'라는 생활 방식

나카무라__ 가게를 시작해보니 '예상과 다른 점'은 있나요?

호리베__ 글쎄요, 경영상으로는 상상했던 그대로입니다. 임차료를 줄일 수 있기 때문에 1층은 가게로 2층은 주택으로 사용하고 있는데, 점포 2층에 산다는 게 '더 골치 아프진 않을까', '더 스트레스가 쌓이진 않을까' 하는 생각은 했지만 의외일 정도로 아무렇지 않았습니다.

나카무라__ 오픈한 뒤 '이건 더 준비해두었으면 좋았을걸' 하는 부분은요?

호리베__ 거의 없는데, 수납 공간이 점점 필요해지긴 합니다. 기본적으로 재고는 두지 않으려 하는데도 주거 공간에 재고가 가득 놓여 있어요. 불량품 같은 것도 있긴 하지만, 서가에 진열해보고 안 팔려서 빼놓은 게 아니라 자리가 없어서 보관해둔 거죠.

우치누마__ 가게 위층에 사는 게 생활과도 잘 맞나요?

호리베__ 어찌 됐든 편해요. 혼자 가게를 지키고 있어도 꼼짝 못하는 건 아니니까요. 사생활과 바로 이어져 있으니 마음이 편합니다. 둘이서 일할 경우에는 휴식도 가능하고요. 통근하는 느낌이 없기 때문에 빨리 집에 가고 싶다는 생각도 안 듭니다. 영업 중에는 위에서 느긋하게 있을 수 없다는 점은 있지만요.

우치누마＿ 휴일은 있는 편이 좋은가요? 일주일에 한 번 아르바이트를 고용하고 그날은 쉬시는데요, 극단적으로 말하면 전부 혼자서 영업하는 것도 불가능한 일은 아니니까요.

호리베＿ 제가 계속 가게에 있으면 좀처럼 가게 분위기가 바뀌지 않을 것 같아요. 그리고 인풋을 위해서라도 외출은 중요합니다.

하지만 기본적으로 외출도 일이라 할 수 있어요. 밖에 나가지 않으면 새로운 책은 뭐가 나왔는지 점점 판단할 수 없거든요. 직접 책을 보지 않아도 평소 다양한 것을 보는 건 중요하기 때문에, 가게를 운영하면서 밖에 나가보지 않는다면 이 일을 계속 해나가긴 힘들 거란 생각이 듭니다. 다른 책방에는 거의 가지 않지만, 새로 생긴 음식점 같은 곳은 좋아하기 때문에 자주 갑니다.

우치누마＿ 다른 책방에는 왜 거의 가지 않나요?

호리베＿ 대형 서점은 가는데, 가게 운영에 참고하기 위해 작은 책방에 가는 경우는 드뭅니다. 제가 작은 가게를 하고 있기 때문이기도 한데, 모든 책이 있는 공간에서 책을 고르고 싶어서 책을 살 때는 대형 서점에 갑니다. 마케팅을 위해서도 다른 책방을 살펴보고 싶진 않아요. 오히려 다른 업종의 가게에서 흥미로운 부분을 찾아보고 상품 정보는 대형 서점에서 다양한 책을 보며 스스로 판단하고 싶어요. 다른 책에 대해서는 '책방'보다도 '책의 내용' 쪽에 흥미가 있으니까요.

어른 같은 손님과 아이 같은 손님

나카무라__ 구매하는 쪽은 연배가 있는 손님이라고 말씀하셨는데요, 젊은 사람은 책을 안 사나요?

호리베__ 물론 사는 사람도 있지만, 비교적 적습니다. 하지만 그런 손님을 소중히 여겨야 하죠.

나카무라__ 연령층은 각각 어떤 느낌인가요?

호리베__ 모호한 대답일지도 모르지만, 저는 그런 식으로 상대를 인식하지는 않아요. 숫자 같은 걸로 분류하지는 않고……. 예를 들면, 열여덟 살이라도 행동거지가 '어른' 같은 경우도 있어요. 하지만 사진을 찍으면서 가게에 들어온다든가, 여럿이서 시끌벅적하며 들어온다든가 하는 사람들은 대체로 '아이' 같아요. 비교적 성숙한 젊은 사람이 있기도 합니다. 그중에는 학생도 있죠.

우치누마__ 지금의 이야기와 관계있는 질문인데, 아까 '구매하는 쪽은 연배가 있는 분'이거나 '멀리서 오는 사람'이라고 말씀하셨는데요. 물건을 사지 않는 젊은 사람이나 관광 명소 중 한 곳으로 여겨 방문하는 사람은 감정적으로 '솔직히 오지 않았으면 좋겠다'라고 생각하는 쪽인가요, 아니면 '그러한 사람이 온다는 건 꽤 중요한 일이야'라고 생각하나요?

호리베＿ 미묘한 질문이네요. 실제로 '책에 흥미가 없는 사람까지도 왔으면 좋겠다'라는 생각을 많이 합니다. 객관적으로 봤을 때 역시 그러한 사람들이 와주어서 가게가 북적북적한 분위기가 되는 것은 중요하다고 생각하니까요.

현장에 있을 때는 '대체 왜 오는 거야' 하고 생각할 때도 있죠. 가게가 한가한 날에는 굉장히 스트레스를 받아요. 한 시간 정도 가게를 구경하고 있지만 전혀 살 마음이 없어 보이는 사람이나 손을 잡고 들어오는 커플이 있는데, 아무리 봐도 저희 가게 손님은 아니라는 생각이 들거든요. 이건 게이분샤에 있을 때도 느끼던 스트레스인데, 지금의 가게를 시작하게 된 건 그러한 사람들뿐만 아니라 어느 정도 책방의 문턱을 높이기 위해서였습니다.

하지만 그것도 정도에 따라 다르겠죠. 그런 사람이 너무 많아지면, 차분히 책을 읽으며 서가를 구경하고 책도 사주시며 계산대에서 한두 마디 대화를 나누고 가는 손님이 책방에 있기 힘들어질지도 몰라요. 그렇다고 가게는 한산하고, 정확한 목적을 가지고 와서 책만 구매해 가는 쪽이 좋은가 하면, 또 그렇지도 않습니다.

이건 개인적인 견해이긴 한데, 흔히 그런 사람 있잖아요. 해외의 완고한 책방 주인인데, 손님에게 굉장히 화를 내거나 쫓아버리거나 하는. 그 기분을 무척 이해합니다.

285

"만지지 마!" 하고 말하잖아요. 그걸 한 마디로 좋다 나쁘다 말할 수는 없습니다. 책방의 존재를 알고 찾아와주는 건 기쁘지만 사실 관광지는 아니니까요. 미디어에 노출할 때도 그러한 점에 주의할 필요가 있습니다.

미디어와 친해지는 법

우치누마　 그럼 미디어에 나올 때는 고의로 약간 완고한 느낌이 나도록 연출하기도 하나요?

호리베　 일부러 그런 연출은 하지 않지만, 엉터리 같은 질문을 받으면 하나하나 자세히 설명하는 타입이에요. 어느 정도는 제대로 취재에 응해야 한다고 생각합니다. '추억'이나 '멋'으로 추상화되는 데에 대한 걱정은 있어요.

간혹 취재하는 분이 꾸며낸 이야기를 들고 오면 "저희는 그렇지 않은데요"라고 말합니다. 그런 사람은 사전에 이야기를 만들어두기 때문에 거기에 휘말리는 일은 피하고 싶어요. 그러한 태도가 완고한 느낌으로 표출될 때도 있겠죠. 예를 들어 "가을에 추천하는 책 열 권을 소개해주세요"라는 취재가 들어오면, 처음부터 미리 "가을이라고 해도 추상적이니 이런 느낌의 책으로 소개하게 해주세요"라는 식의 제안을 하는 겁니다.

책방 주인도 편집자

우치누마_ "재미있는 일을 하고 싶다", "재미있으니까 하고 있다"라고 말씀하셨는데요. 이벤트를 하거나 책을 만들 때 '재미'가 먼저라는 말씀이신 거죠. 어려운 질문일지도 모르지만, 호리베 씨에게 '재미'란 무엇일까요?

호리베_ 한 가지 말씀드릴 수 있는 건, '편집'의 재미입니다. 예를 들면 세이코샤에서 이러한 책을 내는 자체가 재미있다든가, 공공의 이미지를 지닌 사람을 다른 단면에서 바라보며 소개하거나, 이런 식으로 장정하니 재미있다든가 하는 식이죠. 즉, 위치 관계에 따른 재미예요.

장르는 무엇이든 상관없어요. 반대로 말하면, 자신이 각각의 상품을 최고로 좋아할 필요는 없다는 겁니다. 예를 들어 가끔은 정치적인 것도 괜찮아요. 그렇지만 정치적인 성향의 책방으로 계속 발신하는 건 재미가 없습니다. 저희 가게에서 한다면 조금 다른 측면에서 시도해보자고 말하는 거죠. 갤러리의 경우도 같습니다.

역시 위치 관계에서 오는 재미랄까요. 순수하게 '이걸 굉장히 좋아해!'라든가, '이런 소설을 좋아해서 이 작가를 소개하고 싶어!' 같은 재미가 아니에요. '이 사람은 굉장한 작가다', '이 사람은 굉장한 화가야' 같은 게 아니라, 그 작가나 화가의 다양한 면을 '편집'하며 재미를 추구하는 겁니다.

우치누마＿ 단순히 '편집'이라고 하면, 굳이 가게를 차리지 않아도 책이나 웹 사이트를 편집하면 되지 않느냐고 생각하는 사람도 있을 텐데요. 지금 호리베 씨가 하시는 일들이 잘 추진된다면, 언젠가 출판이 메인이 될 수도 있다고 생각하시나요?

호리베＿ 아마 그럴 일은 없을 겁니다. 출판이 굉장한 벌이가 되진 않으니까요. 이럴 경우에는 어쩌면 가능성이 있을지도 모르죠. 즉, 책방 일이 어려워졌다거나 출판이 잘된다거나 하면 말입니다. 그건 상황에 따라 달라지겠죠.

하지만 제 안에서는 책을 만드는 일과 책방에서 책을 파는 일이 같습니다. 성격적으로 전 '이것을 굉장히 좋아하고 이게 최고야!'라는 식으로 단정 짓는 타입이 아닙니다. 이것도 좋고 저것도 좋아서 서로 조합해보는 일을 재미있어 하죠. 그래서 '인생의 책 한 권은?'이란 질문을 받으면 곤란합니다. '정말 좋아하는 걸까?'라고 생각하게 되니까요. 이벤트도 하면서 판매도 하고 전시도 하고 책도 만드는 일이, 제게는 '편집'입니다.

그래서 저는 '이건 굉장해!'라는 식으로 일을 진행하지 않아요. 원래부터 친분이 있으니 한 번 해보자는 마음으로 출발하죠. 그렇다고 막 하는 건 아닙니다. 그중에는 그다지 좋아하지 않는 것도 있어요. 그럴 때는 "이런 걸 해 보지 않겠습니까?" 하고 제안합니다. 물론 여력이 있다면 말이죠. 그래서 '편집'인 겁니다. 중심이 없으니 계속 바뀔 수 있죠. 물론 거기에도 감성은 필요하다고 생각합니다. '중심이 있는' 것도 멋있긴 하지만, 전 그게 없기 때문에 편집할 때 균형을 유지할 수 있어요. 편집의 균형은 바뀌지 않지만 그 안에서 다루는 대상과 좋아하는 대상이 점점 갱신되어갑니다.

우치누마_ '중심을 가지고 싶다'고 생각하신 적은 없나요?

호리베_ 있습니다. 가끔 이벤트에 오는 손님 중에 저와 연령대가 비슷하고 '무언가에 푹 빠져 있는 녀석'이 있는데요. 그 친구와 이야기를 나누다 보면, '아, 나도 한 가지 일만 연구하고 싶다'라는 생각이 들기도 합니다. 하지만 제 삶의 방식은 그게 아니니까요.

예를 들면, 이벤트를 정리해서 《코티지의 빅 웬즈데이》(세이코샤의 이벤트 공간인 '코티지'에서, 하나의 테마나 인물을 주제로 매회 초대된 게스트와 대담 형식으로 이야기를 나누며 진행한 토크 이벤트를 모아서 출간한 책-옮긴 이)라는 책을 만들었습니다. 그 책에서는 타모리(일본 코미디언이자 배우이며 진행자-옮긴 이)나 이타미 주조(일본 영화감독-옮긴 이), 무라카미 하루키에 대해 이야기하고 있는데, 아마

추어인 저희들끼리 솔직하게 떠드는 재미로 진행하는 거예요. 전문가 수준이 되면 우열을 가리는 경쟁이 되고 마니까요. 그 선을 넘지 않도록 하고 있습니다.

나눗셈만으로도 경영은 가능하다

우치누마__ 살짝 이야기를 되돌리면, 숫자가 아닌 가치관이나 삶의 방식을 중요하게 여긴다고 말씀하셨는데요. 하지만 점장으로 고용되었던 게이분샤 시절과 달리, 스스로 가게를 경영하면서 결과적으로 비즈니스에 좀 더 신경을 쓰게 되지는 않을까 하는 생각이 듭니다. 1년간 가게를 운영해오면서 점장 시절보다 경영에 대한 감각이 생겼다는 실감 같은 건 있나요?

호리베__ 글쎄요. 하지만 결국 계산하는 방법은 게이분샤 때와 같아요. 원래부터 머릿속으로 계산하길 좋아했습니다. 오늘은 매상이 30만 엔인데 잡화는 이 정도 팔렸고 스태프가 몇 명 있으니 적자구나, 하는 식이죠. 그런 수준의 암산이라면 굉장히 자신 있습니다.

하지만 데이터베이스라든가 엑셀 같은 건 정말 싫어해요. 늘 암산으로 가능한 범위의 일들을 생각하기 때문에 원시적인 장사꾼이나 다름없죠. 돈 계산 같은 건 예전부터 좋아했어요. 본가가 국수 가게를 해서 어린 시절부터 가게 일을 도왔거든요. 섣달 그믐날이니 메밀국수가 굉장히 잘 팔려서 돈도 많이 들어오겠구나. 그런 식으로 생각하길 좋아했습니다.

292

그래서 경영 감각은 원래부터 있었지만, 사업 수완은 전혀 밝지 않아요. 결국, 정밀한 데이터가 필요하게 되는 시기는 좀 더 불필요함을 없애거나 저축을 더 늘리고 싶거나 할 때입니다. '이 정도면 먹고 살기 충분하다', '저 정도는 살 능력이 된다'라는 식으로 계산해왔기 때문에 그쪽은 단련되어 있지만, 그 이상이 넘어가면 불가능합니다. 다만, 균형 감각으로 따지면 게이분샤 시절부터 나눗셈 정도의 감각까지는 쭉 지니고 있었어요. 월급을 받으면서도 '이만큼 일하면 월급은 이 정도가 되는군. 좀 더 노력할 수 있을 것 같은데'라는 식의 생각은 늘 했습니다. '사업'은 잘 모르지만 '장사'는 좋아해요. 나눗셈까지만으로 가능한 장사 말이죠.

재미있는 일 이어가기

우치누마 _ 오픈 당시에는 불안감도 있었으리라 생각합니다. 최근 1년 동안 책을 다섯 권이나 출판하셨는데, '불안하니 그만두자'라든가 '책 한 권 출판하는 걸 포기하고 돈이나 모으자'라는 생각도 할 수 있을 것 같아요. 그런데 그렇게 안 하셨죠. 결과적으로는 책을 출판하는 일이 책방 홍보와 브랜딩으로도 연결되었습니다. 그건 비즈니스, 즉 장사 그 자체이고 선행 투자나 마찬가지라고 생각하는데요. 결국, 공격적인 경영을 하시는 것처럼 느껴지는데 본인은 어떻게 생각하시나요?

호리베 __ 확실히 투자도 있지만, 장사에는 감각적인 타이밍이라는 게 있습니다. '솔직히 지금 책을 내는 건 힘든데'라고 생각하면서도 '어떻게든 극복해보자'라는 생각도 해요. 그건 투자이기도 하고 장사의 흐름을 파악하는 일이기도 합니다. 그렇게 두 가지로 말할 수 있겠네요. 결국 경영 스타일이라기보다는 장사의 흐름을 파악한 결과나 마찬가지입니다.

이야기를 되돌려서, 게이분샤 시절보다 지금이 스스로 재미있어 하는 일을 하고 싶다는 자세가 전면에 드러나 있습니다. 하지만 은밀한 가게를 만들고 싶은 생각은 없어요. 교토의 여러 가게들을 보면서도 그런 생각이 듭니다. 역시 두 가지 측면을 가진 가게들이 있거든요.

예를 들면, 사쿄구에는 굉장히 흥미로우면서도 특이해서 여간해선 부모님을 모시고 갈 수 없는 가게가 있습니다. 밤에는 카운터에 단골들이 모여 계속 술을 마시며 왁자지껄 흥이 오르는 분위기예요. 하지만 라이브 공연도 하고, 카운터 외에는 일반 손님들도 있습니다.

그런 가게들을 여기저기 다니면서 '여긴 아니지만 이 정도의 느낌으로 해보고 싶다'라는 균형 감각은 있습니다. 양쪽 다 있어요. 자신이 발신하는 내용은 사적인 메시지일지도 모르지만, 공적인 부분도 어느 정도는 지니고 싶습니다. 이렇게 두 가지 측면이 모두 필요하다는 사실은 다양한 가게에 가보면 바로 느끼게 돼요.

공유하는 '좋은 가게'

우치누마__ 그 부분은 딱 선을 긋기가 어려울 것 같은
데요. 예를 들면 '이렇게까지 해봤는데도 안 되는 일'이라
는 판단은 어떻게 내리나요?

호리베__ 동료끼리 공유하고 있습니다. 선배가 "아, 그
건 위험한데"라는 식으로 가르쳐줍니다. 저의 생각이 아
니라 선배들로부터 이어받는 거죠. "그 가게 가봤어?" 하
고 물어보면 "거긴 괜찮지"라는 식으로요. 다들 경험을 통
해 쌓아온 정보가 많습니다. 솔직한 것과 예의가 없는 건
다르다든가, 재미있긴 한데 요리가 맛없다든가. 가게를 운
영하다 보면 저절로 알게 됩니다.

당연한 말이지만, 예를 들자면 매일 정해진 시간에 가
게 문을 열지 않으면 안 됩니다. 그러한 규칙을 제대로 지
키지 않는 가게는 아무리 재미있는 곳이라 해도 소용이
없는데요, 그건 장사와는 또 다릅니다. 그리고 지인 이외
의 손님도 꾸준히 와야 합니다. 지인만으로 영업이 된다
고 해도 그건 제대로 된 장사가 아니라 가까운 사람끼리
의 놀이일 뿐이거든요.

따라서 좋은 가게의 가치관을, 자신이 아니라 선배나
동네 사람들 모두의 의견을 참고하며 어떻게든 흡수하는

296

겁니다. "저 술집은 가봤자 굉장히 융통성 없이 응대하니까 재미없어"라는 의견이 나오기도 해요. 고지식하면 재미가 없습니다. 조금은 융통성을 발휘하라고 생각하죠.

왠지 다들 그런 식의 가치관을 조성해가는 느낌입니다. 그건 교토만의 분위기예요. 스스로 발신하는 게 아니라 다 함께 공유하는 거죠.

'적당한' 크기의 경제

우치누마__ 그건 앞서 언급하신 '문화를 만들어가는' 감각과 같군요. 확실히 도쿄에는 없는 부분일지도 모르겠습니다.

호리베__ 도쿄에 없는 건 아니고, 결국은 '포괄하는 방식'의 문제라고 생각합니다. 예를 들면, 아사가야의 안에서만 좁게 본다면 있을 겁니다. 하지만 도쿄는 전부 이어져 있죠. 게다가 선택지가 너무 많아요. 아마 한 지점만 본다면 독자적인 문화는 굉장히 많을 거라 생각하지만, 그곳에서만 완결 짓는 사람은 드물지도 모릅니다.

우치누마__ 아마 대규모 자본이 공격해오는 속도가 너무 빠른 탓도 있을 거예요. B&B가 있는 시모키타자와에서도, 가게를 운영하고 있거나 자주 함께 술을 마시러 가는 사람 중에 시모키타자와 고유의 가치관을 소중히 여기는 이는 많습니다. 하지만 임차료가 점점 오르고 있어요. 사실은 조금씩 조성된 문화에 의해 사람들이 모여들었는데, 주변에 대규모 자본이 들어오면서 내부 사람들이 살 수 없을 만큼 임차료가 오르는 겁니다. 그 때문에 문화가 사라져버린다면 기대하던 사람들도 오지 않게 될지도 모르죠. 동네의 오래된 곳들이 사라지고 새로운 것들이 들어오는 걸 두려워하는 분위기가 있습니다.

호리베_ 도쿄는 회전율이 빠르죠. 그건 분명 절대 수가 많아서입니다. 미디어나 유행을 좇는 사람이 교토의 몇십 배나 되니까요. 그런 상황에서는 결국 사람들에 영향을 받기 마련입니다. 지방 도시이기 때문에 자신의 속도로 움직일 수 있는 장점은 틀림없이 있다고 생각합니다. 그래서 재미있는 가게가 생기는 거겠죠.

앞의 이야기로 다시 돌아가면, '재미있다'는 건 최첨단이나 희귀한 것이 아니라 자기 자신이나 커뮤니티 내에서의 가치관과 관련이 있다고 생각합니다. 타인의 기준에 현혹되지 않는 것이죠. 이 부분은 앞으로 가게를 운영하기 위한 조건으로도 굉장히 중요합니다. 재미있는 사람은 어디에든 있어요. 반대로 도쿄에 살던 재미있는 사람이 지방에서 핵심적인 일을 한다면, 혹독하지 않은 환경 덕분에 꾸준히 이어갈 수 있을지도 모릅니다.

도쿄에서는 규모가 커도 절대 수 역시 많기 때문에 장사가 성립됩니다. 그러나 다카마쓰에서는 커다란 규모의 장사는 힘들 거라고 생각해요. 둘이서 이 정도의 규모와 예산으로 운영하기 때문에 장사가 성립되는 것이고, 그 정도의 가게이기에 가능한 겁니다. 딱 알맞은 느낌이죠.

교토에는 멋진 것이 많아서가 아니라 적기 때문에 서로 공유합니다. 브랜드로서 가치가 크거나 최첨단인 것들은 곧 숫자로 환원되죠. 하지만 자신에게 좋은 것은 사실 모두 상대적이에요. 스스로에게 '딱 알맞은' 감각이죠. 이러한 감각을 이해하는 이는 문학적이고 문화적인 사람입니다. 숫자로 환산하지 않으면 이해가 되지 않는다는 것은, 책을 읽지 않기 때문이에요. 숫자로 표현하는 게 가장 이해하기 쉬우니까요.

소규모로 길게 지속한다

우치누마__ 좀 전에 가게의 매상은 안정된 상태이고 통판은 늘어나는 추세라고 말씀하셨는데요. 가게 안에서 판매를 늘리는 일은 어려운가요?

호리베__ 어렵습니다. 이건 게이분샤에 있을 때부터 그랬어요. '무언가를 하면 반드시 손님이 늘어난다'는 규칙은 없습니다. 이것만큼은 죽도록 노력해도 안 돼요. 아무리 재미있는 가게를 만들었다 하더라도 사회의 영향을 받기 마련이니까요. 젊은 층의 인구가 줄어들거나 정보의 원천이 다른 것으로 보완되는 식으로요. 그걸 통제할 수 있다고 생각하면 가게를 운영하기가 힘들어집니다. 하지만 지금의 규모라면 어떻게든 노력해서 유지할 수 있다고 생각합니다.

우치누마__ 현 상태를 유지할 수 있도록 늘 노력해야 한다는 뜻인가요?

호리베__ 그렇습니다. 현재보다 매상이 오른다면 행운이겠죠. 하지만 더 이상 자신의 노력이나 인과 관계로 매상이 오르는 일은 많지 않으리라 봅니다. 그것이 가능하다면 어느 책방이든 운영하는 데 문제는 없겠죠.

지금의 가게에서 가장 잘한 점은 처음부터 작게 설계

한 것입니다. 큰 규모로 시작했다면 결국 벅찼을 것 같아요. 최저한으로 생각하길 잘한 거죠.

'비즈니스' 차원에서 꾸려간다면 계획이 중요할지도 모르지만, '장사' 정도의 수준이라면 콘셉트나 숫자가 중요하지는 않습니다. 아무리 '제3의 안식처'라 주장해도 현실은 전혀 동떨어져 있기도 하니까요. 애초에 그러한 것을 좋아하는 사람이 가게를 운영하다 보면, 자연스레 언젠가는 그렇게 되는 법이라고 생각합니다.

결과적으로 처음보다도 5년 후, 10년 후에 잘되는 가게가 진짜입니다. 비즈니스적 사고방식은 정반대예요. 계획을 세워서 거기에 도달하지 못하면 가치가 없는 것으로 평가되니까요.

(끝)

제7장

책방을
본업으로
끌어들이기

본업으로 끌어들일 가능성은 있을까

책을 파는 사업은 유감스럽게도 점점 어려워지고 있다. 적어도 앞으로 책방을 시작할 때, 옛날 방식대로 시스템에 의존하는 것은 무모한 일이다. 어려운 현실을 알면서도 앞으로 책방을 할 생각이라면, 가능한 한 '소형화'를 하면서 '곱셈'을 해나가는 편이 좋다. 지금까지 지면이 허락하는 한도 내에서 그 방법에 대해 썼다.

여기까지 읽고, 갑자기 독립해서 책방으로 생계를 꾸려가는 일이 자신에게는 리스크가 너무 크다고 느끼는 사람도 많을지 모른다. 그렇다면 우선 지금의 환경에서 벗어나지 말고, 본업으로 생계를 꾸리면서 부업으로 책방을 시작해보는 편이 좋다. 가능한 범위에서 시작해보고 본업으로 해나갈 수 있으리라는 가능성이 느껴질 때 서서히 바꾸어나가면 된다.

어쩌면 책방으로 생계를 꾸릴 생각은 없고, 어디까지나 사적으로 시도해보고 싶다고 생각하는 사람도 분명 있을 것이다. 자신의 인생 속에서 가능한 범위만큼 조금씩, 누군가에게 '책'의 재미를 알리고 싶다. 장기적으로 '책방'으로서의 활동에 몰두하고 싶다. 이는 바꿔 말하면, '책방'을 라이프워크로 받아들인다는 뜻이다.

라이프워크란 우연히 만난 천직이나 평생을 바치는 사업이라는 뜻으로, 생계를 꾸리는 본업에도 사용한다. 그렇다고 누구나가 라이프워크를 본업으로 삼을 수 있는 것은 아니다. 개인의 삶 속에서 반드시 라이프워크를 본업으로 삼아 생계를 꾸리지는 못하더라도, 오히려 본업으로 번 돈을 써서라도 몰두하고 싶은 일이야말로 확실한 라이프워크이다. '책방'을 라이프워크로 생각한다면, 수익성으로부터 적극 분리하여 생각하는 편이 새로운 형태를 만들어낼 수 있기 때문에 오히려 재미있는 법이다.

그런 식으로 부업이나 라이프워크로 생각한다면, 생계를 위해 현재의 본업은 유지해나가는 상태에서 '책방'을 운영하게 된다. 이때, 본업과 '책방'을 서로 분리하여 별개의 대상으로 인식하는 쪽이 일반적인 사고방식일지도 모른다.

'곱셈'에 대해 설명한 6장의 내용에서도 알 수 있듯이, 책은 무엇과도 궁합이 좋다. 만약 본업으로 어딘가의 기업에 근무하고 있다 하더라도, 그 사업 내용이나 포지션에 따라 자신이 '책방'으로서 하고 싶은 활동을 적절하게 도입할 수 있는 가능성이 있다. 본업이 프리랜서이거나 자신이 조직의 대표인 경우, 적어도 본인에게 결정권이 있다는 의미에서 가능성은 한층 높아진다.

본업에서 과제를 발견하면 이를 해결하기 위한 도구

로 '책방'이라는 아이디어를 생각한다. 아니면 자신이 개인적으로 하고 싶은 '책방'의 형태에 최대한 가까운 무언가를, 본업의 일환으로써 이유를 부여할 수 있는 형태로 조정하며 혼합해나간다. 이번 장에서는 그러한 책방의 모습에 대해 쓰고자 한다.

본업이 무엇인지에 따라 다르며 변형하는 방법도 무한하다. '곱셈'과도 비슷하지만 지금의 경우에는 주종 관계가 반대이다. 어디까지나 본업을 계속 이어간다는 전제가 있으므로, 본업에 '책방'을 끼워 넣고 조정해나가는 접근법이 된다. 어떤 형태든지 '책방' 운영에는 그 나름의 품이 많이 든다. 들이는 품에 비해 책을 판매하여 이익을 창출하기란 일단 어렵다는 사실을 인식하면서, 어떤 과제를 해결하기 위해 책방을 운영하고 있는지 그 이유를 생각해두는 편이 좋다.

본업에 밀착하여 생각하는 이상, 어쩌면 개인적으로 하고 싶은 '책방'에 운 좋게 근접할 가능성은 높지 않을지도 모른다. 그러나 만약 나중에 독립하거나 본업과는 분리된 부업 혹은 라이프워크로 삼는다고 할지라도, 본업을 하면서 책을 다루는 경험을 쌓거나 현실 감각을 파악할 수 있다면 그것만큼 좋은 것은 없다. 일단 애초에 어떤 형태여야 그러한 '책방'이 가능할지를 생각해보자. 상상만으로도 즐거워진다.

여기에서는 되도록 현실에 적용하기 쉽도록, 단순하게 추상화한 가상의 모델케이스를 예로 들어 설명하려고 한다. 그중에는 내가 모를 뿐, 이미 실제로 존재하는 곳과 비슷한 경우가 있을지도 모른다. 일부는 내가 과거에 제안하여 실현시켰거나 그러지 못했던 것, 과거의 강의나 워크숍에 나왔던 안건 중 실현 가능성이 높을 법한 것 등을 바탕으로 하였다. 각각 현재 본인의 본업에 적용하면 어떻게 될지, 회사에 제안하여 본인이 담당자가 될 수 있을지 등을 상상하며 읽어주기 바란다.

고객 유치와 영업을 위해

　우선 생각할 수 있는 형태는 본업의 고객 유치나 영업을 위한 책방이다. 원래 책방은 누구나 가볍게 들어갈 수 있다. 돈을 쓰지 않아도 무언가를 얻을 수 있기 때문에 다른 업태보다도 상대적으로 손님을 모으는 힘이 있다.

　본업이 이미 점포를 구비한 사업이라면, 점포의 일부 공간에서 책을 팔거나 작은 책방을 혼합하는 일은 고객 유치로 연결될 가능성이 있다. 이제까지 매장 안에 들어가기 어렵다고 느꼈을 고객층을 새롭게 끌어들일 수 있기 때문이다. 책 제목을 구경하거나 서서 책을 읽는 일이 가능한 만큼, 손님마다 머무는 시간도 늘어나고 가게에 활기도 생긴다.

　이제까지 점포를 구비하지 않았더라도 특정 대상층을 겨냥한 책방을 만들어서 운영할 수 있다면, 이곳은 예상 고객을 모으는 영업상 거점이 된다. 이때 책방은 신규 고객을 개척할 수 있을 뿐만 아니라 기존 고객을 붙들어두는 역할도 한다.

사례1. 인테리어 숍 한쪽에서 책을 판매한다

인테리어 숍의 한쪽. 의자나 테이블, 조명, 서가 등이
실제 방처럼 전시되어 있다. 디스플레이 콘셉트는 도서
애호가의 방으로, 서가에 둘러싸인 생활의 아늑함을 연출
했다. 책방이라고 할 만큼 책의 권수는 많지 않으나 한 개
인의 취미 확장을 보여주는 흥미로운 상품 구색을 갖추었
으며, 진열된 책은 모두 구입 가능하다.

고객 유치를 목적으로 하기 때문에 책을 판매하고 있
음을 밖에서도 알기 쉽도록 방법을 고안했다. 그리하여 지
금까지는 가게에 들어오지 않았을 행인이 궁금한 마음에
들어오게 되었다. 둘이 함께 온 손님 중 한 사람이 가구 구
입을 진지하게 검토하는 동안, 나머지 한 사람은 책을 읽
으며 시간을 보내는 장면도 자주 눈에 띄었다.

사례2. 주택업체가 모델 하우스에서 서점을 경영한다

주택업체가 건설한 모델 하우스. 이른바 집의 견본이
지만, 모처럼 마련한 공간을 살려서 지역 주민에게 친근
한 느낌을 주는 뭔가를 할 수 없을까 고민하고 있었다. 그
런 와중에 그 지역의 유일한 동네 서점이 안타깝게도 폐
점을 하고 말았다. 그리하여 모델 하우스를 서점으로 꾸
미기로 했다.

'생활'을 중심 테마로 하여 폭넓은 장르의 책을 갖추

사례1. 인테리어 숍 한쪽에서 책을 판매한다

사례2. 주택업체가 모델 하우스에서 서점을 경영한다

고, 주말에는 이벤트나 워크숍도 개최한다. 그러한 행사를 통해 지역 주민이 자신의 라이프스타일에 대해 생각하는 계기를 마련해주었다. 지금 당장 집을 지을 계획이 없는 사람이라도, 그곳에서 보내는 시간 동안 건물의 매력을 생생히 느낄 수 있다면 언젠가 결과로도 이어질 것이다.

사례3. 인쇄 회사가 종이나 인쇄, 편집이나 디자인 관련 전문 서점을 경영한다

자사의 인쇄 기술, 품질이나 가격을 보다 많은 사람에게 알리고자 하는 인쇄 회사가 있다. 이제까지는 신규 고객을 유치하는 데 입소문이나 웹 사이트 등에만 의존해왔다. 따라서 좀 더 많은 사람에게 알리기 위해 영업 거점을 겸한 서점을 열기로 했다.

이곳에서는 종이나 인쇄, 편집이나 디자인에 대한 책을 전문적으로 취급한다. 일반 서점에서는 손에 넣기 어려운 해외 도서나 출판유통시스템으로 구입하지 못하는 독립 출판물도 많이 다루고, 인터넷 판매도 적극적으로 시행하고 있다. 한편, 서점으로서 자사에서 인쇄한 인쇄물을 매입하여 판매하는 서비스도 호평을 얻고 있다. 영업 담당자도 종이나 인쇄 견본과 함께 완성된 실제 사례를 직접 보여주며 이야기할 수 있어서 더욱 다양한 제안을 하기 쉬워졌다.

사례3. 인쇄 회사가 종이나 인쇄, 편집이나

디자인 관련 전문 서점을 경영한다

고객 만족도를 높이기 위해

고객 유치나 영업으로 연결하지 않아도 기존의 고객을 상대로 책이라는 요소를 추가하면, 서비스 중 하나로 기능하거나 무언가 부가 가치가 발생하기도 한다.

예를 들면 고객의 대기 시간이 발생하기 쉬운 사업의 경우, 열람이나 구입이 가능한 책을 진열해두어 고객이 그 시간을 유효하게 활용할 수 있도록 한다. 그곳에서 보내는 시간 전체를 통해 체험의 질을 올릴 수 있다면 고객은 다시 방문하고 싶어진다.

주요 판매 상품 중에 전문적이어서 이해하기 힘든 부분이 있거나 종류 및 사용 방법에 변형이 있을 경우에는 이에 대해 설명하는 책이나 관련 도서를 근처에 진열하여 판매한다. 이로써 고객이 이해하기 어려웠거나 선택하기 힘들었던 부분을 해결해줄 수 있다. 원래라면 접객이 필요한 부분을 책의 판매로 보완 가능하게 된 것이다.

이처럼 책방 서비스나 접객, 진열, 판매에 대한 하나의 고안으로 책을 끼워 넣음으로써 고객 만족도를 높일 수 있다. 이를 독자적 매력으로 삼을 수 있다면 경쟁 상대와의 차별화로도 연결된다.

사례4. 미용실 거울마다 서가를 만든다

길모퉁이의 미용실. 이 근방은 가까이에 미용실이 많이 생겨서 경쟁이 치열해지는 추세이다. 가게에 오는 손님의 얼굴을 떠올리면서 조금이라도 그들이 기뻐해줄 서비스를 진지하게 생각한 끝에, 책을 선별하여 구비해두기로 했다.

원래부터 패션 잡지 같은 읽을거리는 마련해두었지만, 사실 잡지는 어느 가게에나 있다. 언뜻 봐도 알 수 있을 만한 특징을 드러내기 위해 거울마다 테마를 정해 책을 선별하여 서가로 만들었다. 시간이 지나면서 흠집이 생긴

사례4. 미용실 거울마다 서가를 만든다

책은 가게의 로고가 들어간 스티커를 붙여 손님에게 무료로 제공하기로 했다. 집의 서가에 진열하면서 고객이 자신의 미용실을 떠올려준다면 고마운 일이기 때문이다.

사례5. 자전거 매장 한쪽에서 자전거 관련 도서를 판매한다

다양한 부품을 다루며 마니아에게도 호평을 받는 자전거 매장. 앞으로 자전거에 몰두하고 싶은 초심자도 대환영이지만, 그들 입장에서는 조금 문턱이 높다고 느끼는 경향도 있는 듯하다. 그리하여 좀 더 친숙한 가게를 만들고 싶다는 생각에, 한쪽 공간에서 책을 팔기로 했다.

자전거 구조나 정비에 대한 책은 물론, 자전거로 떠날 수 있는 여행 가이드, 사이클 관련 에세이 등을 취급하고 있다. 주인의 접객을 어색해하는 사람도 책으로 정보를 얻으면서 매장을 찾게 되었고, 수리를 하느라 손이 비어 있지 않을 때 문의가 들어오면 책으로 안내를 유도하는 일이 가능해졌다.

사례6. 채소 가게에서 채소별로 레시피 책을 판매한다

국산 유기농 채소를 취급하여 인기 있는 채소 가게. 최근 사용이 편리하고 합리적인 가격의 즉석 식품 매장이 근처에 문을 연 이후 조금씩 매상이 떨어지기 시작했다. 그리하여 스스로 요리하기를 좋아하는 손님이 더욱 즐거

사례5. 자전거 매장 한쪽에서 자전거 관련 도서를 판매한다

사례6. 채소 가게에서 채소별로 레시피 책을 판매한다

위할 수 있도록 상품 선반을 리뉴얼하고 채소별 레시피 책을 진열하여 팔기로 했다.

미리 요리를 정한 뒤 가게에 오는 손님은 구입할 채소도 정해져 있지만, 그렇지 않은 사람은 채소를 보면서 어떤 요리를 할지 생각한다. 그때 레시피 책이 도움이 될 것이다. 실제로 스태프가 요리해보고 추천 레시피에 메모지를 붙여놓은 책을 파는 서비스도 호평을 얻고 있다. 손님과 스태프 사이에서 "저게 맛있었어요"라는 식의 대화도 생겨나면서 단골손님이 뿌리내리게 되었다.

브랜딩을 위해

친구의 집에 가서 서가를 살펴보면 그 사람의 사고방식이나 취미가 파악된다. 마찬가지로 어느 매장이나 사무실에 서가가 있으면, 그 가게나 회사의 사상 또는 미의식을 나타내는 강한 메시지가 표출된다. 법인法人이란 말에서 '인'의 한자처럼 회사도 하나의 인격을 가지고 있다. 개인 서가에 인격이 나타나듯 법인의 인격 또한 서가에서 나타난다. 서가에 어떤 책이 어떤 식으로 진열되어 있느냐가 좋든 나쁘든 회사의 브랜드 이미지를 규정한다. 바꿔 말해 서가의 책을 올바르게 통제할 수 있다면 서가를 통해 자사 브랜드가 전달하고자 하는 메시지를 발신할 수 있다.

개인도 마찬가지이다. 많은 사람의 시선이 오가는 장소에 지금 본업으로서 몰두하는 일이나 앞으로 몰두하고 싶은 분야에 대한 책을 진열해서 발신하면, 이른바 셀프 브랜딩의 일환이 된다.

여기에서는 브랜드 측면의 메시지 발신을 목적으로 초점을 맞추고 있지만, 상황에 따라서는 결과적으로 고객 유치나 영업에 도움이 되기도 하고 고객 만족도가 높아지는 성과도 발생한다.

사례7. 자동차 기간 한정 캠페인에서 여행 서점을 연다

자동차 업체의 매장. 신형 모델의 발표에 맞추어 여행 파트너를 콘셉트로 기획한 캠페인에서 여행 테마의 기간 한정 서점을 열기로 했다.

사실 어떤 자동차로든 여행은 떠날 수 있다. 그런 가운데 '여행을 떠난다면 바로 이 모델'이라는 브랜드 인지도 생성을 목표로 삼았다. 광고 촬영에 사용한 소도구도 배치하여 여행지에서 책을 읽는 듯한 공간을 재현해놓았다.

사례8. 식품 업체가 식문화 도서관을 만든다

대기업 식품 업체. 대량 생산 식품을 만들다 보면 아무래도 소비자에게 업체 측의 이념이나 신념을 전달하기란 어렵다. 그리하여 사내 도서관을 리뉴얼하여 일반인에게 공개하기로 했다.

세계 식문화에 대한 전문 자료를 누구든 열람할 수 있게 하여 식품 개발의 배경에는 이러한 방대한 지식이 있다는 메시지 전달을 목표로 했다. 주말에는 다양한 나라의 요리 교실이나 조미료에 대한 공부 모임도 열려서 많은 사람이 모인다.

사례9. 공동 사무실 한쪽을 헌책방으로 꾸민다

프리랜서 디자이너와 편집자, 작가 등 여러 명이 모여

사례7. 자동차 기간 한정 캠페인에서 여행 서점을 연다

사례8. 식품 업체가 식문화 도서관을 만든다

서 사무실을 셰어하기로 했다. 때마침 넓은 사무실을 싼 가격에 빌릴 수 있게 되어, 한구석을 헌책방으로 꾸미기로 했다.

교대로 계산대를 보면서 그곳에서도 각자의 일을 할 수 있다. 자신의 장서나 업무 자료만을 진열해놓았기 때문에 그렇게 잘 팔리지는 않지만, '헌책방을 운영하는 사람들'로 유명해졌다. 게다가 서가를 보면 그들의 전문 분야가 무엇인지 알게 되는 까닭에서인지, 얼마 전부터 해보고 싶었던 종류의 일에 대한 문의도 들어오기 시작했다.

사례10. 지적 이미지로 주가를 올리는 탤런트가 서점을 프로듀스한다

지적인 이미지로 책을 소개하는 방송에도 출연하는 인기 여배우. 소속사 사무실은 자사 빌딩 1층에 그 여배우를 점장으로 하여 서점을 운영하기로 했다.

여배우의 저서가 아니더라도 추천하는 책에는 모두 그녀의 사인이 들어가는 점이 특징이다. 물론 실무는 서점 경험자가 하지만 여배우도 부정기로 가게에 나오기 때문에, 얼굴이라도 한번 보고 싶은 마음에 책방을 찾아오는 팬도 많다. 호기심으로 책방을 살펴보던 도서 애호가도 그 본격적인 북 컬렉션에 탄성을 지른다.

사례9. 공동 사무실 한쪽을 헌책방으로 꾸민다

사례10. 지적 이미지로 주가를 올리는 탤런트가 서점을 프로듀스한다

사례11. 지역 기업이 인근 주민을 위한 도서관을 운영한다

창업지인 지역에 본사 공장을 둔 기업이 있다. 이 기업은 인근에 사는 사람들이 모여 휴식할 수 있는 장소로 여러 해에 걸쳐 개방 도서관을 운영해오고 있다.

어린 시절부터 이 도서관에서 시간을 보내며 친숙해진 경험이 계기가 되어, 이 기업에 입사한 사원도 있다. 지역 사회에 공헌하고 자사 사업에 대해서도 알림으로써 동네 사람들에게 사랑받는 기업으로 안정적인 성장을 이어가고 있다.

사례11. 지역 기업이 인근 주민을 위한 도서관을 운영한다

324

연구 및 조사와 업무 능력 향상을 위해

이제까지의 사례는 회사 외부를 겨냥한 책방이었지만, 회사 내부를 위한 책방도 있다. 예를 들면 갑자기 화제가 된 책이나 잡지 신간호, 당일 신문 등이 자료로 필요할 때, 온라인 서점에 주문하는 것보다 자사 빌딩 안에 서점이 있으면 그곳에서 구입하는 쪽이 가장 빠르다.

게다가 업무상 많은 사원들이 참조할 수 있는 책이라면 사내에 건실한 도서관이 있는 편이 좋다. 연구직 같은 전문 직업일수록 필요로 하는 자료는 고가이거나 입수하기 어렵다. 사원의 업무 능력 향상을 위한 교육을 진행하거나 새로운 아이디어를 낼 때 책을 들여다볼 수 있는 장소로 도서관을 운영한다.

워크숍이나 공부 모임을 통해 유효하게 활용하도록 장려하는 일도 중요하다. 사원의 지식이 늘어나고 업무 능력이 향상된다면 이는 직접적으로 기업의 경쟁력이 되기 마련이다.

사례12. IT 기업이 사내에서 기술 서적 전문 서점을 경영한다

급성장 중인 IT 기업. 사람이 부족하여 점점 채용을 늘려가고 있다. 사원 대다수가 기술자이므로 자사 빌딩 1층에 기술 서적 전문 서점을 오픈했다. 이 서점은 일반인도 들어올 수 있는 곳에 있으며 이벤트도 자주 개최한다.

필요할 때 바로 최신 기술 서적을 손에 넣을 수 있어서 사원들에게도 호평을 받고 있다. 아직 기술이 부족한 젊은 사원들이 모여 자주적으로 공부 모임도 열게 되었다. 게다가 인근 사무실에서 일하는 기술자나 학생들의 이용도 많아서, 매장 안에 붙어 있는 구인 광고를 보고 입사를 지원하는 사람도 생겼다.

사례13. 기술 계통 회사가 방대한 도서관을 관리한다

자동차 업체의 R&D 부문. 소재에서 디자인, 교통에서 지구 환경, 그리고 최근 몇 년 동안에는 AI를 비롯한 정보 기술까지, 이 회사에는 다양한 분야의 전문 지식이 저장되어 있다. 복수의 부서가 있어서 이제껏 사내 여기저기 흩어져 있던 온갖 책과 자료를 한데 모아 분류하여 도서관으로 운영하기 시작했다.

사내 시스템으로 접속이 가능하기 때문에 다른 부서라도 다음 날이면 예약한 책이 책상으로 배달된다. 언제 누가 빌렸는지에 대한 데이터도 참조할 수 있어서, 읽기 전에 미리 같은 책을 읽은 사람에게 물어보거나 읽은 뒤에 의견을 교환하는 일도 가능해졌다.

사례12. IT 기업이 사내에서 기술 서적 전문 서점을 경영한다

사례13. 기술 계통 회사가 방대한 도서관을 관리한다

사내 커뮤니케이션 개선을 위해

사내에 있는 책은 반드시 업무에 필요한 자료가 아니어도 좋다. 사원이 업무 외에 열중하는 취미를 가졌거나 공통의 취미를 가진 사원들끼리의 교류는, 사내에 좋은 분위기를 생성한다.

특히 기획 관련 업무의 경우, 다양한 분야에 폭넓은 취미를 가지고 안테나를 확장시켰을 때 업무 이외의 부분에서 필요한 아이디어가 샘솟을 때가 많다. 사원 개개인의 관심 영역을 넓혀서 각자 다른 분야의 지식을 깊이 쌓아간다면, 다양한 아이디어를 낳는 참신한 기업이 될지도 모른다.

사례14. 사원 식당에 도서관을 만든다

어느 중견 광고 대리점. 매일 기획을 생각하며 다양한 클라이언트에게 제안을 해야 한다. 그러나 이제까지 거의 책을 가까이하지 않았던 젊은 사원도 많은 데다, 대부분 세간의 화제 외에는 그다지 세상 물정을 모르는 실정이었다. 그리하여 사원 식당에 도서관을 만들기로 했다.

이 도서관의 특징은 다 읽은 책을 더 이상 집에 둘 수 없게 된 경우 도서관에서 보관해주는 것이다. 사원 중에서

도서 위원을 모집하여 관리하고 있으며, 누가 읽은 책인지 알 수 있도록 되어 있다. 사원들에게 과제 도서를 추천받아 정기적으로 독서 모임도 개최한다. 최근에는 참가자도 조금씩 늘고 있다.

사례14. 사원 식당에 도서관을 만든다

제8장

책방을
본업에서
분리하기

'임무'와 '놀이'

'책방'을 본업으로 독립하여 생계를 꾸리기에는 리스크가 커서 아직 결단을 내리기 힘들다. 애초부터 책으로 생계를 꾸릴 생각은 없는 사람도 있다. 이들을 위해 앞 장에서 본업 가까이에 '책방'을 두고 서서히 본업 안으로 끌어들이는 접근법에 대해 썼다.

물론 무리하게 본업으로 끌어들일 필요는 없다. 본업과는 완전히 분리하여 전혀 다른 부업이나 라이프워크로 개인적인 '책방'을 시작해도 된다. 이번 장에서는 그러한 모습에 대해 쓰고자 한다.

2000년 전후쯤부터 한동안 일본에서는 북오프를 필두로 하여 이른바 새로운 개념의 헌책방인 중고 서점이 급속히 증가하였고, 출판업계의 획일적인 가격 측정 시스템 속에서 비교적 저렴해진 책을 구해다 인터넷으로 되파는 부업이 유행하였다. 그 뒤 일본에서 Amazon의 마켓플레이스 서비스가 시작되면서 인터넷 헌책 매매에 더욱 가속도가 붙으며 시세도 안정되어가는 한편, 중고 서점에서 소장 가치가 있는 물건을 구입하기 어려워지면서 이를 부업으로 하던 사람도 줄어들었다.

2018년 현재, 책은 이러한 '용돈 벌이'를 목적으로 한 부업에 맞지 않다. 대단한 고서 감정가라면 별개의 문제일 수도 있고 장르에 따라서는 해외를 상대로 한 사업도 여전히 진행되는 듯하지만, 그러한 가능성을 찾는 일은 이 책의 목적이 아니다. 부업으로 돈을 버는 것이 가장 큰 목적이라면 책 이외의 상품을 찾는 편이 좋다.

책으로 돈을 버는 일이 힘들다는 사실은 알고 있다. 그럼에도 어떻게든 '책방'을 하고 싶기 때문에 우선은 부업으로 시작한다. 그러한 부업밖에는 될 수 없는 것이다. 결국 부업과 라이프워크는, 바라보는 관점에 따른 태도의 차이일 뿐이다. 머지않아 본업이 되길 바라는 마음에서 '책방'을 부업으로 시작했지만, 사실 이익이 거의 나오지 않아서 본업으로 삼기를 포기했다. 그러나 책방 업무 자체가 즐거워졌기 때문에 라이프워크로써 계속 이어가고 싶다. 어쩌면 반대의 입장에서 어디까지나 라이프워크로 생각하며 이익은 나오지 않으리라는 전제에서 시작했는데, 결과적으로 조금 이익이 생겼다. 게다가 회사에는 비밀로 한 까닭에 세금을 지불하는 문제를 어떻게 해결해야 할지 고민이 된다. 어느 쪽이든 자주 있는 일이다. 되도록이면 당장 이익은 바라지 않은 채 책방을 계속 이어가기 위해 필요한 지극히 최소한의 액수만을 목표로 하고, 나머지는 결과적으로 운이 좋으면 돈을 번다고 생각하는 편이 정신 건강에도 좋다.

334

에도 시대에는 일의 종류에 돈을 버는 '생업'과 사회를 위해 일하는 '임무' 두 가지가 있었는데, 각각 하나에만 종사할 경우에는 '반﹡ 사람 몫'을 하는 사람, 양쪽 모두 가능해야 '한 사람 몫'을 하는 사람이라 불렀다고 한다. 현대에는 일에 대해 '생업'만 생각하는 사람도 많다. 하지만 자신이 살아갈 수 있도록 해주는, 사회라는 이 세상을 위해 '임무'를 다하는 것은 삶의 기쁨이 된다. 돈을 벌지 않아도, 벌어둔 돈을 쓰더라도 좋다. 일주일에 며칠 정도 짧은 시간만이라도 '책'의 즐거움을 보다 많은 사람에게 전달하는 '책방'이 되고 싶다. '생업'인 본업을 겸하면서 자발적으로 임하는 그러한 '책방'은, 현대의 '임무'라 할 수 있다.

한편, 그러한 사명감이 아니라 단순히 개인적인 '놀이'로써 '책방'이 되어도 좋다. 어쨌든 책은 가지고 놀기 쉽다. 무한하게 느껴질 만큼 변형이 가능하고 모든 대상과 궁합이 좋다. 작고 가벼우며 가격도 싸다. 책을 매개로 사람과 커뮤니케이션을 나누는 활동은 그 자체만으로도 즐겁다. 그렇다면 수익은 일단 제쳐놓고 생각하는 편이 좋다. 장사하는 사람의 입장에서 봤을 때 너무 손이 많이 가서 도저히 따라 하기 어려울 만한 일을 한다면, 어느 누구도 경험하지 못한 책과 사람과의 만남을 이루어낼 수 있다.

'생업'인 본업과는 분리된 '임무' 혹은 '놀이'로써의 '책방.' 아무리 소소한 활동일지라도 '책방'이 늘어나면 결과적으로 '책'의 세계는 풍요로워진다.

실험이 가능하다는 강점

서가를 짊어지고 산에 올라가 정상에서 책을 파는 '소마BOOKS'라는 책방이 있다. 무게나 거리를 생각하면 옮기기도 힘들고 양에도 한계가 있으며, 애초에 정상에 오르는 이는 등산을 하는 사람뿐이다. 고객 단가를 올리고 고객 수를 늘리는 발상과는 정반대이기 때문에, 책을 팔아서 이익을 올리려는 입장에서는 상상도 하기 힘들다. 만약 책도 등산도 좋아하는 사람이 수익은 제쳐두고 단순히 해보고 싶다는 마음에서 시도하는 것이라면 조금은 납득이 가기도 한다. 산 정상에서 이 책방과 우연히 만난 사람의 입장에서는, 마치 기묘한 체험과도 같다. 실제로, 이제껏 없었던 신기한 책방이라는 점에서 신문이나 잡지에도 소개되었다.

본업에서 책방을 분리하면 이처럼 실험적인 책방이 가능하다는 강점이 있다. 본업으로 끌어들일 경우, 아무리 책방만으로의 이익을 바라지 않는다 하더라도 가능한 일은 한정되어 있다. 어설프게 시작했다가 본업의 브랜드 이미지에 흠집이 날지도 모른다. 반면, 본업과는 관계없이 완전히 개인적으로 하는 경우라면 온갖 실험이 가능하다. 수익마저 제쳐둔다면, 시간과 돈을 얼마나 들이든 상관없다. 특히 연출적인 부분은 정성을 들이면 들일수록, 누구도 본 적이 없는 책방이 되어간다.

어떤 형태로든 이름이 알려지면, 프리랜서로 일하는 사람일 경우 다른 형태로 본인에게 되돌아오기 마련이다. 지금은 기업에서 일하고 있지만, 조금이라도 책방으로 유명해지면 독립할 때 도움이 될지도 모른다. 결과적으로, 나중에 본업으로 책방을 끌어들이거나 곱셈 형태의 독립으로 연결되는 경우도 있다.

실물 매장도 차릴 수 있다

앞에서 예로 든 '소마BOOKS'는 이른바 부정기적 이동식 책방이고 그 점이 흥미롭지만, 한편으로 본업을 겸하면서 정기적으로 문을 여는 실물 매장을 차리는 사람도 있다.

이와테현 모리오카에는 'Pono books & time'이라는 책방이 있다. 헌책이 중심이지만 새 책도 조금 있으며, 커피를 비롯한 음료를 제공하고 코워킹스페이스(다양한 분야의 사람들이 한 공간에 모여 독립된 작업을 하면서 서로 의견을 나누는 협업 공간-옮긴 이)를 함께 운영하고 있다. 영업시간은 화요일·목요일·금요일에는 17시부터 22시까지이고, 주말 및 공휴일에는 14시부터 20시까지이다. 즉, 평일의 사흘간 밤과 주말 및 공휴일에만 영업한다. 점주인 고야마 유카리 씨는 낮에 회사원으로 일하면서 가게를 운영하고 있다. 미리 상사에게 상담하여 취업 규칙상 문제가 없다는 사실도 확인한 뒤 가게를 열었다. 지금은 그 상사도 손님으로 방문한다고 한다.

도쿄 구라마에에 있는 'H.A.Bookstore'는 주말 및 공휴일에 12시부터 17시까지만 영업을 하며, 점주인 마쓰이 유스케 씨도 평일에는 회사원으로 일한다. 소규모이긴 하지만 가게뿐만 아니라, 잡지나 서적의 출판업과 중개 회사처럼 매매 대행업도 모두 혼자 도맡아 한다.

이러한 책방의 경우, 우선 자신의 인건비는 생각하지 말고, 임차료와 광열비를 지불할 수 있을 정도의 매상을 최저한의 목표로 삼는 편이 좋다. 영업 일수나 시간이 짧은 만큼, 결코 쉽지는 않겠지만 그렇다고 불가능한 목표는 아니다. 책만으로는 어려울지라도 이제까지 언급해온 곱셈 방식이라면 무엇이든 가능하다. 반대로, 그러한 경비도 모두 본업의 벌이에서 부담할 생각이라면 매상은 전혀 신경 쓰지 않은 채 자신이 정말 팔고 싶은 책만 차근차근 팔아도 된다.

만약 혼자서 운영하기가 불안하다면, 동료를 모아 여러 명이서 시작하는 방법도 있다. 책방을 열고 싶은 몇몇 사람끼리 지불할 수 있는 범위 내에서 돈을 모아 가게를 만든 뒤, 요일마다 돌아가며 가게를 보는 것이다. 각자의 개성이 상품 구색이나 접객에서 드러나면, 손님 입장에서도 매일 색다른 매력이 느껴지는 흥미로운 가게가 될지도 모른다.

매장 건물을 새로 빌리기에는 장벽이 높게 느껴진다면, 일단 자택이나 사무실 일부를 개방하는 방법도 있다. 예를 들면 자택을 일주일에 한 번만 소개 형식의 예약제 헌책방으로 운영하는 식이다. 판매하는 책은 모두 이제까지 자신이 사서 읽어온 개인 장서이다. 이러한 경우라면 시작하는 데 한 푼도 들지 않는다. 준비라고 해봤자 고작 방을 정리하고 판매해도 좋을 책에 가격표를 붙인 다음, 지인에게 초대 메일을 보내거나 SNS로 고지하는 것뿐이다. 의지만 있다면 당장 내일이라도 가능하다.

장서를 팔고 싶지 않으면 열람만으로도 괜찮다. 우선 이벤트 형식으로 친구와 독서 모임을 열거나 지인의 아이들에게 책을 읽어주는 방법도 좋다. 친구나 지인에게 개방하는 일이 익숙해지면, 머지않아 사설 도서관과 같은 형태로 지역 사람들에게 널리 개방하고 싶어질지도 모른다. 이는 '개인'의 일부를 '공공'에게 개방하는 일이자, 집이나 지역 사회에도 의의가 있는 커뮤니케이션의 변화를 낳는 일이다.

이벤트에 출점한다

장소가 반드시 필요하지는 않다. 언젠가는 가게를 차리고 싶지만 새로 장소를 빌리거나 자신의 공간을 개방하는 일은 아직 꺼려진다. 그러한 사람은 이벤트 출점부터 시작하면 된다.

근처에서 열리는 벼룩시장도 좋지만, '히토하코 후루혼이치'라 불리는 이벤트를 추천한다. 상점가의 가게 앞이나 어딘가의 광장에 모여서 한 사람당 한 상자 분량의 헌책을 판매하는 이벤트이다. 일본 전국에 분포해 있으며, 거의 주말마다 어딘가에서 개최되고 있다. 그중 한 곳에 출점 신청을 하는 것부터 시작한다. 그때 자연스레 자신의 가게 상호를 정하게 된다. 물론 나중에 바꿔도 되지만 한 사람이라도 더 많은 이들에게 이름을 알리는 기회가 되기 때문에, 가능한 한 동일한 이름을 계속 사용하는 편이 좋다. 너무 여러 이름으로 활동하면 좀처럼 사람들의 기억에 남기 어렵다.

드디어 출점하게 되었을 때, 처음으로 접객을 경험하는 사람도 있을 것이다. 손님이 눈앞을 지나가거나 멈춰선다. 손님에게 말을 걸거나 혹은 손님이 말을 걸어와 이야기를 한다. 살지 말지 고민하는 손님에게 책에 대해 설명한다. 손님이 흥미를 가지며 책을 사준다. 이 순간, 특히 책을 판매한 최초의 기쁨은 크다. 가게를 시작한다는 것은 누군가가 말을 걸어오는 사람이 되는 일이라고 앞에서도 말했다. 그것이 적성에 맞는 사람도 있고 그렇지 않은 사람도 있으며 익숙해지는 사람도 있다. 이벤트에 출점하는 커다란 매력은 책을 사고파는 일련의 커뮤니케이션을 경험할 수 있다는 점이다. 물론 실물 매장에서의 접객과는 다른 부분도 있지만, 오히려 히토하코 후루혼이치만의 독특한 재미에 빠져서 주말마다 참가할 수 있는 모든 곳을 찾아다니며 출점하는 수완가도 있다.

출점하는 쪽에 익숙해지면 운영하는 쪽을 경험해보는 것도 좋다. 히토하코 후루혼이치는 개인 참가로 개최되는 경우도 많지만, 북 이벤트의 일환으로 책과 연관된 타 지역 행사와 함께 개최되는 경우도 있다. 우선 좋아하는 이벤트에 자원봉사로서 운영 스태프에 참여해본다. 히토하코 후로혼이치 전체, 즉 북 이벤트 전체가 그날 한정의 통합된 '책방'이다. 그러한 이벤트에서 운영진의 일부로서 관계를 맺는 일에는 다양한 즐거움과 배움이 따른다. 언젠가는 그 경험을 바탕으로 자신이 주최하는 이벤트를 기획해도 좋다.

책방이나 도서관에서 개최하는 이벤트에 참여하는 형태도 있다. 각각의 방침에 따르겠지만, 이벤트를 도와줄 사람을 모집하거나 기획 제안을 환영하는 곳도 있다. 아이들을 위해 그림책을 읽어주는 자원봉사도 각지에서 모집 중이다. 대부분은 관련 강습회가 있으므로, 흥미가 있다면 처음이라도 도전해보자. 책의 재미를 누군가에게 전하는 활동에 관여하기 시작했을 때, 이미 당신의 '책방'은 시작된 셈이다.

인터넷으로 활동한다

　누군가에게 책의 재미를 전달하는 일은 반드시 현실의 장소가 아니어도 된다. 평일 밤이나 주말에 밖에 나가기 어렵다면, 인터넷상에서 활동하는 것도 가능하다.

　'BASE'나 'STORES.jp' 같은 웹 서비스를 이용하면 인터넷 숍을 여는 일은 놀라우리만치 간단하다. Amazon의 마켓플레이스나 벼룩시장 애플리케이션 등에서 헌책을 판매하는 일은 더 쉽다. 직접 현실에서 접객을 할 수 없는 대신, 자기만의 책갈피나 프리 페이퍼, 편지 등을 덧붙여도 좋다. 예를 들면 책을 좋아하던 친척이 세상을 떠났을 경우, 그 장서를 헌책방에 일임하여 처분하지 않고 직접 한 권씩 팔아보는 것이다. 기록으로 남기면서 그 책을 필요로 하는 사람에게 건네주는 일은 분명 무엇과도 맞바꿀 수 없는 경험이 된다.

　판매할 재고가 없다면 블로그에 책을 소개하면서 제휴 광고를 붙여도 좋다. 겨우 블로그에 쓰는 정도라고 생각하는 사람도 있을지 모르지만, 인기 블로그라면 한 편의 기사 안에 언급한 책이 수백 권 팔리는 경우도 있다. 수백 권이라는 수치는 현실의 책방에서도 깜짝 놀랄 만한 기록인 데다, 출판사나 저자의 입장에서는 그 블로그 기사 자체가 자신들의 책을 적극 홍보하며 팔아주는 하나의 영향력 있는 서점이나 마찬가지이다. 블로그에 그치지 않고, 요즘은 트위터에 올린 짧은 글을 많은 사람들이 리트위트(자신의 트위터로 글을 퍼가는 것-옮긴 이)하면서 갑자기 인기를 얻는 책도 많다.

우선 상호를 정하고 SNS 계정을 만드는 것만으로도 충분하다. 2012년부터 활동해온 '이카문고'는 매장도 상품도 없는 '가상 책방'이다. "오늘도 문 열었어요", "오늘은 이 책을 추천합니다"와 같은 글을 트위터에 올려서 발신하는 일을 비롯하여, 자체 굿즈를 만들거나 현실 서점의 북 페어를 기획하며 폭넓은 활동을 펼치고 있다. 개인적인 소규모 활동부터 시작하더라도, 이렇게 인터넷에서 현실로 활동의 폭을 넓혀갈 수 있는 가능성은 무수히 많다.

독서 기록이나 책 관리, 도서 애호가끼리의 커뮤니케이션 등을 목적으로 한 책에 관한 웹 서비스나 애플리케이션도 많다. 기술이나 아이디어가 있다면, 그러한 프로그램을 개발하여 운영하는 일 또한 앞으로 나타날 '책방'의 모습이다. 인터넷은 이제까지의 현실 서점에서는 불가능했던 형태로 책의 세상을 넓히며 그 매력을 전하고 있다.

책방으로서 살기

자유 시간이 많거나 불로 소득이 있는 이를 제외한 대부분의 사람은, 생계를 꾸리기 위해 본업에서 그에 상응하는 시간에 속박당한 채 살아간다. 그 시간이 평일의 한나절이라면, '책방'으로서의 활동에 쓸 수 있는 시간은 자연히 평일 밤과 주말뿐이다.

앞에서 언급한 고야마 씨나 마쓰이 씨의 생활은 휴일도 거의 없기 때문에 많은 독자 입장에서는 힘들어 보일지도 모른다. 하지만 정작 본인들은 주변에서 생각하는 만큼 그다지 힘들어 하지는 않으리란 생각이 불쑥 든다.

우아한 삶을 살고자 하는 것은 아니다. 최소한의 돈이 있다면, 그보다도 중요한 것은 시간이다. 자기 나름의 행복을 느끼는 일에 시간을 쓰고 싶다. 요즘 시대를 대표하는 가치관은 그러한 방향으로 변화하고 있다. 본업을 겸하면서, 돈을 벌지 못해도 자유 시간의 대부분을 들여 '책방'을 하려는 이는, 책을 사람에게 건네는 일과 책을 매개로 사람과 접촉하는 일에 행복을 느낀다. 자신의 소중한 시간을 '책방'이 되는 일에 사용한다는 것은 바로 '책방'으로서 살아간다는 뜻이다.

결코 대단한 일은 아니다. 물론 생애를 바치는 라이프

워크이자 '임무'로 여기며 사명감을 가지고 몰두하는 사람도 있을 테지만, 본업의 스트레스를 해소하기 위해 '놀이'의 하나로 가볍게 시작하는 사람도 있을 것이다. 구태여 하려는 일이기 때문에, 이들 모두 '책방'으로 살아가는 사람인 점에는 변함이 없다. 아무리 작은 형태일지라도 그러한 사람이 한 명이라도 늘어나기를 바라는 바이다.

제9장

나는 이렇게
책방이 되었다

참고서 마니아였던 이야기

그렇다면 나 자신은 어떠한가. 어떻게 '책방'으로서의 자신이 시작되었고, 이제까지 무엇을 해왔으며, 앞으로 무엇을 하게 될까. 본인의 이야기를 하려니 몸 둘 바를 모르겠지만, 마지막으로 부끄러움을 무릅쓰고 실제 사례 중 하나로 2018년 현재까지 나의 이야기에 대해 쓰고자 한다.

초등학생 시절과 달리, 중학교에 올라간 뒤에는 전철로 학교를 다녔기 때문에 수중에 얼마간 돈을 소지하게 되었던 기억이 난다. 사이쿄선을 타고 이케부쿠로역에서 내린 뒤 야마노테선으로 갈아타고 신오쿠보역에서 내렸다. 중·고등학교가 하나로 된 남자 사립 학교에 6년간 다녔다. 블루베리 맛의 껌 향기를 맡으며 롯데 껌 공장 앞을 지나는 길이, 역에서 학교까지의 정식 통학로였다. 조금 멀리 돌아가는 또 다른 통학로에는, 당시 신간 서점 한 곳과 헌책방 두 곳이 분명히 있었다. 그곳에서 조금씩 스스로 책을 사게 되었다. 대부분은 헌책 문고본의 소설이나 에세이를 샀으며, 그중에서 무라카미 하루키의 영향으로 커트 보니것이나 폴 오스터, 제롬 데이비드 샐린저, 레이먼드 카버 같은 작가를 좋아하게 되었다. 군것질할 돈을 아껴서 가끔 신간도 샀다. 다 읽지 못하더라도 조금씩 책을 사는 일이 즐거웠다.

수험생이 된 후에는 많은 동급생이 이른바 3대 입시 학원에 다녔는데, 나는 학교에서 가장 가까운 곳인 다카다노바바에 있는 중견 입시 학원에 들어갔다. 강의를 듣는 것보다도 자습을 더 좋아했다. 학습 참고서나 문제집을 산다고 하면 부모님에게 얼마가 되었든 청구할 수 있는 기회를 이용하여, 근처에 있던 '호린도 서점 다카다노바바점'에서 살다시피 했다.

방과 후 학원에 가기 전까지 시간이 조금 남으면, 그 서점에 가서 참고서나 문제집을 골랐다. 점점 자신이 다 소화하지 못할 만큼 책들이 쌓여갔다. 서점에 다니는 동안, 신간이 나오면 그 변화를 알아차릴 만큼 서가의 상품을 기억해나갔다. 책마다 각각의 특징에 정통해져서, 동급생이 공부에 대한 고민을 말하면 적당한 참고서나 문제집을 추천해줄 수 있을 정도였다. 이 사실은 나중에 친구가 말해줘서 깨달았지만, 지금 생각하면 당시의 나는 '책방'에 조금 눈을 뜬 것인지도 모른다. 누군가를 위해 책을 골라주는 일은 즐거웠다. 1999년(노스트라다무스가 세계 멸망을 예언한 해-옮긴 이)에는 대학에 입학했고, 그해 7월이 되었지만 인류는 멸망하지 않았다.

제작자에서 전달자로

고등학교 시절부터 대학교에 다닐 때까지 음악을 하던 시기도 있었지만, 곧 좌절했다. 서서히 미술이나 디자인, 영화나 현대 사상 등 다른 분야에도 흥미를 가지면서 나는 어느 분야와도 접점을 가질 수 있는 잡지를 제작하고 싶어졌다. 그리하여 교내 잡지 동아리에 들어가 드디어 자신들의 팀을 새로 만들었다. 그러다 보니 어느새 편집이라는 일을 동경하게 되었다.

대학 2학년 무렵, 나는 《Wasteland》(아레치출판사)라는 잡지의 맨 끝부분에서 편집자 고토 시게오 씨가 주재하는 '슈퍼 스쿨'이라는 편집 학교의 광고를 발견하고 참가하게 되었다. 동시에, 친구가 다니던 게이오기주쿠 대학 쇼난후지사와 캠퍼스에서 열리던 후쿠다 가즈야 씨의 소설과 잡지 세미나도 몰래 청강했다. 내가 다니던 대학에서는 아쿠쓰 사토시 씨의 세미나를 들으며 브랜드 이론에 대해 배웠다. 당시 나는 잡지 제작과 브랜딩에는 서로 통하는 부분이 있다고 느꼈다. 이대로 취직하지 않은 채, 우리 팀이 구상한 잡지로 먹고살 수 있다면 얼마나 좋을까. 나는 학과 강의에는 거의 나가지 않았고, 흥미 있는 부분에만 그저 시간을 할애했다.

결국 잡지 제작마저 좌절되어 1호조차도 발행하지 못했다. 그 대신 롯폰기 클럽에서 우리가 직접 이벤트를 주최하기 시작했다. DJ나 라이브뿐만 아니라 헌책을 해체하여 손님이 직접 좋아하는 페이지를 고르게 한 뒤 엮어서 팔거나, 이벤트 실황을 그 자리에서 아침까지 편집하여 프리 페이퍼로 손님에게 나눠주기도 했다. 비슷한 무렵, 당시 미나미아오야마에 위치한 가구점 'IDÉE'의 1층에 있던 자그마한 간이 찻집 겸 헌책방에서 수제 소책자를 팔면서 헌책 매입을 도왔다. 한편, 고토 시게오 씨가 사카모토 류이치(일본 음악가-옮긴 이) 씨와 창설한 'code'라는 유닛이 시부야 파르코 갤러리에서 전람회를 할 때도 전시 의뢰를 받았다. 우리는 유명한 사람부터 그렇지 않은 사람까지 다양한 이들에게서 '굿라이프를 위한 기획서'를 작성 받아 철제 파일로 엮어서 책으로 만들었다. 책 옆에는 복사기를 두고 방문객이 자유로이 복사하여 기획을 실행할 수 있도록 하는 콘셉트의 작품으로서, 이 책을 전시하였다. 2002년, 대학 3~4학년이 되어서도 나는 취업 활동은 하는 둥 마는 둥이었는데, 지금 생각하면 당시 실험적인 '책방'을 조금씩 시작하고 있었던 셈이다.

베스트셀러가 된 사노 신이치의 《누가 '책'을 죽이는가》(시아출판사, 2002)를 읽기 전까지 나는 그저 책방의 손님일 뿐이었다. 뉴스에서 '출판 불황'이나 '젊은이의 활자

이탈'이라는 말을 들었지만, 늘 책방에 가면 손님이 있고 책은 잘 팔리는 것처럼 보였다. 하지만 사노 신이치의 책을 읽고 처음으로 출판유통의 전반적인 모습과 그곳에 내재한 문제점에 대해 알게 되었고, 손님이 아닌 입장에도 관심을 갖게 되었다. 잡지 제작에 좌절한 경험도 있었던 데다 편집 일마저 포기하기 시작했던 나는, 그때부터 후지와키 구니오의 《출판 환상론》과 《출판 현실론》이나 안도 데쓰야와 오다 미쓰오, 나가에 아키라가 공동 집필한 《출판 크래시!?》 등을 연이어 읽으며, 제작자 입장보다도 전달자 입장 쪽에 커다란 과제가 있다는 사실을 알게 되었다. 그 전후에는 기타오 도로 씨의 《나는 온라인 헌책방 아저씨》를 읽으면서, 인터넷을 통해 헌책 판매가 가능하다는 사실도 깨달았다. 이 정도라면 나도 할 수 있을 것 같았다. 당시 Amazon이 일본에 상륙한 상태였지만, 아직 마켓플레이스는 시작되기 전이었다. 시대는 크게 변화하고 있다. 젊은 혈기 탓에 나는, 출판업계를 바꿀 수 있는 일을 하고 싶다고 생각했다.

취업 후 두 달 만에 중도 탈락

출판업계를 바꾸려면 그 안으로 들어가서는 안 된다고 생각했다. 만약 좁은 문을 돌파하여 들어갔다 치더라도, 1년차 신입 사원이 내부에서부터 바꿔나가려면 몇십 년이 걸릴지 알 수 없었다. 그만큼 경직된 업계라는 사실 또한 신기하게도 책이 가르쳐주었다.

그리하여 출판사와 어느 정도 관련이 있는 회사가 없는지 외부에서 찾아보다가 발견한 곳이, 대형 국제 박람회를 주최하는 회사였다. 출판사가 부스를 출전하는 박람회를 개최하는 회사였기 때문에, 당시 내게 그 일은 출판업계에 새바람을 불어넣는 대전처럼 느껴졌다. 이곳밖에 없다는 생각에 입사했지만, 결국 2003년 4월에 입사하여 같은 해 6월 중순에 퇴사했다. 이유를 말로 설명하기는 어렵지만, 나의 이상이 너무 컸을 뿐만 아니라 이상을 향해 다가가기에는 지나친 격무에 시달려야 했다. 무엇보다도 나는 회사에 맞지 않았다.

학창 시절 같이 활동하던 친구들 중에는 여전히 대학이나 대학원에 다니는 이도 있었다. 일단, 인터넷에서 헌책이 잘 팔린다는 사실을 알게 된 영향이 컸다. 당시 나는 스물세 살이었다. 신입 사원으로서 3년 이내에 재취업이나 전직을 할 수 있는 연령 제한은 대체로 스물다섯 살이었고, 그때까지는 아직 2년이 남아 있었다. 어찌 됐든 3년은 포기하지 말고 같은 회사에 근무해보라고 말하는 사람도 있었지만, 아무런 근거도 없는 말처럼 느껴졌다. 한동안 아르바이트로 먹고살면서 우선 가능한 일부터 시작해보고, 2년 안에 아무런 계기도 생기지 않는다면 다시 한번 취업 활동에 전념하리라 생각했다. 그런 결정을 내리면서, 포기는 빠른 편이 좋겠다고 결론지었다.

프리터와 프리랜서 사이에서

　물론 처음부터 갑자기 책과 관계된 일로 먹고살 수 있으리라는 생각은 하지 않았다. 회사를 그만두고 처음에는 촬영 팀의 운전기사로 일하다가 콜 센터에서 민원 처리 업무를 하고, 그 후에는 소규모 광고 대리점에서 웹 사이트나 배너 제작을 하는 등 수입이 좋은 아르바이트를 여기저기 전전하는 한편, 동시에 도쿄 센다기에 있는 '오라이도 서점'에서 아르바이트 스태프로 4년 정도 근무하였다. 이곳은 '문맥 서가(장르나 형식에 구애받지 않고, 책의 주제나 내용에 따라 책을 배치하는 오라이도 서점 특유의 진열 방식-옮긴 이)'로 알려지면서 전국적으로 유명해진 작은 서점이다. 그와 동시에, 아직 학생이었던 친구와 함께 '북 픽 오케스트라'라는 헌책 유닛을 만들어 활동하였다.

　내가 막 회사를 그만둔 시점에, 흥미로운 건물에 살던 친구가 유학을 가게 되면서 뒤를 이어 살아줄 사람을 구하고 있었다. 도덴 아라카와선의 아라카와유엔치마에역에서 가장 가까웠으며 굉장히 넓은 집이었다. 나는 방 한 칸에서 관리인으로 살면서, 친구나 친구의 친구가 드나들며 다양하게 이용할 수 있는 다목적 공간으로 집을 운영하였다. '아파트를 편집한다'라는 콘셉트로 '모델 룸'이라는 이름을 붙여 '북 픽 오케스트라'의 재고를 가져다 놓고, 매달 파티를 열거나 헌책을 팔고 다양한 용도로 장소를 빌려주기도 했다. 가난했지만 다들 이런저런 음식을 가져다주었기 때문에 버틸 수 있었다.

당초에는 멤버 중 나만 프리터였고 모두 학생이었다. 되도록 다양한 장소에 얼굴을 내밀며 책과 관계된 일이라면 무엇이든 하겠다고 말하고 다닌 덕분에, 조금씩 프리랜서로서 일이 들어오게 되었다. 고토 시게오 씨의 스쿨을 책으로 쓴《우리는 편집을 하며 살고 있다》에 졸업생으로 실리게 된 일을 계기로 출판사 마블트론으로부터 취재나 녹음 기록을 타이핑하는 일을 의뢰받거나, 당시 NTT 출판사에 근무하던 현 미시마샤 출판사 대표 미시마 구니히로 씨가 편집한 책을 원문 대조 없이 교정하는 일을 도왔으며, 포플러샤 출판사에 다니던 친구로부터 새로운 잡지의 배너 광고 디자인을 의뢰받기도 했다. 어찌됐든 그런 식으로 출판업계의 구석에서 사람으로부터 사람을 소개받으며 의뢰가 들어오면 무엇이든 한다는 자세로 일관했다. 당시에는 어느 정도 문장력을 지니고 있으면서 간단한 디자인이나 HTML/CSS의 코딩이 가능한, 젊고 편리한 프리랜서가 지금보다 훨씬 적었던 것 같다. 나는 아르바이트를 조금씩 줄이면서 그러한 일을 늘려갔다. 25세를 맞이했을 때 신입 사원으로서 취업 활동을 하는 일은 그만두었다. 앞날이 보이지 않았지만 어떻게든 해나갈 수 있을 것 같은 기분이 들었다.

자주적 활동 역시 무엇이든지 했다. 학창 시절의 클럽 이벤트를 계기로 탄생한 '니기리즘(일본어로 주먹밥을 뜻하는 오니기리에, 이론이나 학설을 뜻하는 영어 ism을 합성한 말-옮긴 이)'이라는 창작 주먹밥 케이터링 유닛 활동을 하거나, 친구가 만든 그림자극 극단을 도와주거나, 책을 모티프로 한 예술 작품 제작을 돕는 등, 그 밖에도 동세대 친구들이나 그 친구의 친구들의 활동까지 다양하게 참여했다. 비교적 좋은 일거리만 골라서 일주일에 3일 정도만 일하며 최소한의 생활비를 벌었다. 남는 시간의 대부분은 그렇게 자주적이면서도 앞날을 예측할 수 없는 활동에 쏟아부었다.

당시에는 무슨 활동이 어떤 식으로 도움 될지에 대한 생각은 하지 않았다. 어디에도 소속되지 않은 채 정체가 무엇인지 알 길이 없는 가난하고 막막했던 2003년부터 2007년 무렵까지의 기간 동안, 동세대 사람들과 함께 다양한 분야를 모색하며 보낸 경험이 지금의 나를 만들었다. 그 기간에는 '북 픽 오케스트라'가 활동의 중심이었고, 훗날 혼자 'NUMABOOKS'라는 이름을 갖게 되었다.

책과 사람과의 만남을 만드는 방법

회사를 그만둔 2003년 6월, 일단 세 사람이서 책과 사람과의 만남을 만드는 유닛 '북 픽 오케스트라' 활동을 시작했다. 이른바 동아리 활동 같은 예술 유닛처럼 뜻을 가진 사람들의 모임이었는데, 학창 시절 친구들을 중심으로 하여 조금씩 멤버가 늘어났다.

먼저 웹 사이트부터 시작했다. 당시 온라인 헌책방은 단순히 책 목록과 사진만 실어놓는 곳이 많았다. 그리하여 '헌책방 웹 매거진'이라는 콘셉트로 헌책 한 권을 소개하기 위해 일부러 촬영을 나가거나 대담을 수록하고 매일 헌책에 관련된 칼럼을 갱신하며, 어찌 됐든 수지 타산을 뒤로 한 채 많은 콘텐츠를 담아냈다. 웹 매거진의 기사 속에서 헌책 한 권을 판매한다는 사실만 떠올리게 하면 되었다. 어쨌든 재미있는 사이트를 만들면, 우리도 즐겁게 운영할 수 있고 누군가는 주목해주리라고 생각했다.

2003년 7월, 결성되고 처음으로 출장 이벤트를 위해 만든 첫 상품이 '문고본 엽서'였다. 문고본을 크라프트지로 포장하여 겉면에는 이른바 엽서 형식으로 수신인 명과 메시지를 적을 수 있도록 해두었고, 안쪽에는 내용물인 책 속 한 구절을 인용한 문장을 인쇄해두었다. 문고본이 들어 있다는 사실은 알아도 내용물은 보이지 않기 때문에, 손님은 저자명이나 책 제목도 알 수 없다. 인용 문장에만 의지한 채 새로운 책과 우연히 만나게 하기 위한 상품이었다. 구입하면 스스로 열어서 읽어도 되고, 우편함에 넣어 누군가에게 선물할 수도 있었다.

인용된 한 문장으로 책에 대한 정보를 압축하고 나머지 요소는 감추어둠으로써, 손님은 책을 고르는 일이 편해졌다. 2004년에는 기타오 도로 씨에게 의뢰를 받아 '신세기 서점'이라는 북 이벤트에 참가하였다. 이는 《신세기 서점》이라는 서적으로 출간되어 지금도 기록으로 남아 있다. 그 이벤트에서는 추천인의 얼굴 사진과 출신지, 좋아하는 음식으로 정보를 압축한 'Her Best Friends'라는 상품을 내놓았는데, 약 2주의 이벤트 기간 동안 거의 모두 팔렸다. 그 후에도 같은 맥락에서 책의 초판 연도만으로 정보를 압축하는 등 다양한 방법으로 책을 판매했다.

2005년 8월에는 예약제이자 입장 요금제인 'book room [encounter.]'라는 실물 매장을 차렸다. 서가에 진열된 책은, 처음부터 종이로 포장된 상태여서 내용물이 보이지 않았다. 손님은 자유로이 책을 골라 열어볼 수 있었고 원하는 책은 구입도 가능했다. 단, 구입하지 않을 경우에는 그대로 원래 자리에 꽂아놓을 수 없었다. 책을 훌훌 넘겨본 뒤 마음에 든 한 구절을 인용한 문장과 다음에 그 책을 고를 사람을 위한 메시지를, 동봉되어 있던 종이에 적어서 남기는 것이 규칙이었기 때문이다. 그 종이를 책에 끼워두고 봉투는 벗긴 뒤 책을 원래 있던 자리에 꽂아두어야 했다. 이 과정을 반복하다 보면 처음에는 매장의 어디에 무슨 책이 있는지 몰랐다가, 영업하는 동안 점점 포장된 종이들이 하나둘 벗겨지면서 이 근처에는 이런 장르의 책이 있다는 사실을 알아차리는 것이다. 봉투에 든 책은 아직 누구와도 만나지 않은 책이 되었고, 봉투가 벗겨진 책은 과거에 이 가게를 방문한 누군가에 의해 인용된 문장과 메시지가 적힌 책이 되었다. 사람에서 책으로, 책에서 사람으로, 우연한 만남을 연출하는 책방으로서 2006년 10월까지 요코하마에서 운영하였다.

2005년 6월에는 도쿄 에비스에 있는 갤러리를 빌려서 책에 자유롭게 필기가 가능한 기간 한정 서점 'WRITE ON BOOKS'를 오픈했다. 헌책에 남겨진 예전 주인의 흔적을 재미있어하며 확장해나가는 동시에, 그 안에 글을 써넣으면 대량 생산품인 책이 세상에서 단 한 권뿐인 책이 된다는 사실을 표현하고 싶었다.

돈이 되는 일은 아니었지만 나는 조금씩 이름이 알려진다는 사실을 실감했다. 당시 시간에도 아랑곳하지 않은 채 어떻게 하면 책과 사람이 우연히 만날 수 있을지에 대해 끝없이 의견을 주고받았던 경험은, 그 후 나 자신의 활동으로 확실히 이어졌다. 그러다가 점점 멤버가 늘어가면서 의견 차이도 발생하게 되었고, 서서히 나는 모두를 결속하는 일이 힘겹게 느껴졌다. 2006년 말, 나는 실질적 리더였던 가와카미 요헤이에게 대표 자리를 물려주었다. 그 이후 '북 픽 오케스트라' 활동은 지금까지 이어지고 있다. '책방 B&B'에서도 '문고본 엽서'는 현재 인기 품목 중 하나이다.

북 코디네이터라는 직함

2005년 10월, 도쿄 하라주쿠 진구마에 근처에 'TOK-YO HIPSTERS CLUB'이 오픈했다. 1층에는 의류 및 잡화와 책이 있고 2층에는 갤러리, 3층에는 카페가 있는 콘셉트의 가게로, 대형 의류 기업인 월드가 운영하였다. 나는 그 가게의 도서 매장 담당자로서, 나중에 '북 코디네이터'라는 직함을 자처하는 계기가 된 북 큐레이션 업무를 시작했다.

'HIPSTERS'라는 이름 그대로 앨런 긴즈버그나 잭 케루악 등 비트제너레이션(1950년대 전후 미국 사회의 억압적이고 위선적인 분위기에서 보수화된 기성세대에 반발하며 저항적인 문화와 기행을 추구했던 젊은 세대-옮긴이) 작가를 기점으로 카운터 컬처(주류 문화에 대항하는 문화-옮긴이)의 계보를 따라가면서, 현대의 힙스터(유행을 따르지 않고 자신만의 고유한 패션과 음악 문화를 좇는 부류-옮긴이)를 그려내는 것이 북 큐레이션의 콘셉트였다. 종종 '신세기 서점'을 보러 오던 담당자에게 의뢰를 받아 이 매장을 꾸미는 일을 맡게 되었다. 마침 좋아해서 이따금 읽던 분야였기 때문에 약간의 지식도 있었다. 행운이 겹친다고밖에 말할수 없었는데, 이 일을 계기로 같은 회사의 다른 브랜드나

타 기업으로부터 조금씩 도서 매장이나 도서관의 북 큐레이션 일이 들어오게 되었다. 당초에는 스스로를 프리랜서 서점 직원이라고 말했지만, 나중에는 직함이 필요해져서 스스로를 '북 코디네이터'라고 칭했다. 회사명도 필요해서 'NUMABOOKS'로 지었다. 이름을 알려야 했으므로 가급적이면 알기 쉬운 편이 좋다고 생각했다.

서가가 브랜딩의 도구가 된다는 사실을 깨달은 때는 이 무렵이다. 책은 이익률도 낮은 데다 이런 종류의 가게에서는 날개 돋친 듯 팔리는 품목도 아니다. 그러나 한쪽 벽을 차지하며 브랜드 콘셉트를 나타내는 서가는, 이 가게의 인격을 드러내는 데 부족함이 없다. 이것이 브랜딩이라고 생각했다. 상품이나 접객, 내부 인테리어나 음악만으로는 세세하게 다 전달하지 못하는 맥락을, 서가에 진열한 책의 책등이나 시각적 효과, 그리고 내용물이 자연스레 전달한다. 내가 대학에서 공부했던 내용과 일이 합치하는 순간이었다. 서가를 꾸미고 싶다는 상담을 받을 때마다 고객에게 그러한 부분에 대해 설명하였다. 의류, 잡화, 음악, 인테리어, 숙박, 주택, 음식, 의료, 스포츠, 광고 등등 다양한 업계의 여러 기업 사람과 만나 일하면서 출판업계와의 차이를 비교하여 생각하는 버릇이 생겼고, 그것은 다음 아이디어의 원천이 되었다.

그중에서도 디스크유니온이라는 회사와 2011년에 만

든 독서용품 브랜드 'BIBLIOPHILIC'의 프로듀서 일은 지금까지 계속해오고 있다. 처음에는 디스크유니온의 CD 및 레코드 매장 안에 책 코너를 만들어달라는 의뢰를 받은 일이 계기였다. 그러다 몇 가지 일을 함께 해오면서 사장과 의기투합하였고, 북 커버부터 서가에 이르기까지 온갖 '책이 있는 생활을 위한 도구'를 취급하는 브랜드를 만들자는 아이디어가 나왔다. 이제는 전국 200곳 이상의 서점이나 잡화점과 거래하면서 매월 새로운 상품이 발매되고 있으며 개발에도 힘쓰고 있다. 물건의 측면에서 책을 즐기는 발상에 대해 떠올리는 일에는, 타 직업과는 다른 재미가 있다.

2008년쯤부터 잡지의 책이나 책방 특집에도 편집이나 집필, 인터뷰라는 형태로 다양한 의뢰를 받기 시작했다. 한편, 북 큐레이션 이외에도 출판사나 전자 서적 단말기의 브랜딩이나 프로모션 등 책과 책방에 관련된 콘텐츠 제작 및 총괄에 대한 일도 관여하게 되었다. 출판업계의 다양한 회합에 불려 나가기도 하고 고문으로 계약하여 사내 안건을 돕는 역할을 하는 등, 상상도 하지 못한 방향으로 일이 확장되어 간 때도 이 시기이다. 2009년 3월에는 첫 저서인 《책의 미래를 만드는 일/일의 미래를 만드는 책》도 출판하였다. 모두 나의 일을 알아봐준 누군가와의 만남이 계기가 되었다.

동시에 '북 픽 오케스트라' 시절에 해왔던, 실험적인 책과 사람과의 만남을 만드는 '책방'으로서의 활동도 혼자 이어갔다. 2007년에는 책을 좋아하는 미용사가 자신이 가장 좋아하는 책을 커트한 작품전 '책/종이/머리카락', 2009년에는 문고본과 음료의 세트 메뉴인 '문고본 세트', 2010년에는 같은 책을 다함께 읽는 DJ 이벤트 'hon-ne', 2011년에는 무인 책방 겸 설치 미술 'NUMABOOKFACE' 등, 어찌 됐든 '돈이 되지 않는 일'에서 손을 놓지 않으려 했다. 고객에게 의뢰받은 일만 한다면 거기에 그치고 말기 때문이다. 한편, 인터넷 덕분에 화제가 되는 일도 점점 늘어났다.

행운과도 같은 한 가지 일이 계기가 되어 새로운 경험과 사람과의 만남을 만들고, 그것이 또다시 다음 일로 이어져간다. 매번 처음 경험하는 일뿐이라 위가 자주 아프기도 하지만, 이러한 일이 현재까지 계속 이어지고 있다. 의뢰받아 하는 일도 자주적 활동도 서로 연결되어 있기 때문에, 그 업무 전체를 '북 코디네이터'라는 직함의 범주 안에 포함되는 일이라 여기고 있다.

앞으로의 동네 책방

2012년 7월, 도쿄 시모키타자와에 '책방 B&B'라는 30평 크기의 신간 서점을 오픈했다. 그리고 2017년 12월, 근처의 45평 매장으로 이전하였다. 콘셉트는 '앞으로의 동네 책방'으로, 하쿠호도 케틀(일본의 광고 대행사-옮긴 이)의 대표 이사 시마 고이치로 씨와 공동 경영하고 있다.

시마 씨와는 서로 알게 되자마자 곧 의기투합하여, 함께 술을 마시러 가기도 하고 일을 의뢰받게 되기도 하였다. 책방을 만든 커다란 계기는, 2011년 5월에 발매된 잡지 《BRUTUS》의 편집부로부터 '책방 애호가'라는 특집호 제작에 대한 의뢰를 받고 함께 참여하게 된 경험 덕분이었다. 동일본 대지진이 일어난 직후에 우리는 전국 책방을 취재하러 돌아다녔는데, 2011년 당시는 전자 서적의 원년이라고 불리던 해이기도 했다. 취재하는 동안 새삼 동네 책방의 중요성을 느낀 우리는, "종이냐 전자책이냐가 아니라 양쪽 모두를 즐길 수 있는 시대가 가장 풍요로운 책의 미래임이 틀림없으므로, 그러한 시대에도 계속 이어질 수 있는 작은 책방의 새로운 비즈니스 모델을 만들어야 한다"라고 맥주를 마시면서 몇 번이나 서로 이야기했다.

사실 '책방 B&B'는 원래 아사쿠사에 출점할 계획이었다. 도쿄 시타마치(에도 시대에 상인과 직인들이 모여 살던 지역을 뜻하는 말로, 서민적이면서 에도의 정취를 지닌 거리-옮긴 이)의 문화가 남아 있고 관광객도 많이 방문하는 이 지역에, 이렇다 할 책방이 없다는 점이야말로 기회가 되지 않을까 생각하던 중이었다. 그런데 공통의 지인이자 독립 신간 서점의 선배였던 SPBS 대표 후쿠이 세타 씨에게 보고하러 갔다가, "다들 바쁘니까 둘 다 빈번하게 갈 수 있는 장소에 만들어야지"라는 조언을 듣고 방침을 바꿨다. 서로의 사무실 주변인 시부야구, 세타가야구, 미나토구 근처에서 건물을 찾다가 시모키타자와에서 가게 자리를 발견했다.

맥주를 마실 수 있고 가구를 판매하며 매일 이벤트를 개최한다는 특징은 서로 동시에 해오던 이야기였지만, 최종으로 결정을 내린 때는 건물을 정하고 난 뒤였다. 이곳에서라면 가능하다고 생각했다. 시모키타자와는 도쿄에서 손꼽을 정도로 걸으며 즐길 수 있는 거리이자, 신간 서점으로는 '산세이도 서점'과 '빌리지 뱅가드' 시모키타자와점이 있으며, 헌책방은 '고서 비비비'와 '혼키치'를 비롯하여 유명한 가게가 많이 모여 있다. 특히, 동일하게 새 책을 취급하는 산세이도 서점이나 빌리지 뱅가드와는 다른 역할을 완수해야 한다고 생각하여 우리는 도서를 선별해왔다. 작은 책방을 운영할 것이므로, 동네 전체를 하나의 책방으로 바라보고 즐겁게 둘러볼 만한 상품을 갖춰야 한다고 생각했다.

중개는 도한이 맡아주었다. 그때까지는 의뢰를 맡은 건마다 함께 일하는 사람은 있어도 기본적으로는 계속 혼자였기 때문에, 무엇을 해도 출판업계의 바깥을 빙글빙글 맴도는 듯한 기분이었다. '책방 B&B'를 시작한 뒤 문득 정신을 차려보니, 어느새 스태프를 거느리고 출판유통 시스템에서 상품을 취급하는 신간 서점의 경영자가 되어 있었다. 조금씩 업계를 실감하면서 내부 사정을 알아가는 과정을 통해 책방은 성립해나간다. 이 책이 출판될 무렵에 책방은 6주년을 맞이하지만, 길게 느껴지면서도 여전히 출발 지점에 서 있는 듯한 기분이다. 이 땅에서 몇십 년이든 계속 책방을 유지해나가기 위해서 지금도 매일 시행착오를 거듭하고 있다.

도서 선별부터 공간 만들기까지

'책방 B&B'를 시작한 뒤, 가게를 마음에 들어 하는 사람들로부터 의뢰가 들어오면서 고맙게도 일의 폭이 한층 넓어졌다. 그중 하나가 2014년 6월 요코하마 미나토미라이의 조선소 설비 철거 부지에 개업한, 성인을 위한 셰어 공간 'BUKATSUDO(일본어로 동아리 활동이라는 뜻-옮긴이)'이다. 나는 그 시설의 크리에이티브 디렉터로서 명칭 제안을 시작으로, 내부 인테리어는 다나카 히로유키 건축 설계 사무소에, 그래픽은 'groovisions'에 의뢰하며 총괄 지휘를 맡았다.

코워킹스페이스와 시간제 부엌, 스튜디오 등 다양한 대여 공간과 월 단위로 계약하는 '동아리방', 그리고 커피 매장이 일체화되어 있어 마치 새로운 시민 회관 시설처럼 느껴진다. 이용자가 자유로이 사용하기 위한 공간이라고는 하나, 그곳의 분위기를 만들어가려면 운영자 측도 계속해서 콘텐츠를 개발해야만 한다. 그리하여 개업 후에도 그곳에서 개최하는 강좌의 기획에 관여하게 되었다. 책방에서 매일 이벤트를 열고 있는 경험도 살리면서 개업부터 지금에 이르기까지 활동을 이어오고 있다.

나의 강의도 이곳에서 열린다. 2013년 12월에는 이제까지의 경험을 바탕으로 《책의 역습》이라는 책을 출간하였는데, 그 책을 읽고 실제로 책방을 시작하려는 사람을 위한 실천적 수용처의 필요성을 느끼던 참이었다. 그리하여 2014년 8월, '앞으로의 책방 강좌'를 시작하기로 했다. 지금도 이어지고 있는 그 강의의 내용이 바로 이 책의 원점이 된다.

'책방 B&B'를 시작한 이후, 가게나 공간을 만드는 일에 대한 의뢰가 늘었다. 물론 그 대다수는 책방이다. 후쿠오카 덴진에 있는 'Rethink Books', 도쿄 긴자에 있는 'EDIT TOKYO' 등은 기간 한정의 책방으로 직접 운영하고 있으며, 도쿄 시부야에 있는 'HMV&BOOKS TOKYO(현 HMV & BOOKS SHIBUYA)'의 설립에도 깊숙이 관여했다. 설령 그곳에 책이 없더라도 이벤트나 강의, 워크숍 또는 책방이나 그곳에 모이는 사람들 자체가 전달 방식을 생각해야 할 콘텐츠라면, 모두 넓은 의미의 '책'이자 내게는 '책방' 업무의 연장선이나 마찬가지라고 생각하게 되었다.

책을 파는 일의 공공성

2016년 12월, 아오모리현 하치노헤시에 '하치노헤 북센터'가 문을 열었다. 시가 직영하는 시설로는 드물게 도서 판매를 실시하는 공공시설이다.

하치노헤 북센터 개설은 하치노헤시의 고바야시 마코토 시장이 세 번째 임기의 정책 공약으로 내건 '책의 거리 하치노헤'를 추진하는 거점이다. 시장의 생각도 강했으며 구체적으로 어떻게 실현시킬지 고민하는 단계에서 의뢰를 받았기 때문에, 2014년 이후 디렉터로서 설립 준비부터 현재에 이르기까지 계속 관여하고 있다.

시내에도 서점은 있지만, 사업으로 성립시키려면 아무래도 수요가 있는 책을 중심으로 상품 구색을 맞추게 된다. 인문·사회 과학이나 자연 과학, 해외 문학, 예술 같은 분야의 책은 취급하기 힘들다는 이유로 서가에 거의 진열하지 않는다. 이는 하치노헤시뿐만 아니라 많은 지방 도시에서 일어나는 일이다. 서점의 서가에 진열하지 않는다는 말은, 그 지역 사람들이 직접 그 책을 골라 구입할 기회가 없다는 뜻이다. 민간사업으로는 성립하기 어렵지만 그것이 교육이나 문화적 관점에서 제공되어야 할 기회라고 생각하면, 행정에서 직접 다루는 사업으로서 공공성이 존재하게 된다.

물론 도서관은 있다. 하지만 도서관의 책은 공공재이다. 생활 공간 안에서 책을 소유하며 자유로이 다룰 수 있다는 것은, 공공재로써 체험하는 것과는 차원이 다르다. 게다가 인터넷이 발달한 이후 책을 둘러싼 환경이 크게 변화하는 가운데, 서점뿐만 아니라 도서관에도 변화가 요구되고 있다. 그러한 상황에서 '책의 거리'를 목표로 하는 하치노헤시가 서점도 도서관도 아닌 제3의 시설을 만듦으로써, 앞으로 각 지방 도시가 지녀야 할 역할을 재정의하여 서로 분담해나가기 위한 선진적인 대처를 보여줄 수 있다는 생각이 들었다.

하치노헤 북센터는 '책을 읽는 사람을 늘린다', '책을 쓰는 사람을 늘린다', '책으로 동네를 부흥한다'라는 세 가지 기본 방침을 내걸고 있다. 책을 진열하는 공간 외에 다양한 스타일로 책을 읽을 수 있는 독서 공간, 책과 관련된 기획 전시가 열리는 갤러리, 그 지역 특산품의 음료를 즐길 수 있는 카페 카운터를 설치하였다. 더욱 특수한 기능을 하는 공간으로, 사면이 서가로 둘러싸인 서재에서 숨겨진 문을 밀고 들어가면 나타나는 독서 모임 전용의 '독서 모임방'과, 서재 구석의 방 두 곳에 시민 작가로 등록한 사람만이 사용할 수 있는 집필 전용실 '깡통 부스'가 있다. 프로그램 측면에서도 북센터 주최의 독서 모임이나 책을 서로 추천해주는 정기 이벤트 '북 드링크', 대학교나 전문학교의 선생님을 초대하여 책에 대한 이야기를 듣는 '아카데미 토크', 책의 집필 및 출판에 관심 있는 사람들을 위한 '집필 및 출판 워크숍' 등을 개최하고 있다.

한편, 운영 스태프에 대한 부분에서도 다양한 궁리를 했다. 하치노헤 북센터에서 일하는 스태프는 크게 세 유형으로 나뉜다. 시에서 해야 할 일이 무엇인지를 생각하면서 시설의 관리 및 운영을 맡은 시의 직원, 다른 지역에서 서점 직원으로 일하다가 이 지역으로 이주하여 도서 선별이나 기획을 담당하게 된 촉탁 직원, 그리고 시내에 본사가 있는 서점 세 군데가 공동 사업을 진행하기 위해 설립한 LLP의 직원으로서 발주 및 진열, 판매 등 현장 업무를 담당하는 스태프이다. 이 세 유형의 스태프들이 함께 운영함으로써, 촉탁 직원이 가지고 있는 노하우를 시내 서점과도 공유하면서 시의 시설로서 양질의 서비스를 제공해나가는 것을 목적으로 한다.

언젠가는 일본 전역의 지자체로 퍼져 나가 책의 세계를 풍요롭게 하는 사례가 되기를 바라면서, 지금도 매달 하치노헤시를 오가며 스태프와 의논을 통해 운영해나가고 있다.

온라인 고서점에서 가능한 일

2017년 7월 나가노현 우에다시를 거점으로 하여 인터넷에서 헌책 재사용 사업을 실행하는 '밸류북스'가 창업 10주년을 맞이했다. 10주년 기념 사이트의 캐치프레이즈는 '책방이 바뀌면 세상이 바뀐다'였다. 나는 2015년 말부터 밸류북스의 사외이사로서 계획에 참여하고 있다.

업계의 선두주자 중 하나인 밸류북스는 상시 약 200만 권의 재고를 보유하며 400명 이상의 종업원이 매일 약 만 종의 헌책을 매수 및 판매하고 있다. 한편, 헌책을 돈으로 바꾸어 기부하는 '차리본'이나 판매하지 못한 책을 기부하는 '북 기프트 프로젝트'처럼 재사용 사업을 핵심으로 하면서 사회에 환원하는 노력을 기울이고 있다. 2015년 1월에는 우에다시에 실제로 점포 'NABO(네이보)'를 열어서 해당 지역의 사람들에게 풍요로운 책과의 만남을 제공하기 위해 활동을 펼치고 있다.

밸류북스의 사장 나카무라 다이키 씨가 '앞으로의 책방 강좌'에 수강생으로 참여한 일이 계기가 되었다. 자신들의 상품인 책을 생산하는 출판업계에 무언가 환원하거나, 기존 테두리를 벗어나 사람들에게 책을 전달하기 위한 새로운 가능성을 찾는 데 있어서 힘을 빌려주길 바라는 마음에 내게 의뢰를 요청한 것이다. 나는 그가 말하는 비전에 진심으로 공감하며 기쁘게 동료로서 합류하기로 했다.

그 이후 밸류북스는 몇 가지 새로운 기획을 시작하였다. 그중 하나인 '밸류북스 에코 시스템'은 헌책의 이익 중 일부를 출판사에 환원하는 프로그램이다. 밸류북스의 재사용률을 기준으로 하여 시장에서 시세 하락이 일어나기 힘들고 오랫동안 계속 읽히는 책을 만드는 출판사와 파트너십을 조직하고, 보다 좋은 책의 순환을 일으켜나가는 일을 목표로 하고 있다. 한편 '북 버스'라는 기획은, 이름 그대로 헌책을 싣고 달리는 버스이다. 이동도서관 차량으로 사용되던 차를 개조하여 책방이 없는 지자체나 북 이벤트 등을 중심으로 전국 각지로 책을 배달한다.

이제껏 나는 계속 작은 팀으로 일해왔다. 밸류북스에 합류하면서부터는 같은 뜻을 지닌 동료가 순식간에 늘어났으며, 보다 역동적인 움직임 속에 회사로서 몰두하는 일에 도전할 수 있게 되었다. 아직 목적지에 도달하지 않은 일도, 착수하지 못한 일도 많다. 앞으로의 움직임에 기대해주길 바란다.

출판사를 시작하다

2017년, 'NUMABOOKS'로서 출판 사업을 시작하기로 했다. 여기에는 세 가지 이유가 있다.

첫 번째는, 15년 가까이 일을 해오면서 '이 사람의 책을 내고 싶다'라고 생각하던 사람과의 만남이 늘었기 때문이다. 두 번째는, 북 큐레이션의 일을 해오면서 '이런 책이 있다면 좋을 텐데', '이 책은 좀 더 이런 식으로 만들었다면 좋았을 텐데'라고 느낀 적이 많았기 때문이다. 그리고 세 번째는, 출판사 입장에서만 볼 수 있는 세계가 틀림없이 있기 때문이다. 그때까지도 책을 만드는 일에 관여할 기회는 여러 번인가 있었다. 그러한 기회까지 포함하여, 여태껏 출판사 사람과 이야기해온 아이디어도 실제로 실현하지 못한 것이 많다고 느끼던 참이었다. 신간 서점을 경영하면서 처음 알게 된 점들이 있듯, 그 배후에는 분명 편집자의 입장이나 출판사를 경영하는 입장이 확실히 되어봐야만 실감하고 이해할 수 있는 부분이 있으리라 생각했다.

실제로 최근 1년간 저자나 디자이너와 일하며 자사에 제시된 인쇄 견적을 확인하고 유통 과정 중 세세한 장벽에 부딪히면서, 지금까지 알고 있다고 여겼던 일들이 사실상 전혀 알지 못하는 것투성이였다는 사실을 나날이 통감하는 중이다.

그럼에도 어떻게든, 우연히 만날 수 있었던 멋진 저자와 그의 작품을 최대한 내용에 적합한 형태로 만들고 싶다. 이는 편집이나 장정, 제본뿐만 아니라 어떻게 사람의 손에 전달할지에 대한 유통이나 화제 생성까지의 모든 과정을 포함한다. 세부적인 부분까지 신경 쓴 편집과 디자인, 인터넷 시대에 알맞은 유통과 화제 생성, 기존의 유통이나 서점 현장에서 상식적으로 실현 불가능하다고 여겨졌던 제본이나 가격. 불과 한 부분이라도 그러한 기존 상식이나 제약을 초월할 만한 책을 제작하겠다고 다짐하면서, 지금까지 네 권의 책을 만들었다.

요시다 쇼헤이의 《신주쿠(콜라주)》는 전체적으로 새하얗고 간소하면서도 호화스러운 방법을 고집하여 제작한 뒤, 선행 발매를 몇 단계로 나누어 화제를 생성하고 최초의 플랫폼으로 크라우드펀딩을 사용하였다. Rethink Books편 《오늘의 숙제》(책방 B&B가 기간 한정으로 운영한 서점 Rethink Books의 벽에 부착된 칠판에, 개점한 날부터 매일 거르지 않고 게시해온 '오늘의 숙제'를 엮어서 만든 책-옮긴 이)는 기간 한정 서점인 Rethink Books의 오픈 일정에 맞추어 편집 프로세스를 생각하고 자사 한정 발매로 함으로써 도전적인 제본과 가격을 실현하였다. 스게 슌이치의 《관찰 연습》에서는 직관적으로 위화감이 있는 크기나 일반적으로 사용하지 않을 법한 읽기 힘든 제목의 글자 등 제본과 디자인 부분에서 철저히 주관을 드러냈다. 사사키 다이스케의《우리들의 강령술》은 350부 한정의 특별판 소설로, 참고 가격은 13,500엔이지만 시세에 따라 점점 가격이 오르는 가격 설정을 직판으로 실현하였다. 그 밖에도 이것저것 세세하게 신경 쓴 부분과 앞으로 시작할 예정인 작업이 많이 쌓여 있다. 물론 하고 싶었지만 실현하지 못했던 일도 있다.

앞으로도 다양한 분야에 도전하며 책 한 권 한 권을 통해 독자에게 새로운 체험을 제공하는 출판사로 존재하고 싶다.

동아시아가 최첨단일지도 모른다

2017년 9월, 나는 중국 사천성 성도시에서 열린 '성도 국제서점 포럼'에 패널리스트로 초빙되었다. 세계 곳곳의 서점 경영자를 초대하여 함께 미래에 대해 이야기하는 포럼으로, 중국의 선진적인 대형 서점 '팡수오'가 주최한다. 그곳에서 나는 세계 어디에서든 비슷한 일이 벌어지고 있으며, 정도의 차이는 있더라도 이야기되는 내용의 전제와 수단은 상당 부분 공통적이라는 사실을 깨달았다.

인터넷이 발달한 이후의 현실 서점은 실제 공간이 있기 때문에 비로소 가능한 일과 온라인 서점에서는 불가능한 일을 해나가야만 살아남을 수 있다. 검색으로는 다다를 수 없는, 책과의 우연한 만남을 만들어내고 싶다. 책과 관련된 다양한 상품을 함께 판매하고 카페나 갤러리, 그 밖의 다양한 업태를 병설하며, 작가와 직접 만날 수 있는 이벤트나 지역 커뮤니티를 만드는 독서 모임 및 낭독회, 워크숍이나 음악 라이브, 그 밖에도 다양한 행사를 실시한다. 문화적 공간으로서 서점만의 가치를 생성하며 오랫동안 이어나간다. 이와 같이 포럼에서는 일본에 있더라도 나눴을 법한 이야기들이 넘쳐났다. 맥이 빠지기도 하고 안심하기도 했으며 당연한 듯한 기분마저 들면서 역시 신기하다는 느낌도 들었다. 그 사실을 확인할 수 있었다는 점, 그리고 세계 곳곳으로 찾아갈 수 있는 서점주들과 연결되었다는 점은 커다란 수확이었다.

2016년 6월, 전작 《책의 역습》의 한국어판 출간을 계기로 토크 이벤트에 초대받은 나는, 책의 편집자였던 아야메 요시노부 씨와 함께 서울에 갔다. 일본 책방을 잘 아는데다 구면이었던 지인 정지혜 씨, 한국어판 편집자인 문희언 씨의 안내를 받으며 서울의 책방을 순회했다. 그곳에서 아야메 씨와 나는 그 책방들의 상당한 속도감과 실험정신, 넘치는 아이디어에 놀라움을 금치 못했다. 돌아오는 공항에서 이 놀라움을 책으로 만들기로 결정하고, 1년 후인 2017년 6월에 《책의 미래를 찾는 여행, 서울》(컴인, 2018)을 공저로 출간했다.

성도에 초대된 때가 바로 그 직후였으며 아야메 씨도 동행했다. 그곳에서 우리는 동아시아 소국에야말로 미래를 향한 힌트가 숨어 있을지도 모른다는 가설을 품기에 이르렀다. 세계 곳곳에서 성도로 모인 책방들의 프레젠테이션보다도 그곳에 초대되지 않은 서울의 책방에서 듣고 곧장 책으로 만들어낸 이야기가 우리에게는 더 신선하고 최첨단으로 느껴졌기 때문이다.

한국 출판업계는 일본과 비슷하면서도 한층 혹독한 상황에 처해 있다. 그들의 말을 빌리면, 한국의 출판업계는 이미 한 차례 '붕괴'했다고 한다. 한국은 인구가 5,000만 명 정도로 일본의 절반 이하인 반면, 서울 인구는 약 1,000만 명으로 도쿄와 거의 비슷하다. 고도의 정보나 지식을 추구하는 계층은 두 나라 모두 수도권에 몰려 있다. 게다가 사용되는 언어의 벽이 커서 대개 자국 내에서밖에 출판 활동이 성립하지 않는다. 결국, 영어권이나 중국어권, 스페인어권과 비교하여 인쇄 가능한 부수가 적은 만큼, 상대적으로 봐도 출판업계의 위기는 보다 심각하다고 말할 수 있지 않을까. 이처럼 굉장히 심각한 상황이기에, 그럼에도 '책방'을 하려는 사람의 아이디어는 독자성을 갖기 쉬울지도 모른다는 생각이 들었다.

물론 짧은 프레젠테이션과 차분히 듣는 인터뷰는 다르다. 어디까지나 즉흥적인 가설에 지나지 않으며, 실제로 세계 곳곳을 취재해보지 않으면 모르는 일이다. 그러나 만약 그 가설이 어느 정도 옳다면, 지금 동아시아의 출판 사정을 소개하는 일은 아직 접하지 못한 세계의 '책방' 동료들에게 언젠가 도움이 될 지혜가 되지 않을까. 그러한 전제에서 아야메 씨와 나는 속편의 간행을 위해, 2018년 3월부터 4월에 걸쳐 타이완 타이베이의 책방을 취재하러 돌아다녔다. 그 사이에 《책의 미래를 찾는 여행, 서울》의 한국어판도 출간되었다. 자국을 상대로 쓴 책에서는 말하지 못하는 부분까지 취재할 수 있다는 점이 역수입의 강점으로, 일본에서 본 서울의 책방상은 한국 사람들에게도 호의적으로 받아들여진 듯하다. 타이베이는 또 그 나름대로 서울과는 다른 발견이 있었다. 앞으로는 이 가설을 중심으로 세계의 '책방'과 깊이 교류하며 다음 활동으로 나아가고 싶다.

별책

일본의
도서 매입
방법

1. 책을 매입하기 전에

별책에 대하여

책을 팔고 싶다. 조금의 이익을 얻기 위해 정가가 아닌, 도매가로 매입하여 팔고 싶다. 굉장히 단순한 일이지만, 특히 신간 도서일 경우에는 사실 만만치 않은 일이다.

대체로 사람들은 일단 인터넷에서 '책, 매입'이라는 단어를 검색할 것이다. 물론 거대 출판 중개 사이트도 나오지만, 그 밖에 첫 페이지에 나오는 정보는 '야후! 지식검색'의 질문 사이트에 올라온 "책을 매입하는 방법을 모르겠어요"라는 질문들이 대부분이다. 대답은 제각각이고 단편적이어서 총망라된 내용은 하나도 없다. '아무래도 진입 장벽이 높을 것 같다'라는 사실만 확실히 깨달을 뿐이다. 자신이 하고자 하는 일에 적합한 형태가 존재할까. 아니면 전혀 없을까. 중요한 답을 알 길이 없다. 전반적인 내용을 도통 모르겠다.

인터넷상에는 정보가 없더라도 '책의 매입 방법'에 대해 정리된 책은 있으리라 기대하며 Amazon에서 검색해보지만, 아쉽게도 찾을 수 없다. 다른 업계에 대해 쓰인, 무언가 다른 종류의 '매입 방법에 대한 책'이 나올 뿐이다.

책방을 하고 싶다고 막연히 생각하는 사람 앞에 맨 처

음 등장하는 가장 최대의 장벽은, '책을 매입하는 방법에 대해 모른다는 점'이라고 계속 느껴왔다.

물론 매입할 수 있다고 해서 반드시 책방이 성립되지는 않는다. 어떤 책방으로 만들고 싶은지가 가장 중요하며, 일정량의 책을 판매할 수 없다면 계속 이어가기 힘들다. 그렇기 때문에 더더욱, 이런 시대에 굳이 '책을 팔고 싶다'고 생각하는 사람이 '매입 방법' 때문에 좌절해서야 미래가 있겠는가. '매입 방법'은 가능한 한 친절하게, 총망라하여 오픈하는 편이 좋다. 이 별책은 그 '매입 방법'의 장벽을 낮추기 위해 썼다. 내가 이 책을 집필하게 된 최초의 동기는 이 별책을 쓰기 위해서이다. 즉, 책을 팔고 싶다고 생각하는 사람에게 책의 매입 방법을 최대한 망라하여 많은 선택지를 제시하고, 그중 자신에게 맞는 방법을 선택하도록 돕는 것이 목적이다. 출판업계는 넓고 세분화되어 있기 때문에, 그 안에서 일하는 사람일지라도 자신이 관여하지 않는 업무나 자사의 거래처가 아닌 곳의 업태까지 전체상을 모두 파악하고 있지는 않다. 이러한 까닭에, 앞으로 책방을 시작하려는 사람에게는 필요 이상으로 그 장벽이 높게 느껴진다. 새로운 업태나 서비스가 나왔을 때는 정당하게 그것을 평가하지 못하는 일이 발생한다고 느낄 때도 있다. 주제넘는 말이지만, 그러한 동업자들에게도 도움이 되는 내용을 쓰려고 노력했다.

다만, 어디까지나 2018년 현재 일본에 한정된 정보이며 세부적인 부분은 상황에 따라 다르기 때문에 완전히 일반화하기는 어렵다는 사실을 유의해주기 바란다. 어쨌든 책방을 시작하기 전에 전체상을 파악하면, 적어도 심리적인 장벽은 상당히 낮아지리라 확신한다.

책이 독자에게 도달하기까지

매입에 대한 이야기를 하기에 앞서, 먼저 책이 독자에게 도달하기까지의 흐름을 대강 이해해보자.

저자가 책을 쓰면 출판사가 그 책을 출판한다. 중개 회사가 출판사에서 책을 받아 신간 서점이나 도서관에 책을 도매한다. 신간 서점이 독자에게 책을 판매하거나 도서관이 독자에게 책을 빌려준다. 고서점은 독자로부터 책을 사들여서 다음 독자에게 판매한다. 여기까지가 책이 독자에게 도달하기까지의 대략적인 흐름이다(그림1).

책을 제작할 때는 대부분 저자와 출판사 외에도 다양한 업자들이 관여한다(그림2). 출판사는 반드시 편집과 영업이라는 두 가지 기능을 맡는다. 편집자는 기획을 하고 책의 제작에 관계되는 모든 업자의 중간에 서서 책이 완성될 때까지 지휘를 맡는다. 편집자와 이인삼각으로 책을 제작하는 디자이너는 책의 제본이나 장정, 페이지 디자인을 진행한다. 필요에 따라 일러스트를 넣어야 할 때는 일

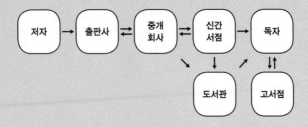

그림1. 책이 독자에게 도달하기까지

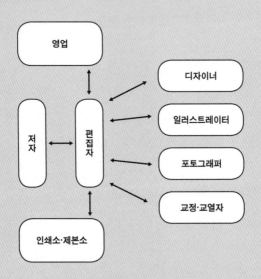

그림2. 책의 제작 과정에 관여하는 업자

러스트레이터, 사진을 수록할 때는 포토그래퍼 등과 협업하여 내용물을 만들어간다. 한편, 인쇄소나 제본소, 종이 도매상 등과도 협력하며 외부 형태를 설계해나간다. 마지막에 교정 및 교열을 거치며 내용에 틀린 부분은 없는지 체크한다. 이와 같이 편집자와 디자이너, 각 업자들이 수차례 소통을 거치면 책이 완성된다.

출판사는 완성된 책을 주로 중개인과 신간 서점에 영업하며 판매해나간다. 중개 회사는 각 서점의 사전 주문이나 이제까지의 판매 실적을 바탕으로 서점에 책을 할당한다. 그것을 운송업자가 각 서점에 납품한다. 도서관은 사서의 판단으로 선택된 책을 중개 회사나 신간 서점, 때로는 고서점을 통해 구입하여 들여놓는다.

이러한 과정을 거쳐서 독자는 책을 받아보게 된다. 이 책에서는 '책을 전문으로 다루는 사람' 모두를 넓은 의미에서 '책방'이라고 부르지만, '매입 방법'에 대한 내용을 다루는 이 별책에서는 주요 대상이 '책을 갖춰서 매매하는 사람'이다.

신품? 신간? 신서? 헌책? 고서?

본론으로 들어가기 전에 한 가지 더, 초심자에게는 까다롭게 느껴지기 쉬운 용어를 정리해두고자 한다.

'신품'인 책을 취급하는 서점을 '신간 서점'이라고 한다. '신품'인 책이라는 말은, 출판사가 그 책을 만들고 나서 아직 아무도 산 적이 없다는 뜻이다. 만약 그 책이 한 번도 펼쳐진 적이 없고 번쩍번쩍한 상태일지라도, 누군가 한 번이라도 구입한 적이 있다면 '헌책' 또는 '고서'로 취급한다. 반대로, 매장에 오랫동안 진열되어 너덜너덜해진 책이라도 아무도 산 적이 없다면 '신품'으로 취급한다. 그러한 책들이 반품되어 출판사로 돌아오면, '신품'으로 다시 출하하기 위해 커버와 띠지를 새롭게 교체하거나 책을 클리닝하기도 한다.

한편, '신간'이란 막 출간된 책을 말한다. 대체로 출간된 지 3개월 정도까지의 책을 가리키지만, 엄밀히 따지면 꼭 그렇지는 않다. 서점 직원이 '이제 막 출간된 책'이라고 느낀다면, 매장에서는 '신간'으로 취급되는 경우가 많다. 더 이상 '신간'이 아니더라도 '신품'의 책이라면 출간된 지 몇 년이 지나도 취급하는 곳이 '신간 서점'이다. 즉, '신간 서점'이라고는 하나, 반드시 '신간'만 취급하지는 않는다. 오히려 '신품'의 책 전반을 취급하는 곳이 '신간 서점'이라고 생각하면 된다.

헷갈리기 쉬운 용어로 '신서'라는 말이 있다. 이따금 '신서'라는 말을 '신품' 또는 '신간'의 의미로 사용하는 사람이 있는데, 아쉽게도 이는 틀린 표현이다. '신서'란 '신서 크기(173×105mm, 또는 이 크기에 가까운 판형―옮긴 이)'

라고 불리는 특정 판형의 책을 가리킨다. '이와나미 신서'라든가 '주코 신서'라는 레이블의 책을 떠올리길 바란다. 이들 모두 가로세로 길이가 거의 비슷하다. 그러한 판형의 책은 '신품'이든, '헌책' 또는 '고서'든 간에 모두 '신서'라고 부른다.

'헌책'이나 '고서'를 취급하는 가게가 '헌책방' 또는 '고서점'이다. '헌책'과 '고서' 및 '헌책방'과 '고서점'은 각각 구별 없이 같은 의미로 사용되는 경우가 많다. 다만, 뉘앙스로 따져서 비교적 최근의 책이나 신품으로 입수 가능한 책을 '헌책'이라 부르고, 상당히 오래된 책이나 입수하기 어려워진 책을 '고서'라 부르며 구분하여 사용하는 경우도 있다. 예를 들어 Amazon에서는 2018년 현재 아래와 같이 정의하고 있다.

Amazon.jp에서는 1880년대(메이지 초기)~1980년대 전반까지의 시기에 발행되고 ISBN이 붙어 있지 않은 책을 '고서'라 정의하고, 그 이후에 발행되어 ISBN이 붙어 있는 책을 '헌책'이라 정의하고 있습니다. 고서에는 특정 연대에 발행된 초판본 등이 포함되고, 일반적으로 일부 수집가 사이에서는 진귀하게 여겨지며 고가로 매매되고 있습니다.

_Amazon 도움말&고객서비스 주문〉상품정보〉고서에 대해서

Amazon 같은 곳에서는 마켓플레이스(다른 업체들의 물건을 Amazon이 판매하는 물건과 인터넷에서 나란히 놓고 판매할 수 있도록 한 기능-옮긴이)의 성질상 엄밀하게 정의해야 할 필요가 있을 테지만, 실제는 이렇게 세세하게 정의를 내려 구분하지는 않는다. 복잡한 데다 현시점에서 이러한 용어가 낯설고 한 번 읽어봐서는 이해가 되지 않더라도, 사용하는 동안 곧 익숙해지므로 안심하기 바란다. 이후부터는 총칭해서 '새 책', '헌책'이라는 단어를 사용하겠다.

새 책과 헌책, 각각의 특징

새 책과 헌책은 각각 상품으로서 특징이 크게 다르다.

새 책은 총이익률이 낮다. 책이나 책방에 따라서 다르지만, 일반적으로 대략 20%라 생각하는 경우가 많다. 서점이 1,000엔짜리 책을 팔면 그중 200엔이 총이익이 된다. 더욱이 매입 가격(도매가)이 판매 가격(소매가)의 80%이기 때문에, 이를 상거래에서는 '공급률 80%'라고 부른다. 총이익 20% 안에서 인건비나 임차료, 광열비를 조달해야 한다. 여기에서 겨우 남은 액수가 순이익이 된다.

왜 이토록 총이익률이 낮게 성립된 걸까. 이는 중개 회사를 통해 신간이 자동으로 입고되면 잠시 진열했다가 출판사에 반품할 수 있는 구조 때문이다. 이처럼 중개 회사를 통해 반품할 수 있는 제도를 위탁제[1]라고 부르며, 이는 출판유통의 2대 제도 중 하나이다. 총이익률이 낮은 만큼 재고를 떠안을 리스크도 낮으므로 박리다매이기는 해도 오랜 기간 안정적인 상업이 가능하다고 여겨져 왔다.

한 가지 더 특징적인 제도는, 재판매제[2]이다. 제조업자가 소매점에 대해 정가 판매를 요구할 수 있는 제도를 말한다. 일반적으로 재판매제는 독점금지법에 위배되지만, 일본에서는 저작물의 경우 예외로 허용하고 있다[3]. 따라서 전국 방방곡곡의 어느 서점에 가더라도 동일한 책은 똑같은 정가에 판매된다. 그 밖의 비슷한 예로, 신문 역시 재판매제를 채택하고 있다.

한편, 헌책의 경우 소매점이 가격을 정하기 때문에 자연스레 총이익률도 소매점에 따라 다르다. 물론 한 번 사들인 헌책은 반품이 불가능하다.

그런 까닭에 헌책 거래에는 매절과 판매라는 두 가지 방식이 있다. 싸게 구입하는 것과 비싸게 파는 것은 다른 거래 방식이다. 따라서 매절을 전문으로 하는 헌책방도 있고 판매를 전문으로 하는 헌책방도 있다. 물론 양쪽 모두를 도맡아 하는 헌책방도 있다.

책이라는 의미에서는 어느 쪽이든 같은 물건이기는 하나, 상품으로 취급할 때는 새 책과 헌책에 커다란 차이가 있다는 사실을 알 수 있다.

특정 시대까지는, 새 책과 헌책을 한 가게에서 섞어 파는 행위가 출판사와 중개 회사로부터 금기시되어 왔다. 손님이 혼동할 만한 판매 방식은 취하지 않는 것이 당연했고, 헌책으로 싸게 사들인 책을 유통 과정에서 새 책으로 혼동하여 출판사에 반품하기라도 하면 정가에 해당하는 금액으로 되돌려 받아 소매점이 부당 이익을 취하게 되기 때문이었다.

최근에는 새 책과 헌책의 구별을 명확히 하여 실수가 발생하지 않도록 제대로 관리함으로써 둘을 병행하여 판매하는 경우도 많아졌다. 2010년에는 '신간 서점이 중고 도서를 함께 판매할 때의 가이드라인'이 공개되었고[4], 이에 부합하는 한 현재로써는 용인되고 있다.

이야기가 길어졌지만, 여기까지가 서론이다. 대략적인 유통의 흐름, 새 책과 헌책이 별개의 상품이며 각각의 특징이 있다는 점, 제대로 관리하면 동시에 취급할 수 있다는 점만 이해하면 된다. 드디어 도서별 매입 방법에 대한 이야기인 본론으로 들어가자.

2. 새 책을 매입하는 다섯 가지 방법

|1| 대형 중개 회사의 계좌를 개설한다

대형 중개 회사란

새 책을 매입할 때 가장 일반적인 방법은, 대형 중개 회사[*5]라 불리는 중개 회사의 계좌를 개설하여 매입하는 방법이다.

일본출판판매(닛판), 도한, 오사카야쿠리타. 대형 중개 회사를 말할 때는 주로 이 세 곳을 가리킨다. 여기에서 한 곳 더 추가하면 주오샤가 있다. 이 중에서도 닛판과 도한 이라는 두 거대 회사가 업계 점유율의 약 80%를 차지한다. 대형 중개 회사는 출판유통에서 다루는 거의 모든 책을 확실히, 최대한 신속하게 매입 가능하다.

대형 중개 회사의 계좌를 하나 개설하면 출판유통에서 다루는 책은 무엇이든 매입할 수 있다. 대형 중개 회사의 기능은 대부분 중복되어 서로 경쟁 관계에 있기 때문에, 서점 한 곳당 어느 대형 중개 회사 계좌 하나만을 개설하게 된다. 뒤에서 설명할 중소 중개 회사를 복수로 병용하는 곳은 있지만, 대형 중개 회사의 계좌를 복수로 개설하는 경우는 원칙적으로 없다. 서점 측에서는 한 회사로부터 거의 모든 책을 매입하기 때문에, 그러한 면에서는 편하고 알기 쉬운 구조이다. 중개 회사는 출판유통에서 다루는 모든 책에 대해서 납품과 반품에 관한 물류와 결제를 총괄하여 대행해준다.

이러한 거대 시스템이 있기 때문에 일본의 서점은 특정 시대까지 급속히 발전해왔다. 이른바 일반 신간 서점으로 인식되는 가게의 대부분이 대형 중개 회사와의 거래를 바탕으로 한다. 따라서 출판업계에서 일하는 사람일지라도 새 책은 대형 중개 회사의 계좌를 개설하지 않으면 제대로 매입할 수 없다고 생각하는 이도 많다. 실제 출판업계에서 유통하는 책의 권수나 금액에 대해서 말할 때, 대형 중개 회사를 경유한 책에 대해 말하는 경우가 대부분이다.

그러나 서점 입장에서 계좌 개설의 장벽은 결코 낮지 않다. 다른 매입 방법에 대해서는 뒤이어 쓰겠지만, 여하튼 대형 중개인은 출판업계에서 그만큼 커다란 존재이자 그들과 계좌를 열어 책을 매입하는 것은 가장 기본적인 방법이라고 생각해도 좋다. 이번 장의 목표는 닛판과 도한을 새로이 취재한 내용을 바탕으로 대형 중개 회사의 계좌를 개설하여 책을 매입하는, 이른바 신간 서점을 오픈하여 운영하는 경우의 극히 일반적인 흐름을 머릿속에 그릴 수 있도록 하는 것이다.

계좌 개설까지의 흐름

대형 중개 회사의 계좌를 개설하고자 할 때 대부분의 사람은 우선 중개 회사에 직접 문의를 한다. 중개 회사의 웹 사이트에 들어가면 문의할 수 있는 양식이 있으므로, 먼저 그곳에 자신이 시작하고 싶은 서점의 개요를 기입하고 연락하는 편이 좋다.

닛판의 경우 '리노베이션 추진부·시장개발과'라는 부서에서 그러한 문의를 담당하는데, 서점이 기입한 내용을 검토한 뒤 가장 적합하다고 생각되는 쪽으로 연결해준다. 예를 들면 '후쿠오카에서 책방을 시작하고 싶다'라고 문의하면 규슈 지점으로, '현재 운영하는 온라인 숍에서 책을 팔고 싶다'라고 문의하면 온라인 영업부로 연결해주는 식이다. 그 후에 각 부서 담당자로부터 즉각 연락이 오는 구조이다.

그때 가게의 위치나 규모, 콘셉트 등에 대해 다시 질문을 받는다. 예상되는 월 매출, 초기 투자액과 그 회수 계획 등 예상 수치에 대해서도 질문하기 때문에 미리 사업 계획을 준비해두는 편이 바람직하다.

사업 계획을 써본 적이 없다면 대강의 이미지만으로도 좋다. 그러나 전혀 막연한 상태에서 중개 회사에 문의한다면 이야기는 잘 진행되지 않는다. 상대는 반품도 받는다는 전제에서 도매를 하는 것이므로 일정한 신용이 필요하다. 비즈니스가 될 만한 상대라는 생각이 들지 않는다면 계좌 개설을 검토해줄 리가 없다. 목표하는 가게에 대한 최소한의 전망을 세운 후 연락하는 편이 이야기를 원만하게 이끌어갈 수 있다.

계약 가능한 조건은 다층적

그렇다면 어떠한 제안이 가능할 때 계좌 개설이 통과되어 중개 회사와 계약할 수 있을까.

원칙적으로는 우선 일정한 규모감이 있어야 한다. 대형 중개 회사는 기본적으로 매일 일정량의 납품과 반품이 있다는 전제하에 물류 트럭의 운행 루트를 짠다. 예를 들어 예상되는 월 매출이 3만 엔이라면 그 물류비용과는 수지가 전혀 맞지 않는다. 아무리 힘이 실린 제안을 하더라도 비즈니스로서 성립하지 않는다면 계약 가능성은 낮다.

그렇다면 구체적으로 어느 정도의 규모가 좋을까. 월 매출 500만 엔이어야 가능했던 시대도 있었지만, 최근에는 200만~300만 엔 표준이다. 하지만 어디까지나 표준에 지나지 않는다. 물류비용도 사실 그때그때 상황에 따라 다르기 때문이다. "목표는 월 매출 200만 엔입니다"라고 말한다한들 바로 "거래를 시작하죠"라고 하지는 않는다.

예를 들어 수도권에 있는 가게와 홋카이도의 산골에 있는 가게라면 당연히 물류비용이 다르다. 원칙적으로는 멀리 떨어진 곳, 물류 트럭이 운행하지 않는 지역일수록 비용이 올라간다. 반대로, 이따금 그 가게 근방을 지나는 루트로 운행하는 트럭이 있으며 늘 적재 공간에 조금의 여유가 있다면 비용은 낮아진다.

납품뿐만 아니라 반품에도 물류비용이 들기 때문에 반품률이 높을 것 같은 업태나 내용이라면 비용은 높아진다. 입지가 같거나 월 매출액이 높더라도 잡지나 만화책을 중심으로 취급하는 가게라면, 중개 회사에게 매일 정기적으로 정해진 양을 한꺼번에 매입하는 데다 반품의 경우 폐기되는 비율이 높기 때문에 상대적으로 물류비용은 낮아진다. 한편, 서적이 중심인 가게라면, 반품되는 책은 출판사의 재고로 되돌아가기 때문에 구조적으로 비용이 높아진다.

월 매출액 200만~300만 엔은 오직 책 판매만으로 운영하기 위한 최저한의 매출이기도 하다. 가령 공급률 80%의 조건에서 월 매출이 200만 엔이라고 한다면 총이익은 40만 엔이다. 거기에서 임차료, 인건비, 광열비 등을 지불해야 한다. 임차료가 들지 않거나 굉장히 저렴한 건물을 빌려서 혼자 운영하는 경우일 때 겨우 버텨낼 만한 수익이다.

월 매출 200만 엔이라는 말은 30일을 영업할 경우 하루에 약 7만 엔을 벌어들인다는 뜻이다. 한 권당 평균

403

1,000엔이라고 치면 매일 70권을 팔아야 한다. 실제 이것은 결코 낮은 장벽이 아니다. 책방을 운영해보면 상당히 힘든 수치라는 사실을 깨닫는다.

다행히 최근에는 중개 회사 측도 서점을 시작하는 사람을 지원해주려는 방침을 내세우고 있다. 10년 전만 해도 예상 매출만으로 판단했던 탓에 비즈니스로 간주되지 않았던 경우라도, 최근에는 장래성을 예측하여 총체적으로 판단하는 식으로 바뀌는 추세라고 한다.

예를 들어, 최초에 예상되는 월 매출이 50만 엔이더라도 규모를 넓혀갈 가능성이 보인다면 적극적으로 검토한다. 다른 업종으로 여러 점포를 운영하는 회사, 또는 책과 타 업종을 결합한 흥미로운 계획을 가진 경우, 당사자에게 매력이 있어서 화제성이나 발신력이 돋보이는 경우에는 협상 테이블에 오를 수 있다고 한다.

어느 쪽이든 반품 조건이 달린 상품을 맡기는 이상, 중개 회사 측은 일단 제대로 비용을 회수하여 이익을 낼 수 있는 전망이 있는 서점인지 아닌지, 그 전망에 리스크가 높지는 않은지를 확인한다. 그런 다음에 다층적이고 총체적으로 판단을 내린다.

보증이라는 또 하나의 장벽

대형 중개 회사와 계약한 뒤 맞닥뜨리는 장벽으로 잘

알려진 사항은 '막대한 보증금이 든다'는 점이다. 정확히는 '신용 담보금'이라고 부르는데, 이른바 물적 보증이다. 거기에다 인적 보증, 즉 보증인도 필요하다. 양쪽이 준비되어 있지 않으면 원칙적으로 대형 중개 회사의 계좌를 개설하는 일은 불가능하다.

기본적으로 이러한 보증의 기준은 부동산과 비슷한 사고방식이 바탕이 된다고 한다. 많은 사람이 집을 빌릴 때 보증인을 내세우고 보증금을 지불한 경험이 있을 것이다.

우선은 인적 보증부터 살펴보자. 인적 보증에는 연대보증인이 필요하다. 사실, 오히려 인적 보증 쪽의 장벽이 더 높을지도 모른다. 가게가 망해서 본인의 지불 능력이 사라졌을 때 그 부담을 대신 떠맡게 될 리스크가 있는 입장을 흔쾌히 수용해줄 사람을 찾아야 한다. 임대 아파트와는 금액의 수준이 다르기 때문에 설령 가족일지라도 이해를 구하는 데 고생하는 사람도 많으리라는 점을 상상할 수 있다.

또 하나는 물적 보증이다. 여기에는 건물을 담보로 넣는 경우와 신용 담보금을 지불하는 경우가 있다. 원래부터 가게 건물을 소유하고 있다든가 임대가 아니라 구입할 예정인 경우에는 건물을 담보로 넣으면 신용 담보금은 들지 않는다.

신용 담보금의 액수는 유사시를 대비하여 미지불된 비

용이 회수 가능하도록 금액을 설정한다. 매장에 재고를 가지고 영업하는 서점의 경우 그 재고 자체가 현금처럼 일정한 자산 가치를 지닌다. 현재는 한 달 매출이 신용 담보금의 기준이라고 한다. 한편, 외판을 중심으로 하는 서점처럼 상품을 미리 거래처에 건네줘서 매장에 재고가 거의 없는 경우라면 신용 담보금은 두 달 치 매출이 된다. 여기에서 말하는 매출이란 서점이 아닌 중개 회사 기준의 매출이기 때문에, 송품에서 반품을 뺀 금액을 가리킨다. 그 예상 금액을 바탕으로 구체적인 신용 담보금을 산출한다.

결국, 매장에 재고를 가지고 있으며 월 매출 200만 엔을 상정하는 가게라면 신용 담보금으로 200만 엔을 맡겨야 한다는 말이 된다. 보증금 같은 개념이기 때문에 폐업할 경우 반환되는 돈이지만, 영업을 지속하는 한 계속 맡겨두어야 한다.

물론 월 매출로 200만 엔의 책을 판매할 경우, 매장 내에 그 이상의 재고를 가지고 있어야 한다. 예를 들어 초기 재고로 천만 엔어치를 가지고 있다면, 상비(뒤에서 설명)나 연체 지불 등 특별한 상품을 제외하고 기본적으로 다음 달에 대금이 청구된다.[6] 그 외에도 임대 건물은 임대 보증금이 드는 데다 인테리어나 집기에도 당연히 비용이 든다. 확실히 신용 담보금도 큰 금액이기는 하나, 그 밖에 발생하는 각각의 초기 비용 액수와 비교하면 일반적으로 상상하는 '막대한' 금액은 아닐지도 모른다.

초기 재고 도서의 선별과 준비

무사히 심사에 통과하여 보증금 부분도 해결되면 계좌를 만든다. 이어서 그 후 어떤 흐름으로 책을 선별하고 상품으로 준비하게 되는지 살펴보자.

일단 가게를 시작할 때 최초의 재고, 이른바 초기 재고를 준비한다. 가게 규모에 따르겠지만, 초기 재고분은 양이 많기 때문에 목록을 작성하여 중개 담당자에게 발주를 부탁하는 편이 좋다. 그러한 작업 기간도 포함하여 발주에서 납품까지 최소 한 달은 잡아야 한다. 월간지를 취급할 경우에는 달마다 한 번씩 다가오는 발매 날짜에 맞추어 상품을 확보해두어야 하므로, 어느 쪽이든 한 달 이상은 필요하다.

선별 도서 목록의 작성은, 작은 가게일 경우 완전히 제로부터 진행할 수도 있다. 서점에서 일한 경험이 있고 본인이 꼼꼼하게 도서를 선별하고자 하는 사람일 경우에는 더더욱 그러하다. 대부분의 출판사는 간행 서적의 일람표를 만들기 때문에, 그 표를 받아서 살펴보면 참고가 된다. 그러한 작업 중 일부를 중개 회사에 협력해달라고 요청하는 방법도 있다. 예를 들어 특정 장르에 대한 발매 상위 랭크의 목록을 작성해달라고 부탁하여 그중에서 선택하는 식이다.

다만, 가게 규모가 제법 크다면 갖춰야 할 책의 양도 늘어나기 때문에 단품으로 세세하게 선택할 수 없는 경우가 적지 않다. 그러한 때를 대비하여 닛판에는 '마이스터'라는 제도가 있다. 이는 각 출판사의 장르별 매출 구성비를 산출한 것으로, 컴퓨터로 해당 시스템에 가게의 서가 규모를 입력하면 전국의 매출 순위 목록을 바탕으로 계산해준다. 예를 들어 문고 서가의 폭이 몇 센티미터이고 선반은 몇 단이 있는지에 대한 정보를 입력하면, 고단샤 문고는 몇 퍼센트로 몇 권이 적당하고 신초 문고는 몇 퍼센트로 몇 권이 적당하다는 식으로 규모에 적합한 제안을 해주는 것이다. 그 밖에도 중개 회사에 온전히 맡기는 경우, 중개 회사 측에서 실제의 시세 가격에 꼭 맞는 최적의 상품 구색에 대한 제안도 해준다. 물론 중개 회사의 선별 도서 목록을 수동으로 주문하는 방법도 가능하다.

개성 없이 그저 잘 팔리는 비슷한 상품으로만 구색을 맞춘 서점은 '긴타로 사탕(어느 단면을 잘라도 '긴타로'라는 전설적 영웅의 얼굴이 똑같이 나오도록 만든 막대사탕-옮긴이) 서점'이라며 야유를 받기 마련이다. 앞으로 그러한 서점을 운영한다고 한들, 어지간한 온라인 서점이나 대형 서점 체인에 대항할 만한 강력한 승산을 보이지 않는 한 거의 무의미하다고 해도 좋을 것이다. 온전히 중개 회사의 시스템에 맡겨버리면, 그야말로 '긴타로 사탕' 같은 상품 구색이 되어버릴지도 모른다.

책에 대한 지식에 자신이 없다면 어중간하게 자력으로 하기보다 중개 회사를 잘 활용하는 편이 상품 구색을 골고루 맞출 수 있다. 모든 영역의 상품을 구비한 동네 서점들 속에서, 한정된 시간과 지식으로 독자적 상품을 갖춰나가고자 할 때 중개 회사의 시스템을 일부 이용하는 것도 수완이다. 중개 회사에 맡겨야 할 부분은 맡기고 고수해야 할 부분에는 시간을 할애함으로써, 결과적으로 그 가게만의 독자적인 상품을 균형 있게 구비해나갈 수 있다.

매일의 입고

조명이나 바닥, 벽, 간판 등 필요한 인테리어를 끝내고 서가나 평대와 같은 집기를 배치한다. 상자로 배달된 대량의 초기 재고를 그 위에 진열하고 운송업자에게 가게 열쇠를 맡긴다. 금전 등록기나 비닐봉투 등의 비품을 갖춘 다음, 매일 사용할 선금과 잔돈을 준비하기 위해 근처 은행에 계좌를 만들면 가게는 오픈 가능하다. 하지만 그때부터 책이 팔려나가면 그만큼 책을 보충해야 한다. 입고 방법에는 여러 가지가 있다. 이 책에서 소개하는 예시 이외에도 독특한 용어가 많이 사용되지만, 우선 흐름을 이해할 수 있도록 기본적인 부분에 대해서 설명하고자 한다.

대형 중개 회사와의 거래에서는 가만히 있어도 자동으로 책이 입고되는 시스템이 있다. 이를 '예측 배본' 또는 '자동 배본'이라고 부른다. 기본적으로는 중개 회사가 막 출간된 신간을 그 가게에서 판매해주길 바라는 수량을 정해서 보낸다. 출판사가 수량을 지정할 때는 '지정 배본'이라고 부른다. 이러한 책들은 상품인 동시에 견본으로서의 기능을 지닌다. 중개 회사가 어느 신간을 한 권 보내왔을 때, 자신의 가게에서는 다섯 권 정도 팔릴 것 같다는 생각이 들면 추가로 발주하면 된다.

원칙적으로는 이 시스템을 채용하는 곳이 많다. 그러나 예를 들어 내가 경영하는 '책방 B&B'처럼 독자적인 셀렉트를 중시할 경우에는, 사전지정(뒤에서 설명)한 책 이외의 예측 배본이나 지정 배본을 거절하는 서점도 있다. 그러한 서점은 모두 직접 한 종씩 골라서 발주해야만 한다.

다양한 발주 방법

책을 발주하는 방법도 여러 가지이다.

대형 중개 회사는 닛판의 경우 'NOCS7(녹스세븐)', 도한의 경우 'TONETSV(토넷브이)'라고 하는 각각의 독자적인 서점 전용 시스템을 가지고 있다. 월간 사용료를 지불하는 형태인데, 몇 개의 플랜으로 나뉘어 있고 기능도 많다. 그곳에 로그인하면 중개 회사가 취급하는 모든 책을 검색할 수 있고 발주도 가능하다. 재고 현황도 파악할 수 있어, 만약 중개 회사의 창고에 재고가 있으면 전용 시스템에서 주문해야 상품이 가장 빨리 도착한다. 중개 회사의 창고에 없어도 출판사 측에 재고가 있을 경우, 역시 전용 시스템으로 주문하면 출판사로 정보가 전송되고 중개 회사를 경유하여 입고된다. 전용 POS계산대(금전 등록기와 컴퓨터 단말기 기능을 결합한 시스템으로, 매상 금액의 정산뿐만 아니라 소매 경영에 필요한 각종 정보 및 자료를 수집하고 처리해준다-옮긴 이)를 사용하면, 그 시스템과 연동되어 재고 관리가 가능하고 판매된 상품을 자동으로 발주하도록 설정하는 것도 가능하다. 한편, 이러한 서점 전용 시스템을 사용하지 않는 경우에는 책에 끼워져 있는 '슬립(출판사가 서적에 끼워 넣은 서점용 보충 주문 전표-옮긴 이)'이라 부르는 직사각형 꼴의 종이에 주문 권수를 기입하고 중개 담당자에게 건네는 옛 방식으로 발주하는 방법도 있다.

출판사에 직접 주문할 수도 있다. 중개 회사의 창고에 재고가 없는 경우에는 그러는 편이 빨리 입고되는 경우가 많다. 대형 출판사라면 독자적인 서점 전용 발주 시스템을 가지고 있는 곳도 있으므로 그것을 활용한다. 그러한 시스템이 없을 경우에는 전화나 팩스로 주문하면 된다. 발주하고 싶은 책의 제목과 권수, 그리고 '번선'이라고 하는 개별로 배정된 서점 ID를 출판사에 전달하면 중개 회사 쪽에 반입되는 예정일을 알려준다.

발매되기 전의 책을 신청하는 것도 가능하다. 이것을 '사전지정'이라고 한다. 앞서 설명한 '번선'은 소인 형식으로 되어 있는데, 출판사가 직접 또는 우편이나 팩스로 보내준 신간 정보 용지에 희망하는 권수를 기입하고 소인을 찍어 팩스로 보내거나 직접 건네주면 된다(그림3). 한편, 희망하는 권수가 반드시 입고되지는 않는다. 되도록 불필요한 송품이나 반품을 줄이기 위해, 이제까지의 실적을 바탕으로 출판사나 중개 회사가 책방에 몇 권을 보낼지 검토한다.

번선	주문 수량	서지 정보
①닛판 **A11**-22 ○○시 ○○서점 12-3456 ○○현 777	5	앞으로의 책방 독본 저자: 우치누마 신타로 발행: NHK출판 46변형판 320쪽 C0095 세전가격: 1,600엔 ISBN: 978-4-14-081741-4

그림3. 신간 정보 용지에 희망하는 권수를 기입하고 번선을 찍는다

하지만 서점 측도 고객에게 주문을 받는 경우 상품을 들여놓지 않으면 곤란하다. 따라서 그럴 경우에는 '고객 주문'이라 하여 다른 주문과는 별도로 취급한다. 기본적으로는 서점이 희망하는 권수가 입고되도록 조정해주므로, 고객 주문으로 출하된 상품은 반품이 불가능하다.

그 밖에 특수한 경우로 '상비'가 있다. 상비는 지정 상품을 점두에 진열하고 재고에 대한 계약을 맺기 때문에 정해진 기간 동안은 반품이 불가능하다. 지불은 그 책이 팔린 단계에서 발생한다. 서점은 매입 단계에서 대금을 지불할 필요가 없기 때문에 자금 융통 면에서 이점이 있다.

이외에도 좀 더 빨리 책을 가져오기 위한 방법이나, 잡지의 정기 구독을 관리하기 위한 방법, 잘 팔리는 상품을 놓치지 않기 위한 방법 등 옵션으로써 중개 회사마다 다양한 발주 시스템이 존재한다. 따라서 제각각 자신의 가게에 맞는 방법을 검토하는 편이 좋다.

발주한 상품의 실물을 출판사가 중개 회사로 보내면 중개 회사가 서점별로 분류한 뒤 상품을 한데 모아 발송한다. 청구도 중개 회사가 정리하여 보내준다.

반품은 케이스 바이 케이스

발주 방법은 다양하지만, 자기 가게 나름의 방법을 정해두면 그런대로 간단해진다. 복잡한 부분은 반품이다.

원칙적으로는 자동 입고된 신간과 출판되기 전에 사전 지정을 한 신간은 반품이 가능하다. 반품 기한이 정해진 상품도 있는데, 예를 들어 월간지라면 발매일로부터 두 달 이내이다.

한편, 이미 출판된 책을 서점 측이 주문하는 경우에는

'매절'이라고 해서 원칙적으로 반품이 불가능하다. 그대로 중개 회사에 반품해도 되돌아오고, 배송료도 이쪽에서 부담해야 한다.

그러나 사실 케이스 바이 케이스이다. 이와나미 서점이나 후쿠인칸 서점처럼 원칙적으로 모든 상품을 매절로 거래하는 출판사도 있다. 그런 반면, 언제든 모든 상품의 반품을 받아주는 출판사도 있다. 업계에서는 '자율 입금 장부'라고 부르는데, 그대로 중개 회사에 보내면 반품으로 받아준다.

그 사이에는 다양한 단계가 있다. 중개 회사의 시스템상에서는 '○○님 승낙 완료'라고 출판사 담당자의 이름을 적은 종이를 첨부하면 반품 처리가 완료된다. 출판사에 전화로 문의하여 '승낙'을 받아도 된다. "귀하의 가게는 적정 권수를 주문하여 제대로 판매해주고 있으니, 서로 매번 전화로 확인하는 일도 번거로우므로 알아서 '○○님 승낙 완료'라고 써주세요"라는 식으로 출판사와 서점 사이에 신뢰 관계가 형성되는 경우도 많다. "당사는 기본적으로 자율 입금 장부지만 주문 상품일 경우 중개 회사로부터 반송되는 경우가 있으므로, 만약을 위해 '○○님 승낙 완료'라고 써주시기 바랍니다"라고 말하는 출판사도 있다. 원칙적으로 매절 거래하는 출판사라도, "그 정도의 금액일 경우 반품 액수만큼 새로운 상품으로 주문해주시

414

면 됩니다"라는 조건을 달며 교섭에 응해줄 여지를 내비치는 곳도 있다.

상품을 반품할 때는 복수의 출판사 상품을 상자 하나에 모아 담아도 된다. 대개의 경우 가게의 정해진 장소에 상자를 쌓아두면, 운송업자가 반품 물량을 새로 입고되는 상품으로 맞바꾸어놓고 간다.

출판사와 중개 회사와 서점, 각각의 관계 속에서 다양하게 변형된 방식들이 존재하는 까닭에 일괄적으로 말할 수 없는 부분이 바로 반품이다. 원칙적인 조건이나 실제 포장 방법에 대해서는 중개 회사마다 매뉴얼이 있으므로 그것을 참조하면 된다. 하지만 실제 돌아가는 상황은 이처럼 복잡하다. 직접 운영해나가면서 하나하나 확인하여 출판사별로 개별 목록을 만드는 수밖에 없는 것이 현실이다.

지나치리만치 어렵게 생각하면 막상 시작할 엄두가 나지 않는다. 적어도 제법 포괄적인 양의 책을 취급하면서 반품을 잘 활용하여 상품을 구비해나가고자 한다면, 이런 식으로 배본을 받으며 입고든 반품이든 그 차액의 청구든 모두 한 회사와 통합으로 거래할 수 있는 대형 중개 회사를 이용하는 쪽이 더 유리하다. 적극적으로 대형 중개인과의 거래를 검토하고 있다면 먼저 문의를 해보는 것도 좋다.

중소 중개 회사의 다양성과 도도매

대형 중개 회사의 계좌를 개설하기 위해서는 그 나름의 매출 전망뿐만 아니라 보증이라는 장벽을 넘어야만 한다. 그러나 대형 중개 회사와 계약할 수 없다고 해서 꼭 출판유통으로 거래되는 새 책을 취급하지 못하는 것은 아니다. 중소 중개 회사라는 선택지가 있기 때문이다.

대형 중개 회사와 중소 중개 회사의 차이는 물론 회사 규모에 있기도 하다. 다만, 규모의 차이에 앞서 애초에 역할부터 다르기 때문에 계약한 출판사의 수도 다르다.

대형 중개 회사는 한 회사에서 온갖 책을 망라하여 갖추는 역할을 맡는다. 따라서 대형 출판사는 물론이고 중소형 출판사까지 상당수의 출판사와 포괄적으로 계약을 맺고 있다. 서점 측은 원칙적으로 대형 중개 회사 중 한 회사와만 계약을 맺는다.

한편, 중소 중개 회사는 그렇지 않다. 각각 기본적으로 특화된 특정 역할을 맡고 있다. 따라서 일부 출판사하고만 계약을 맺는다. 서점 측은 대형 중개 회사의 계좌를 가지고 있든 없든 상관없이, 중소 중개 회사라면 복수의 회사를 나누어 이용할 수 있다. 이것이 커다란 차이이다.

중소 중개 회사의 역할은 크게 다음의 세 가지로 분류

할 수 있다.

첫 번째는 전문 분야만 특화하여 거래하는 중개로, 교과서, 의학서, 음악서적을 전문으로 맡는다. 예를 들어 악기점에 가면 악보나 악기 입문서 등을 팔고 있는데, 그러한 책만을 매입한다면 굳이 대형 중개 회사가 아니더라도 음악서적 전문 중개 회사와의 계약만으로 충분하다. 신문이나 잡지를 전문으로 하는 중개 회사나 해외 출판물을 수입하여 도매하는, 이른바 외국서적 중개 회사도 여기로 분류된다.

두 번째는 잘 팔리는 출판사만 특화하여 거래하는 중개이다. 소규모 책방일 경우, 대형 중개 회사의 계좌를 가지고 있더라도 잘 팔리는 상품은 배본되지 않거나, 주문해도 필요한 만큼의 권수가 들어오지 않을 때가 많다. 그럴 경우 A출판사의 상품에 강한 중개 회사라면, 대형 중개 회사를 경유하는 것보다도 확실하게 상품을 확보할 수 있다.

세 번째는 소규모 출판사에 특화된 중개이다. 서점뿐만 아니라 출판사 측도 일정 심사를 거치지 못하면 대형 중개 회사의 계좌를 개설할 수 없으며 그 조건도 까다롭다. 그러한 소규모 출판사의 책을 출판유통으로 거래되도록 하는 중개 회사가 있다. 특정 지방에 특화한 중개 회사뿐만 아니라, 첫 번째 형태의 중개 회사처럼 전문 분야에 특화된 역할을 동시에 맡는 중개 회사도 많다.

여기까지 한마디로 출판유통이라는 말을 사용했는데, 그것은 거대한 그물망처럼 연결되어 있어서 중개 회사에서 중개 회사로 상품이 흘러간다. 이를 '도도매'라고 부른다. 예를 들면 X 중개 회사를 주요 매입처로 하는 A 서점이 B 출판사의 책을 주문했는데 B 출판사는 X 중개 회사와는 거래가 없고 Y 중개 회사하고만 도매를 하고 있는 경우, B 출판사 → Y 중개 회사 → X 중개 회사 → A 서점과 같은 경로로 복수의 중개 회사를 경유하여 상품이 도달하는 구조이다(그림4).

도도매는 중소 중개 회사끼리 자사의 전문이 아닌 영역을 보충해나가는 구조라 할 수 있다. 이는 중소 중개 회사 간뿐만 아니라 중소 중개 회사와 대형 중개 회사, 또는 대형 중개 회사 간에도 이루어진다. 도도매도 하는 어느 한 중개 회사에게서 도매하는 출판사의 책이라면, 그 책은 대체로 출판유통으로 거래된다고 할 수 있다.

따라서 대형 중개 회사의 계좌가 없더라도, 원하는 상품을 취급하는 출판사마다 중소 중개 회사를 구분하여 복수로 거래하면 된다. 어느 중개 회사도 취급하지 않는 출판사의 상품에 대해서는, 거래하는 중개 회사 중 한 곳을 통해 도도매로 매입 받음으로써 거의 모든 출판사의 상품을 매입할 수 있다. 계좌 개설 조건에 대해서는 대형 중개 회사와 비교할 때 단연코 장벽이 낮기 때문에, 소규모로

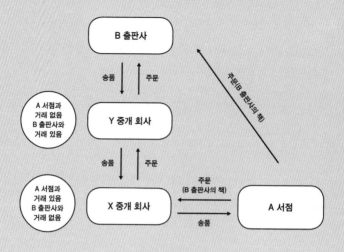

그림4. 도도매 구조

책을 매입하고 싶은 사람이라도 중소 중개 회사를 잘 구분하여 복수로 이용하면 다양한 책을 매입할 수 있다. 중소 중개 회사도 출판사처럼 입지적으로는 도쿄에 집중해 있는 경향이 있다. 그중에서도 '간다무라'라고 불리는 간다 진보초 부근의 지역에 모여 있지만, 지방에서 가게를 오픈하는 경우라도 물론 상담이 가능하다.

이러한 중소 중개 회사는 회사마다 자신 있는 분야가 다르기 때문에, 가능한 부분과 불가능한 부분, 조건 등도 각각 다르다. 소규모 회사도 많으므로 대형 중개 회사와 같은 시스템을 기대하지 말자. 자신이 하고 싶은 가게를 위해 도움을 받으려면 보다 사람과의 관계를 중요시해야 한다. 도도매를 하면 특히, 조건 면에서도 중간중간에 관여하는 회사가 늘어나는 만큼 공급률도 나빠지고 반품도 제한되는 경우가 많다. 그러나 상황 변화에 재빨리 대응할 수 있는 만큼 좋은 관계가 구축되면 의지할 수 있는 파트너가 된다.

지나치게 다방면으로 걸쳐 있기 때문에 그 조건을 일반적으로 설명하기란 어렵다. 다음에서는 직접 취재한 중소 중개 회사 세 곳을 소개한다.

구와타니 서점

구와타니 서점은 의학서를 전문으로 취급하는 중개 회사로 출발했지만, 현재는 건축이나 디자인 등 그 밖의 분야도 폭넓게 취급하고 있다. 약 800곳의 출판사와 거래를 하며, 그중 약 100곳은 구와타니 서점하고만 거래한다.

도도매 거래도 적극적이어서 구와타니 서점에서만 취급하는 출판사의 상품을 다른 중개인에게 도매하기 위한 계좌뿐만 아니라, 구와타니 서점에서 취급하지 않는 출판사의 상품을 다른 중개 회사로부터 도매하여 받아오기 위해 닛판이나 도한 같은 대형 중개 회사 및 간다무라의 모든 중개 회사의 계좌도 개설했다고 한다.

즉, 서점 측은 구와타니 서점의 계좌를 통해 모든 출판사의 상품을 매입할 수 있다. 현재 거래처는 의학서 전문 서점이나 대형 서점의 의학서 매장이 중심이지만, 최근 몇 년 사이에는 박물관이나 미술관의 기념품점 같은 거래처도 늘고 있다고 한다. 앞으로 오픈할 소규모 가게에 대해서도 적극적으로 계좌를 개설해줄 의지를 내비치고 있다. 계좌를 개설할 때는 서로 약정서를 교환하지만 신용 담보금이나 보증인은 필요 없다.

매입은 소매점에게 도매가로 판매하기 위해 중개 회사가 재고를 진열해놓은 '점매店売'라 불리는 장소에서 이루어진다. 간다무라에는 많은 점매 장소가 있는데, 구와타니 서점의 경우 현금으로 거래하면 당일에 곧장 계좌가 개설되며 그 자리에서 바로 매입할 수 있다. 계좌가 개설된 뒤에는 미리 주문한 다음 점매 장소로 물건을 가지러 가면 바로 건네받을 수 있다. 공급률은 대부분의 출판사가 대형 중개 회사와 차이가 없다. 출판사에 따라서는 85%나 90% 이상인 상품도 있지만, 대부분 평균 80% 정도라고 한다. 기본적으로는 매절 거래로 업태나 주문 빈도, 납품 방법 등에 따라 일부는 위탁 조건을 거는 일도 가능하다. 점매 장소에 가지 않더라도 가게가 도내 안에 위치해 있다면 배송도 가능하고, 지방일 경우 배송료는 들지만 택배로 받아볼 수도 있다.

발주할 때는 구와타니 서점의 'Kni/Ght(나이트)'라는 웹 발주 시스템을 이용하며, 이용료는 무료이다.

출판사에 직접 주문할 수도 있다. 그럴 경우에는 구와타니 서점의 번선을 출판사에 알려주어야 하고, 상품은 구와타니 서점의 점매 장소로 배달된다.

고세이도도서판매

고세이도도서판매는 아사히신문출판이나 마이니치신문출판 등 신문사 계열을 비롯하여 슈에이샤, 쇼가쿠칸, 분게이슌슈, 주오코론신샤, 겐토샤 등의 출판사에 강한 중개 회사이다.

주로 닛판이나 도한 같은 대형 중개 회사의 계좌를 메인으로 가진 전국 서점과 거래를 한다. 고세이도도서판매는 위에 언급한 출판사의 상품에 특화된 서브 중개 회사로 이용되는 경우가 많다. 꼭 대형 중개 회사의 계좌를 가지고 있지 않은 서점일지라도, 현금으로 매입한다면 기본적으로는 어느 서점이든 계좌를 개설해준다고 한다. 자주 봐서 친숙한 관계를 구축한다면 현금이 아니라 후일 정산으로도 거래가 가능하다. 지불 주기에 따라서는 두 달분의 신용 담보금을 받는 경우도 있다.

간다무라의 중개 회사 중 한 곳인 산와도서와 공동으로 배송을 시행하기 때문에, 고세이도 계좌를 개설하는 서점에게는 산와도서도 소개해준다고 한다. 산와도서는 KADOKAWA나 신초샤, NHK출판과 같은 출판사에 강한

중개 회사이므로, 두 회사와 거래하면 상당한 대형 출판
사들을 망라할 수 있게 된다.

매입은 간다무라의 점매 장소에서 이루어진다. 현금을
가져오면 바로 매입할 수 있고, 거래가 있는 출판사의 상
품일 경우 재고가 없더라도 주문하면 이틀에서 삼일 이내
에 입고된다. 공급률도 대형 중개 회사와 차이가 없는 공
급률, 즉 일반 도매가격 그대로이다. 배송료는 서점 부담
이지만 택배 배송도 시행하고 있으므로, 지방 서점에서도
이용 가능하다.

반품도 받는다. 다만 대형 중개 회사와 병용하여 거래
하는 서점이 많기 때문에, 도매로 거래한 수보다 반품 수
가 더 많으면 과잉 반품이 되어 서점으로 반송되는 시스
템을 도입했다. 위탁이라고 해서 잔뜩 반품한다거나 잘
팔리는 상품만을 중점적으로 주문하는 서점이 아니라, 지
속적으로 주문을 해오며 좋은 관계를 구축하는 가게와 거
래하고 싶다고 말한다.

어린이문화보급협회

어린이문화보급협회는 아동서 전문 서점인 노포 크레
용하우스를 모체로 하여 1984년에 창립되었다. 당초에는
그림책 및 아동서 전문 도매상이었지만, 현재는 거의 모
든 장르의 책을 취급하며 폭넓은 출판사와 거래하고 있

다. 아동을 대상으로 한 잡화나 교재 등의 브랜드를 합쳐
서 약 300곳의 상품을 매입하고 있다.

커다란 특징은, 기본적으로 대형 중개 회사의 계좌를
가진 서점과는 거래하지 않는다는 점, 모든 상품을 완전히
매절로 거래하므로 일절 반품이 불가능하다는 점, 거의 모
든 상품을 공급률 70%로 매입할 수 있다는 점이다. 즉, 다
른 중개 회사에게 80%로 매입하는 것과 비교할 경우, 매
절의 리스크만 부담한다면 총이익율이 20~30%로 1.5배
높아진다. 신용 담보금도 필요 없으며 계좌 개설은 간단
한 서류를 기입하기만 하면 된다. 세전 가격으로 총 3만
엔 이상의 상품을 주문하면 배송료도 무료이다.

거래처는 중개 회사 계좌가 없는 그림책 전문점을 중
심으로, 잡화점이나 장난감용품점, 아동복점, 꽃집, 미술
관, 수족관, 박물관 등 다방면에 걸쳐 있다. 책을 판매하
고 싶은 사람을 대상으로 문을 넓게 열어두고 있으며, 필
요에 따라 도서 선별에 대한 조언도 해준다. 이른바 일반
적인 신간 서점은 아니지만 새 책을 취급하는 소매점에서
가장 자주 이용하는 거래처라고 할 수 있다.

매입은 전용 웹 발주 시스템을 사용한다. 게재되어 있
지 않은 상품이라도, 거래하는 출판사의 상품은 대부분
매입 가능하다. 일주일에 두 번의 발주 타이밍이 있으며,
주문하면 닷새 안에 도착한다. 30년 가까이의 역사를 지

닌 노포이지만 앞으로의 시대에 발맞춰나가기 위하여, 어린이문화보급협회는 상품이 보다 빨리 도착하고 다른 업종에서도 책을 판매할 수 있는 구조로 출판업을 지탱해나가고 싶다는 포부를 밝혔다.

소규모 출판사에 강한 중개 회사

이제까지 세 곳의 중소 중개 회사에 대해 살펴보았다. 그 밖에도 간다무라를 비롯하여 많은 중소 중개 회사가 있고, 각각의 특징이 있다. 조금 수고스럽더라도 자신의 가게에 맞는 형태의 중소 중개 회사들을 잘 조합함으로써 폭넓은 출판사의 상품을 매입할 수 있다.

지금까지 열거하지 않은 중개인 중에는 소규모 출판사의 상품을 출판유통으로 끌어들이는 데 능숙한 중소 중개 회사도 있다. JRC(구칭: 인문·사회과학서 유통센터), 지방·소규모 출판유통센터, 쓰바메 출판유통 등이 그러하다.

이러한 중개 회사가 취급하는 출판사의 대다수는 그 중개 회사하고만 거래한다. 이른바 '독점 판매'이다. 양질의 책을 만드는 소규모 출판사가 늘어나면서 그 존재감을 키워가고 있는 현실은, 책을 좋아하는 사람이라면 피부로 실감하는 부분일 것이다. 대형 중개인 계좌나 도도매에 적극적인 중소 중개 회사의 계좌를 가지고 있으면, 이곳을 경유하여 소규모 출판사의 상품을 매입하는 일 또한 가능하다. 만약 그러한 소규모 출판사의 책을 적극적으로 취급하고 싶은 경우, 이 중개 회사와 직접 계좌를 개설할 수 있다면 독자적 상품을 갖추기가 한결 쉬워질 수도 있다.

대형 중개 회사에 의한 소규모 중개 서비스

최근에는 대형 중개 회사 또한 소액으로도 거래 가능한 서비스를 제공하기 시작했다. 그 예로, 오사카야쿠리타가 운영하는 'Foyer(포이에)'가 있다.

잡화점이나 미용실, 카페 등 이른바 신간 서점 이외의 자그마한 공간에서 책을 판매하는 가게들이 거래처이다. 계좌 개설도 간단하고 신용 담보금이나 보증인도 필요 없다. 신청서에 기입하면 거래 계약서를 보내준다. 거기에 필요 사항을 기입하고 인감 증명과 함께 반송하면 된다.

매입을 할 때는 전용 웹 사이트를 통해 발주한다. 상시 200만 권의 재고를 가진 오사카야쿠리타의 창고와 연동되어 있어 그곳에 재고가 있으면서 이미 간행된 도서일 경우에만 주문 가능한 구조이다. 공급률은 83%이다. 반품도 가능하지만 10%의 수수료가 든다. 25,000엔 이상 발주하면 배송료도 무료이다. 거래 한도액은 상한가 30만 엔까지로 정해져 있다.

오사카야쿠리타뿐만 아니라 다른 대형 중개 회사, 또는 서점에서도 비슷한 서비스를 준비하고 있는 곳이 있다고 한다. 이와 같이 대형 중개 회사가 소규모 중개 서비스를 진행한다면, 일단 조금만 책을 판매해보고 싶어 하는 층의 신규 참여가 보다 쉽게 이루어질 수 있다.

한층 다양한 출판 중개 회사

여기까지 설명해온 대형 중개 회사나 중소 중개 회사와는 다른, 별도 유형의 중개 회사도 있다.

우선 대형 중개 회사에게 책을 매입하여 이른바 2차 도매, 도도매를 실행하는 것을 전문으로 하는 중개 회사이다. 어디까지나 대형 중개 회사로부터의 2차 도매를 주된 취지로 삼기 때문에, 일부 출판사하고만 계약하는 중소 중개 회사와는 성질이 다르다. 서점의 프랜차이즈라는 형식을 취하거나, 특정 지역에 특화된 중개 회사도 많다. 대형 중개 회사의 계좌 개설을 거절당한 경우, 대형 중개 회사 측으로부터 소개받는 일도 많은 모양이다. 한 번 계약하면, 원칙적으로는 대형 중개 회사처럼 한 회사에서 폭넓은 상품을 취급할 수 있다.

특수한 도매처에서 많은 점유율을 치지하는 중개 회사도 있다. 잘 알려진 곳으로는 도서관유통센터TRC가 있는데, 도서관이 커다란 점유율을 차지한다. 교과서를 전문으로 도매하는 닛쿄한 역시 여기에 해당한다. 어느 쪽이든 중소 중개 회사라 하기에는 규모가 크다.

지금까지 살펴본 것처럼 출판 중개 회사의 모습은 실로 다양해서 그 전모를 파악하기란 사실 어려운 일이다.

| 3 | 서점에서 매입한다

서점도 2차 도매가 가능하다

대형 중개 회사의 계좌를 개설하지 않고 중소 중개 회사의 계좌 역시 가지고 있지 않더라도 새 책을 매입할 수 있는 제3의 방법이 있다. 바로, 서점으로부터 도매하는 방법이다.

예를 들면 책을 메인으로 하지 않고 가게 한쪽에서 소량으로만 팔고 싶다거나, 꾸준한 상품으로 취급할지는 아직 확실하지 않아서 일단 시험 삼아 판매하고 싶은 경우가 있다. 어쩌면 애초에 책으로 이익을 낼 생각을 하지 않는 경우도 있을 것이다. 그러한 마음을 솔직하게 전달하면, 대형 중개 회사는 물론이거니와 중소 중개 회사와도 계좌를 개설하기가 그리 쉽지만은 않을 것이다. 그 반대로, 이쪽 입장에서 도매 회사와 거래 계좌를 여는 일이 만만치 않다고 느끼는 경우도 있다. 그럴 때 서점에 부탁해보는 방법이 있다.

앞에서도 말했듯이 새 책은 재판매제를 바탕으로 하

여 할인 판매가 불가능한 구조이지만, 법인을 상대로 하는 이른바 '외판'이라 불리는 거래에서는 오래전부터 할인 판매가 이루어져 왔다. 재판매 계약의 예외 규정 중에는 '대량 일괄 구입'이라는 항목이 포함되어 있다. 해석은 다양하지만, 여하튼 출판업계 전체에서는 외판의 할인을 묵인해왔다.

따라서 외판과 동일하게 취급하며 다른 소매점에게 2차 도매를 하는 서점도 있다. 대형 중개 회사로부터 공급률 80%로 매입하는 서점이라면 85~90% 정도의 공급률로 별도의 소규모 소매점에 도매함으로써, 소액이지만 이익도 얻게 된다.

어떤 식으로 서점에 의뢰할까

그렇다면 2차 도매를 해줄 만한 서점은 어떻게 선택하면 좋을까.

부탁받는 입장인 서점에 따라 사고방식은 제각각이다. 2차 도매는 변칙적인 업무인 데다 총이익률도 적다. 재판매제에 대해 보수적인 서점이라면 할인 판매가 되는 상품에 대해 우려를 나타내기도 할 것이다. 인근 서점일 경우에는 비즈니스상의 경쟁 상대가 될 거라 여길지도 모른다. 다른 한편, 만약 공급률 90%에 매절 거래하는 조건이라면 서점 측은 리스크도 적고 평상시 이익의 절반이 들어오게 된다. 달갑게 받아들일지 아닐지는 각 서점의 사고방식에 따라 다르므로 상담해보기 전까지는 모르는 일이다.

따라서 서점을 경영하는 지인이 있거나 근처 서점과 안면이 있는 경우, 우선 그곳부터 방문해보는 편이 좋다. 실제로 "아무하고나 거래를 하지는 않지만, 지인이니까 도매한다"는 서점도 종종 있다.

작은 규모로 책을 팔고 싶다고 대형 중개 회사에 문의했을 때, 그 중개 회사가 외판을 하는 거래처 서점을 적극적으로 소개해주는 경우도 있다고 한다. 중개 회사가 직접 계좌를 개설하고 싶은 규모는 아니더라도, 거래하는 서점의 매출에 조금이나마 도움이 되는 일이라면 중개 회사 입장에서도 긍정적인 판단이라 할 수 있다.

앞에서도 말한 것처럼, 애초에 서점이 80% 가까이의 공급률로 매입해온 상품을 다시 도매로 받기 때문에 공급률은 높아질 수밖에 없다. 그다지 관계성이 깊지 않은 서점에 부탁할 때는 자신이 하고 싶은 것에 대해 설명한 뒤 공급률 90%에 매절 거래여도 상관없다는 의사를 전달하면, 받아줄 확률은 높아질지도 모른다. 거기다 주문이 아닌, 매장에 있는 재고에서 고르는 경우라면 서점 측도 별다른 품이 들지 않는다.

이익을 목적으로 하지 않고 일단 손쉽게 책을 판매할

수 있는 분위기를 만들고자 할 때 추천 가능한 방법이다.

|4| 출판사를 통해 직접 매입한다

직거래란

새 책을 매입하는 네 번째 방법은 중개인이나 서점 등을 통하지 않고 출판사로부터 직접 매입하여 이른바 직거래를 하는 것이다.

방법은 간단하다. 출판사 대표 번호로 전화를 걸어 직거래를 하고 싶다는 취지를 전달하면 된다. 출판사 측에서 전혀 응해주지 않는 경우는 별개이지만, 유연하게 대응해주는 출판사도 늘고 있어 대개는 담당자에게 연결해준다. 물론 조건은 케이스 바이 케이스이다. 소액 거래일 경우에는 출판사 측에서 조건을 정할 때가 많은데, 예를 들면 공급률 80%에 매절로 거래한다는 식이다. 출판사 입장에서는 보다 낮은 공급률로 제공해도 이익은 나온다. 하지만 그럴 경우 중개 회사를 거쳐 매입할 때의 공급률보다 저렴해지기 때문에, 특히 보수적인 출판사 입장에서는 이를 다른 일반 서점에 대한 배려라고 생각하는 듯하다. 그렇지만 당연히 교섭도 가능하다.

출판사마다 개별로 거래하면 품은 많이 들지만 취급

하고 싶은 책을 스스로 선택할 수 있으며, 한 출판사의 책만 도매가로 수만 엔 이상의 일정량을 주문하는 경우라면 직거래는 가장 합리적인 방법이다.

중소 중개 회사와 계좌를 개설하고 직거래와 결합하는 방법도 있다. 중소 중개 회사가 직접 취급하지 않는 상품이나 직거래 쪽 조건이 더 좋은 상품일 경우에는 직거래를 하는 등, 출판사마다 구분하여 거래함으로써 보다 많은 출판사의 상품을 적정 가격에 매입할 수 있다.

직거래 출판사와 리틀 프레스

주로 직거래를 통해 유통하는 출판사도 있다. 당연히 그러한 출판사의 책은 매입하기 쉽다. 잘 알려진 곳으로는 디스커버트웬티원, 나가오카 서점, 미시마샤, 트랜스뷰 등이 있다. 수많은 서점과 거래하고 있기 때문에, 위탁인지 매절인지 공급률은 몇 %인지 배송료는 어느 쪽이 부담하는지 등에 대한 기본 조건이 정해져 있다. 이러한 정보를 웹 사이트로 공개하고 있는지의 여부는 출판사에 문의하면 알려준다.

한편, 최근 몇 년 동안에는 출판유통으로 거래하지 않고 개인이 발행하는 리틀 프레스, 혹은 ZINE이나 동인지라 불리는, 충실한 내용의 출판물도 늘어나고 있다. 수준 높은 출판물이나 인기 있는 출판물일 경우 매출도 기대할 수 있다는 점, 다른 서점에서는 거의 취급하지 않기 때문에 상품 구색에 독자성을 드러낼 수 있다는 점에서 이들을 취급하는 서점도 증가하는 추세이다. 이러한 책에는 ISBN조차 붙어 있지 않은 경우도 많아서, 원칙적으로 제작자와 직거래로 매입하게 된다.

이처럼 출판유통으로 거래되지 않는 상품은 총망라된 목록이 존재하지 않기 때문에 서점이 자력으로 찾는 수밖에 없다. 그러한 책을 적극 취급하는 다른 서점에 가서 마음에 드는 책을 발견했다면 일단 구입하여 돌아온다. 책의 어딘가에 발행자의 주소나 연락처가 틀림없이 기재되어 있을 것이다. 간혹 웹 사이트나 SNS 주소가 나와 있는 경우도 많기 때문에, 그것을 통해 접촉하여 책을 매입하고 싶다는 취지를 전달하면 된다.

입고 조건은 다양한데, 제작자 측이 확실하게 정해둔 경우도 있고 판매자 측에서 희망하는 조건을 제시하는 경우도 있다. 어디까지나 개별 거래이다. 기준은, 매절의 경우 60~70%이고 위탁의 경우는 70~80%이다. 배송료의 경우, 발송할 때는 제작자가 부담하고 반품할 때는 판매자가 부담하는 형태가 가장 많은 유형이다. 일대일로 이루어지는 업무이므로 제작자와 판매자가 근처에 있는 경우 직접 건네주며 납품하는 경우도 있다. 기본적으로는 일반적인 유통 규칙이 없으므로, 위탁으로 거래할 때는 정산 시기도 포함하여 처음에 확실히 정해두는 것이 중요하다.

트랜스뷰 거래 대행

주로 직거래를 하는 출판사 중 한 곳인 트랜스뷰에는 거래 대행이라는 구조가 있다. 당초에는 자사의 책을 도매하기 위해 많은 서점과 직접 계좌를 개설해왔지만, 나중에는 다른 출판사와 서점 간의 직거래를 대행하게 되었다. 이 방식을 이용하는 출판사의 책에는 '거래 대행 TRANSVIEW'의 마크가 들어가 있거나 스티커가 붙어 있다.

트랜스뷰가 취급하는 상품은 위탁제이고 공급률은 68~70%다. 단 한 권이라도 무료로 배송해주기 때문에 서점의 입장에서는 좋은 거래 조건이다. 주문하고 나서 책이 도착하기까지 걸리는 기간도 하루에서 나흘 정도로 신속하다. 모든 정보가 웹 사이트에 게시되어 있으며, 문의를 통해 간단한 각서를 서로 교환함으로써 계좌 개설도 바로 가능하다. 대형 중개 회사와의 거래를 위주로 하면서 직거래 계좌를 늘리고 싶지 않은 서점을 위해서, 중소 중개 회사인 야기 서점을 매개로 하여 각 중개 회사에게서도 상품을 매입한다. 다만 그 경우에는 매절 거래이기 때문에 반품이 불가능하다. 이처럼 최대한 직거래를 촉진하는 구조로 되어 있다.

트랜스뷰는 대형 출판사처럼 매월 많은 책을 출판하는 곳은 아니다. 서점 입장에서는 적은 종류의 책을 소량으로 매입하기 위해 개별로 직거래를 하게 되면 품이 늘어나기 마련이다. 그리하여 트랜스뷰는 복수의 출판사 상품을 같은 거래 계좌에서 취급함으로써, 서점이 매달 상품을 좀 더 알차게 구비할 수 있도록 하였다. 이것이 바로 트랜스뷰 거래 대행이다.

이 책을 집필하는 시점에서, 거래 대행에 참가 중인 출판사는 50곳이 넘은 상태이다. 서점의 이익을 우선으로 생각한 구조이며, 이에 찬동하여 참가하는 출판사가 서서히 늘고 있다. 자그마한 규모일지라도 좋은 책을 만들고 싶다는 의욕을 가진 출판사가 이토록 많다. 각 출판사와 트랜스뷰는 창고와 홍보 활동 등을 서로 공유하며, 트랜스뷰가 이를 취합하여 정리하면 각 출판사가 실제 비용을 트랜스뷰에게 지불한다.

다양하게 조합하여 소매의 모습을 갖추다

이처럼 중개 회사나 서점을 통하지 않아도 직접 다양한 책을 매입할 수 있다. 품은 들겠지만 제작자나 그 담당자와 서로 얼굴을 마주하는 관계가 되기 쉽다는 점도 직거래의 묘미라 할 수 있다. 다른 업계에서 본다면 대형 중개 회사라는 존재는 오히려 특수하다. 물론 현 상태에서는, 일정량의 다양한 책을 판매할 생각이라면 대형 중개 회사와 계약하는 것보다 더 좋은 방법은 없다. 한편으로는 복수의 중개 회사와 계좌를 개설하고 직거래도 적극 실행하는 형태, 즉 몇 개의 도매업자 및 대형 출판사와 각각 거래하는 형태가 오히려 소매 본연의 자세에 가깝다고도 할 수 있다.

원래 책이라는 상품의 총이익률은 낮다. 앞에서도 말했듯이 일반적으로 유통하는 대다수의 책은, 대형 중개 회사를 통한 거래를 전제로 하여 정가나 공급률이 정해지기 때문이다. 그것이 기준이 되어 독자에게도 '이러한 책은 이 정도의 가격'이라는 감각이 생겨난다. 상품에 대해 그 정도의 가격은 너무 저렴하다고 느끼는 사람도 있다. 출판업계의 존속을 위해서는 서점의 총이익률을 올려갈 필요가 있으며, 이를 위해 책의 정가를 상대적으로 인상해야 한다는 논의에 다다르는 경우도 많다.

앞으로 책방을 시작할 계획이라면, 거래처 한 곳에만 의존한다거나 정해진 조건에 익숙해지는 것이 아니라 적극적으로 다양한 거래를 해나가는 편이 좋다. 이를 통해 진정한 소매로서, 변화에 강하고 결과적으로 길게 지속해 나갈 수 있는 힘이 생길 것이다.

(5) 할인 도서를 매입한다

할인 도서란

마지막으로, 새 책임에도 불구하고 할인 도서나 B책이라 불리며 자유로이 가격 설정이 가능한 책에 대해 설명하려고 한다.

앞서 언급한 대로, 일본 출판업계에는 재판매제가 있기 때문에 새 책의 대다수는 정가로 팔아야 한다. 특히 중개 회사를 매개로 전국에 유통하는 출판사의 책에 대해서는, 출판사와 서점 사이의 재판매계약을 중개 회사가 대행하면서 계좌를 개설할 때 일괄적으로 계약을 주고받는다. 따라서 출판사 측이 재판매계약유지상품이 아니라고 명시하는 경우를 제외하고는 가격을 할인할 수 없다.

그렇기는 하나, 설령 서점이 반품 가능하다 할지라도 출판사 측에서는 예측했던 수량보다 판매가 부진하여 재고로 남게 되는 경우가 있다. 출판사 입장에서는 창고 보관료가 드는 데다 재고는 회계에서 자산으로 계산하여 올리기 때문에, 경영 부분에서 생각했을 때 초과 재고를 계속 가지고 있을 수는 없다. 그러한 책은 일반적으로 세절되어 처분되지만, 아직 책으로써 읽힐 가능성이 있는 상품은 가격을 할인해서라도 다시 유통시키고 싶어 한다. 그때 출판사가 그 상품에 대해서는 재판매계약을 해지하고 자유로이 가격을 매겨도 좋다고 공식으로 통보한다. 그러한 상품을 처분 가격으로 도매업자가 매수한 책이 할 인 도서이다. 이른바 재고 할인인 것이다.

이러한 할인 도서의 도매업자인 야기 서점을 취재하 였다.

야기 서점

야기 서점은 출판에 관한 다양한 사업을 시행하고 있 다. 일본 역사나 일본 문학에 대한 책을 중심으로 한 출판 사인 동시에, 고서·희귀본을 다루는 고서점이다. 더불어 중소 중개 회사로서 많은 소규모 출판사의 책을 독점 판 매하고, 소규모 서점과 계좌를 개설하여 도도매도 적극적 으로 취급하고 있다. 거기다 할인 도서의 도매업자이기도 하다. 야기 서점에 있어서 최고의 수익원은 바로 이 할인 도서라고 한다.

야기 서점은 출판사가 재판매계약을 해지한 상품을 할인 도서로서 정가의 20~30%의 가격에 도매한다. 소매 점 측은 자유로이 가격을 설정할 수 있는데, 예를 들어 두 배의 가격을 붙여서 정가의 40~60%로 설정하면, 손님이 봤을 때는 정가에서 60~40% 할인된 가격의 상품이 된 다. 두 배의 가격을 붙인 소매점 측은 매입가를 기준으로 50%의 이익을 얻게 되므로 총이익률이 굉장히 좋은 상품인 셈이다.

야기 서점에 할인 도서 계좌를 개설하면, 진보초에 있는 점매 장소에서 직접 매입이 가능하다. 신용 담보금이나 보증인은 필요 없다. 거래 조건은 매절로, 각각의 상품에 도매가가 표시되어 있다. 그 밖에도 창고 재고를 소유하고 있어서, 전용 웹 사이트에서 15,000가지 이상의 책 제목과 200만 권 이상의 재고 가운데 검색을 통해 자유로이 선택하여 상시로 발주할 수 있다. 원래 초과 재고 상품이었던 책이기는 하지만 가격에 따라서는 여전히 잘 팔리는 양질의 책도 많으므로, 어느 책을 매입하여 어떻게 팔지는 소매점 측의 수완을 드러내는 부분이라 할 수 있다.

제2출판판매라는 그룹 계열 회사에서는 이러한 할인 도서를 위탁으로 취급한다. 다만 상품은 고를 수 없고 정해진 세트로만 판매한다. 백화점 특별 전시장이나 역의 이벤트 공간 등에서 상품 진열용 손수레에서 판매하는 광경을 본 사람도 많을 것이다. 그렇게 일정한 매장을 만들면 할인 도서 판매를 전개해나갈 수 있다.

3. 헌책을 매입하는 네 가지 방법

| 1 | 고서조합에 들어간다

고서조합이란

새 책과 비교하면 헌책은 매입 방법을 상상하기가 쉬울 것이다. 헌책방 개업을 위한 안내서가 몇 권쯤 출간되어 있으므로, 보다 구체적으로 알고 싶다면 그 책들을 참고하기 바란다. 이 책에서 언급하는 내용은 어디까지나 전체상을 파악하기 위한 개론에 불과하다.

헌책을 매입하는 첫 번째 방법은 고서조합에 들어가 고서교환회(시장)에 참가하는 것이다. 본격적인 비즈니스로서 헌책을 취급할 때 가장 먼저 검토해야 할 방법이다.

고서조합은 기본적으로 47개 도도부현(일본의 행정구역-옮긴 이)의 각 지역에 존재한다. 홋카이도 등의 일부 지역에서는 복수의 구역으로 나뉘어 있다.[7] 고서조합에 들어가기 위한 절차나 필요한 금액은 지역에 따라 다르다. 가입 기준에 충족하고 회원의 승인을 얻으면 가입금과 조합비를 지불해야 한다. 도쿄의 경우 가입 비용으로 49만 엔이 든다.[8]

조합에 들어갔을 때 가장 큰 장점은 교환회에 참가할

수 있다는 것이다. 조합원으로서 일정 기간 재적하면 자신의 지역 외에 다른 조합의 교환회에도 출입할 수 있다. 그뿐만 아니라 조합이 주최하는 즉석 판매회에 참가하여 책을 판매할 수 있는 기회도 얻을 수 있다.

단점으로는 우선, 결코 만만치 않은 가입금이 든다는 점이다. 게다가 조합에서는 교환회를 비롯한 다양한 조직 활동이 모두 자주적으로 운영되기 때문에, 조합원이 되면 동시에 그 운영에도 관여해야 한다. 한정된 시간을 할애하여 활동에 참가하거나 인간관계를 구축해나가야 한다는 점을 부담스러워하는 사람도 있다. 그렇지만 앞으로 헌책을 취급할 사람에게는, 그러한 활동을 통해 얻을 수 있는 지식이나 정보뿐만 아니라 선배에 해당하는 사람들과의 교류에서도 얻는 부분이 분명히 클 것이다.

교환회란

교환회란 헌책방끼리 헌책을 교환하는 시장을 말한다. 지역에 따라 주최 빈도가 다르며, 가장 규모가 큰 도쿄에서는 평일에 매일 개최된다.

헌책방은 저마다 각각 자신 있는 분야나 개성이 있다. 따라서 자신의 가게에서는 취급하기 힘든 책이나 손님의 수요가 없어서 팔다 남은 책 등을 교환회에 낸다. 애초에 전문 밖의 분야여서 가치를 판단할 수 없는 책이나, 반대로 가치가 명확한 책이지만 자신의 가게에서 팔릴 때까지 기다리지 못하고 현금으로 바꾸고 싶어 가져오는 경우도 있다.

보통은 그러한 상품을 묶어서 출품한다. 가치 있는 책은 권 단위여도 출품된다. 대부분 입찰제여서 최고액을 입찰한 사람에게 낙찰된다.

출품만을 하거나 입찰만 해도 된다. 앞서 말했듯 헌책 거래에는 매수와 판매라는 두 가지 방식이 공존한다. 따라서 싸게 매수할 수만 있다면 그러한 상품을 시장에 출품하는 것만으로도 이익이 되며, 비싸게 판매할 수만 있다면 시장에서 매입한 상품을 팔기만 해도 이익이 된다.

| 2 | 타인에게 사들인다

매수와 고물상

헌책을 매입하는 두 번째 방법은 타인으로부터 매수하는 것이다. 자신의 장서나 근무처 등에서 불필요해진 책을 헌책방에 판 적이 있는 독자도 많을 것이다. 이른바 그 반대의 입장에서 개인이나 법인으로부터 헌책을 매수하는 방법이다.

매수를 하려면 고물영업법에 근거하여 그것을 취급하

는 '고물상'(1호 영업: 일본의 고물영업법 제2조 제2항에 규정된 고물영업의 형태에는 1호~3호까지 세 가지가 있음-옮긴 이)에 대한 허가가 필요하다. 고서조합의 가입 기준에는 이 고물상을 가지고 있어야 한다는 내용이 포함되어 있다.

고물상으로 허가를 받으려면, 매수 장소에 해당하는 지역을 관할하는 경찰서 방범계로 가서 신청해야 한다. 필요한 서류가 많으므로 사전에 문의하거나 직접 창구를 방문하는 편이 좋다. 책 이외에도 미술품부터 자동차까지 다양한 분야가 있으며, 필요에 따라서는 한데 묶어 신청하는 것도 가능하다. 수수료로 19,000엔이 든다.

애초에 고물상이 경찰청 관할이 된 이유는 도난품이 흘러들어올 가능성이 있기 때문이다. 절도를 억지하고 조기에 피해를 발견하기 위해서 고물상은 허가제로 운영된다. 근처에서 피해가 있을 경우에는 상황에 따라 경찰 조사에 협력해야 할 때도 있다.

교환회처럼 고물상끼리의 시장을 스스로 주최하려면 '고물시장주'(2호 영업)에 대한 허가가, 인터넷 경매 사이트인 옥션을 직접 운영하는 경우에는 '고물경매 알선업자'(3호 영업)에 대한 허가가 각각 별도로 필요하다.

어떤 식으로 사들일까

매수 방법에는 크게 세 가지가 있다. 책을 매장까지 가지고 오도록 하는 방법, 우편으로 받는 방법, 그리고 책이 있는 장소에 직접 가지러 가는 방법이다. 모든 방법을 이용하는 헌책방도 있고, 어느 한 방법만 취하는 헌책방도 있다.

예를 들어 점포를 갖추고 있는 경우 책을 매장으로 가져오게 하는 방법을 이용한다면, 가게에서 갖추고 있는 상품들과 고객 사이에 상호 관계가 생겨난다. 가게의 상품을 마음에 들어 하는 고객으로부터 매수하는 경우라면, 좋은 상품을 구입할 확률도 상대적으로 높아진다. 한편, 우편으로 받는 방법을 이용한다면 매장을 가지고 있지 않더라도 전국 어디서든 거래가 가능하다. 다만, 인터넷을 중심으로 광고를 내고 대규모로 운영하는 헌책방도 많이 있으므로 그들과 경쟁해야 한다. 책이 있는 장소로 직접 가는 방법은 무엇보다도 손님의 입장에서 편리하며 대량으로 상품을 사들일 수 있는 가능성도 크다.

그 밖에도 각각의 방법에는 특징이나 매력이 있을 테지만, 매수 전반의 공통 사항은 가격을 매기는 방법에서 수완을 발휘하게 된다는 점이다. 특히 매장에서 거래하거나 직접 상품을 가지러 갔을 때 그 자리에서 매수 가격을 제시해야 할 경우, 자신의 지식과 감각을 믿고 가격을 매겨야만 한다. 요즘은 인터넷을 통해 시세를 파악할 수 있으므로 시간 여유가 있다면 검색하면서 가격을 결정해도 좋다. 어디까지나 기준일 뿐이지만, 매수의 경우 판매가의 10~30%의 금액으로 사들이는 편이 안전하다고 한다. 즉, 자신이 판매할 때 1,000엔의 가격을 붙이겠다고 생각한 경우에는 100~300엔 정도의 가격으로 매입하면 된다. 싸다고 느낄지도 모르겠으나, 새 책과 달리 헌책은 반품이 불가능하고 항상 재고에 대한 리스크가 있다. 시장은 작고 종류는 방대하기 때문에, 그 책을 갖고 싶어 하는 사람과 만날 확률은 상대적으로 낮다. 판매가의 10~30%로 매입해두면, 만약 팔리지 않고 남는다 해도 시장에서 그 이상의 가격을 붙여 판매할 수 있는 가능성이 높아진다.

물론 자신의 가게에 진열했을 때 절대적으로 팔릴 것이라는 확신이 있다면 판매 가격의 70%로 사들이든 80%로 사들이든 이익은 얻을 수 있다. 모두 본인 하기 나름이다.

장서를 인수한다는 것

매수를 한다는 것은 개인의 장서를 인수한다는 뜻이다. 어느 개인이 오랜 시간을 들여 이루어온 관심사의 지도이자 머릿속 내용물의 연장선과도 같은 책에 가격을 매기는 일이기도 하다.

헌책방으로서는 당연히 최대한 싼 가격에 살 수 있다면 이익의 폭은 커질 것이다. 다만 한편으로는 개인의 장서에 너무 싼 가격을 매기면 상대를 실망시키거나 사람에

445

따라서는 화를 낼 가능성도 있다. 본래는 한 권씩 책의 가치에 대해 가격을 매기는 것임에도 마치 그 사람 자체에게 가격을 매기는 듯한 기분도 들고 상대 입장에서도 자신에 대해 가격을 매기는 듯하기도 해서, 사는 쪽이든 파는 쪽이든 마음이 혼란스러워지는 경우가 많다. 최종적으로는 낱권으로 뿔뿔이 흩어지는 경우가 대부분이라, 한 뭉치의 장서에는 그만큼 매력이 있다.

헌책 매수가 제일 많은 때는 장서의 주인이 세상을 떠난 뒤이다. 유족이 고인의 장서를 내놓을 때, 헌책방은 고인이 생애에 걸쳐 쌓아온 책을 인수하는 것에 대한 책임이 있다.

이 부분에서만큼은 자기만의 기준을 세워나가기 위해 얼마간의 경험을 쌓을 필요가 있다. 일대일의 관계인 만큼 적어도 자기 나름의 대의를 가지고 있어야 기분 좋게 일하며 책을 오래 취급할 수 있다.

|3| 업자 간 알선을 한다

업자 간 알선이란

헌책을 매입하는 세 번째 방법은 '업자 간 알선'이다. 일본어로는 '競取り' 또는 '背取り'라고도 적는데, 후자에 언

급한 일본어 한자에 담긴 뜻 그대로 해석하면 '책의 등背을 보고 집는다取'는 의미이다. 즉, 자신이 더 높은 가격을 매길 수 있을 만한 책을 헌책방에서 사는 것뿐이다.

자신의 가게와 맞지 않는 책이거나 전문이 아닌 책은 가격을 싸게 하여 가게 앞 가판대에서 판매하는 헌책방도 많다. 북오프처럼 대량의 헌책을 취급하는 중고 서점에도 의외로 좋은 책이 숨겨져 있는 경우가 있다. 그러한 상품에서부터 가치를 인정한 상품을 구입해나간다.

고서조합에 들어가거나 매수하는 방법은 진입 장벽이 높으므로, 좀 더 손쉽게 책을 팔고 싶은 경우에는 업자 간 알선이 좋은 방법이다. 다만, 전매(구입한 물건을 다시 다른 사람에게 팔아넘김-옮긴 이) 목적으로 업자 간 알선을 하면서 헌책 판매를 지속해나가는 경우에는, 설령 매수를 시행하지 않더라도 고물영업법상 고물상을 취득해야 할 필요가 있다.

다른 상품을 메인으로 하여 조금씩 헌책을 파는 형태라면 업자 간 알선만으로도 성립한다. 업자 간 알선만으로 헌책을 주요 상품으로 하여 가게를 꾸려가는 사람도 있다. 조합에는 가입하지 않은 채 기본적인 매수도 하지 않고, 그저 지인이나 단골 한정으로 매수하는 방식을 취한다. 혼자서 운영한다면 일주일에 며칠만 영업일로 한다든가, 아니면 오전은 헌책방을 돌면서 업자 간 알선을 하고 오후부터 가게를 여는 형태로 영업한다. 무엇보다도 자신이 선택한 책만으로 서가를 구성할 수 있다는 장점이 있다.

일단 자신의 장서를 판다

히토하코 후루혼이치(121쪽 참조)나 벼룩시장 같은 곳에 출점하는 경우처럼, 처음 헌책을 판매할 때는 일단 자신의 장서부터 판매하는 것이 가장 간단한 방법이다. 개인 소유물을 판매할 때는 고물상에 대한 허가를 받을 필요가 없다.[9] 자신의 서가에서 책을 꺼내 진열하는 일부터 시작하면, 무엇보다도 손님에게 상품에 대해 설명하기 쉽기 때문에 접객에 대한 부담감도 적어진다.

소규모 헌책방을 오픈할 때, 일단 그때까지 모아놓은 장서를 파는 일부터 시작하는 사람도 많다. 우선 거기에서부터 시작하다가 차후에 고서조합에 들어가거나 매수를 시작하면 된다.

현대적인 업자 간 알선

Amazon이나 라쿠텐과 같은 온라인 서점에서 업자 간 알선을 하는 사람도 있다. 그러한 온라인 서점에는 '1엔+배송료'의 저렴한 가격에 판매하는 헌책이 있다. 그중에서 자신이 판매 가격 이상으로 금액을 매겨 팔 수 있을 것 같은 책을 구입해나가면 된다.

물론 인터넷 판매 가격은 대체로 시세가 정해져 있다. 1엔에 판매하는 헌책은 그 책을 사려고 검색하는 사람에 비해 시장에 나온 수량이 공급 과다여서 가격이 무너진 상품이다.

책은 반드시 목적을 가지고 구입하는 물품은 아니다. 따라서 그러한 책 중에도 실물 매장에서 팔면 매력을 어 필할 수 있는 상품은 많다. 콕 찍어서 그 책을 찾는 사람 은 적을지라도, 우연히 발견했다가 사고 싶어지게 만드는 매력을 그 책 자체가 지니고 있다거나 매장의 연출에 의 해 매력이 만들어지기도 한다. 특히 잡화점이나 카페처럼 책을 찾으러 오는 사람이 드문 곳에서, 그 장소에 제법 어 울리는 책이 진열되어 있다면 온라인 서점에서의 시세와 는 관계없이 팔려 나간다.

해외 사이트나 옥션 같은 곳에서 팔리는 책 중에는 일 본의 온라인 서점에 출품하면 이익을 얻을 법한 상품도 있 다. 그러한 책을 찾아 전매하는 일이 전문인 사람도 있다.

| 4 | 헌책 도매를 이용한다

헌책 도매

마지막으로 네 번째 방법은 헌책 도매를 이용하는 것

이다. 오래전의 출판업계와 헌책업계에서는 그렇게까지 널리 알려진 방법은 아닐 수도 있지만, 헌책 도매를 비즈니스로서 꾸려가는 회사가 몇 군데 존재한다.

인터넷에서 '헌책 도매'라고 검색하면 바로 몇 개의 웹사이트가 나온다. 대부분은 새롭게 헌책 매장을 만들고 싶다는 소매점이나 열람용 책을 진열해두고 싶다는 음식점, 만화 카페 등을 대상으로 세트 상품을 판매한다. 주로 헌책을 대량으로 매수하는 회사가 운영하고 있거나 그러한 회사의 재고를 사들여서 영업을 하고 있다고 한다. 제법 규모가 있는 헌책 매장을 별다른 수고 없이 만들고 싶은 경우에는 이곳을 이용할 수 있다.

현재는 세트로 판매하는 상품이 대부분이다. 하지만 조만간 헌책을 단권으로 선택할 수 있게 하여 시세에서 도매가격으로 제공하는 서비스가 생겨날 가능성도 있다. 그렇게 된다면 개성 있는 책방을 여는 데 틀림없이 도움이 될 것이다.

지금까지 책을 도매가로 매입하기 위한 방법으로 새 책은 다섯 가지, 헌책은 네 가지로 나누어 소개하였다. 이 별책을 통해 조금이나마 매입에 대한 장벽이 낮아졌기를 바란다. 이제 이어서 자신에게 맞는 방법이 무엇인지 어떤 식으로 조합할 수 있을지에 대해 생각해보자. 방법을 정했다면 각처에 문의하는 일만 남는다. 아무쪼록 잘 활용하여 자신이 상상하는 모습에 가까운 책방을 만들어가기 바란다.

●주역 일람

1___ 여기에서 말하는 '위탁'은 엄밀히 따지면 '반품 조건이 붙은 매절'이다. 다른 업계에서는 '위탁'이라고 하면 우선 상품을 맡아서 나중에 정산하는 것을 말하지만, 출판업계에서는 일단 상품 대금을 미리 지불하고 반품 시에 반품한 만큼의 금액을 돌려받는 '반품 조건이 붙은 매절'을 관례적으로 '위탁'이라고 부른다. 중개 회사는 납품 금액에서 반품 금액을 공제한 금액을 서점에 청구한다. 다만, 중개 회사를 거치지 않을 경우에는 본래 의미에서의 '위탁'에 의한 거래를 진행하는 곳도 많다.

2___ 재판매제는 재판매가격유지제도의 줄임말이다. 출판업계에서는 출판사와 서점이 중개 회사를 매개로 하여 계약하는 것이 일반적이다. 계약서 양식은 일반사단법인 일본서적출판협회(서협)의 사이트에 공개되어 있다.

http://www.jbpa.or.jp/publication/contract.html

3___ 자유로운 가격 경쟁을 저해하기 때문에 대다수의 상품에 대해서는 위법으로 간주된다. 다만, 저작물에 대해 자유로운 가격 경쟁이 시행된다면, 대량으로 인쇄되고 싸게 만들어진 책일수록 시장에서의 유통이 쉬워져서 문화적 다양성을 잃고 말 것이라 여겨지고 있다.

4___ 일반사단법인인 일본출판인프라센터가 공개하고 있다.

http://www.jpo.or.jp/topics/data/20100618-guideline.pdf

5___ 총합 중개 회사라고도 부른다. 일본출판판매, 도한, 오사카야, 구리타출판판매, 다이요샤, 주오샤와 같이 여섯 회사를 칭하던 시절이 오랫동안 계속되다가 2015년에는 구리타출판판매가, 2016년에는 다이요샤가 각각 도산했다.

6___ 통상적으로는 한 달 후이지만, '연체 지불'이라고 하여 수개월 뒤에 청구되는 상품이 있다. '3개월 연체 지불'이 일반적인 조건으로, 출판사에서 그 조건으로 출하해주면 지불은 3개월 후가 된다.

이러한 조건은 동일하게 정해진 사항은 아니기 때문에 출판사에 따라 혹은 그 출판사와의 관계성에 따라 제각각이며, 대다수의 서점 직원은 현장에서 선배나 출판사 영업 담당자로부터 배워나간다.

7___ 전국고서연합의 헌책방 전국고서적상조합연합회

http://www.kosho.ne.jp/~job/jlist.htm

8___ 도쿄고서조합에 가입하려면 도쿄의 헌책방

http://www.kosho.ne.jp/?page_id=8

9___ 고물영업법 FAQ '제가 사용한 물건을 옥션에서 팔고 싶은데 허가가 필요한가요?' 경시청

http://www.keishicho.metro.tokyo.jp/tetsuzuki/kobutsu/kaisetsu/faq.html#cmsq2

세상에 책방을 늘리는 일

이제까지 나는, 나의 일에 대해 '책과 사람과의 만남을 만드는 일'이라고 설명해왔다. 내용은 전혀 바뀌지 않겠지만, 앞으로는 자신의 일을 '세상에 책방을 늘리는 일'이라 바꿔 말하기로 했다.

'책방 B&B'가 있는 시모키타자와를 중심으로, 매달 오가는 하치노헤와 우에다, 최근 관여하게 된 진보초, 많은 동지가 있는 서울과 타이베이, 그 밖에 앞으로 인연을 맺을 다양한 지역을 거점으로 하면서 우선 스스로 '책방'으로서 해야 할 일을 반복하여 실천해나갈 것이다. 물론 개인이나 작은 팀이 할 수 있는 일은 한정되어 있다. 따라서 실천에서 얻은 식견을 그때마다 앞으로의 '책방'에 널리 전달해나가고자 한다. 책방들과의 이러한 교제 활동을 주요 업무로 삼겠다는 맹세를 담아 그런 식으로 바꿔 말한 것이다. 이런 의도를 바탕으로 최대한 이 책 자체가 나의 분신이자 촉매제 역할을 해낼 수 있도록 썼으나, 만약 길을 잃은 독자가 있다면 '앞으로의 책방 강좌'를 비롯하여 내가 있는 장소로 직접 찾아와주기 바란다.

책의 특성상, 현재 내가 이해하는 범위 내에서 지면이

허락하는 한 되도록 상세하게 전체상을 써내려갔다. 따라서 이미 '책방'으로서 활약하는 여러 선배분들에게는 전작처럼 상당히 고자세를 취한 주제넘은 책이 되고 만 점에 대해 미리 양해를 구한다. 어디까지나 이 책의 독자로서 상정하는 대상은, 앞으로 '책방'이 되려는 사람이나 현재 '책방'을 운영하고 있지만 아직 갈피를 잡지 못하는 사람이라는 점을 참작해주기 바란다. 행여나 잘못 파악하고 있는 부분이 있다면 아무쪼록 지적해주길 바라며, 어떤 꾸지람도 받아들일 각오로 이 책을 출판하였다.

생각할 수 있는 한 최고의 책으로 끈기를 가지고 마무리해준 편집부의 시라카와 다카히로 씨를 비롯하여 힘을 보태주신 관계자 여러분, 장기간에 걸친 집필을 지지해준 아내, 그 사이에 태어난 아들에게 진심으로 감사의 말씀을 드린다. 이 책이 세상에 '책방'을 늘리는 데 일조하기를 바라며 여기에서 마친다.

당신도 '책방'이 되기를!

2018년 5월 시모키타자와에서 우치누마 신타로

추천사

한기호(한국출판마케팅연구소 소장)

"민법 입문서 옆에 가정 내 폭력에 관한 책이 있고 그 옆에는 마음의 병을 고쳐 주는 정신 요법 책과 가사에 매달려 사는 전업주부라도 취득할 수 있는 자격증에 관한 책이 있다. 남몰래 이혼을 생각하는 여성이 오라이도往來堂 서점에 들어온다면 알미울 정도로 독자의 취향을 파악한 이 진열장 때문에 저절로 책 속으로 빠져들게 될 것이다."

2001년에 출간된 사노 신이치의 《누가 책을 죽이는가》(한국어 번역본은 2002년에 출간)에 나오는 이야기다. 오라이도 서점은 대형 서점이 즐비한 도쿄에서 20평 남짓의 서점으로도 번듯하게 살아남았다. 살아남기만 한 것이 아니라 전국에 널리 소개되었다. 서점 서가의 "책은 관리하는 것이 아니라 편집하는 것"이라는 말로 유명해진 점장 안도 데쓰야는 일본 최초의 온라인서점 bk1의 사장으로 영입되었다. 오라이도 서점은 최근에 발간된 책에도 반드시 방문해볼 필요가 있는 서점으로 소개되고 있었다.

일본에서도 출판 시장은 해마다 축소되고 있다. 소매 서점의 폐업도 줄을 잇고 있다. 그런데도 다양한 미디어에서 책방에 대한 특집을 꾸리는 일이 크게 늘어나고 있다. 서점 창업과 운영에 대한 책도 줄지어 출간되고 있다. 가히 '책방 열풍'이라고 할 만하다. 이 열풍을 소개할 때 빠지지 않는 이가 있다. 바로 《앞으로의 책방 독본》의 저자인 우치누마 신타로이다.

내가 그의 존재를 알게 된 것은 전작인 《책의 역습》의 일본어판을 읽게 된 2014년이다. 그는 《책의 역습》에서 "책의 미래나 가능성에 관해 생각해 두어야 할 점 가운데 첫 번째이자 대전제가 바로 '책의 정의를 확장해서 생각'하는 것"이라고 주장했다. 책의 정의를 '출판 유통에서 취급하는 것'에서 '책장에 꽂을 수 있는 것'으로 확장해 보면 '카레도 책(과 같은 것)'이라는 그의 주장은 파격적이었지만 매우 신선했다.

그는 《책의 역습》에서 책의 정의를 확장해서 생각하다, 독자를 우선적으로 생각하다, 책을 하드웨어와 소프트웨어로 나누어 생각하다, 책의 최적의 인터페이스에 대해 생각하다, 책의 단위에 대해 생각하다, 책과 인터넷과의 접속에 대해 생각하다, 책의 국경에 대해 생각하다, 제품으로서의 책과 데이터로서의 책을 구분해서 생각하다, 책이 있는 공간에 대해 생각하다, 책의 공공성에 대해 생각하다 등 열 가지 관점에서 책의 미래를 예측하고 있다. 나는 그의 발랄한 상상에 감탄해 칼럼에서 그의 주장을 여러 번 언급한 바가 있다. 《책의 역습》을 읽어보면 그가 책 세계의 전반을 완벽하게 이해한 사상가에 가까운 사람이라는 것을 확인할 수 있다.

그는 《앞으로의 책방 독본》에서 공간, 장소 쪽에 가까운 '서점'보다 사람 쪽에 가까운 '책방'이라는 단어에 애착을 갖고 더 즐겨 썼다. 그는 그 이유로 책방이 "바로 '사람'에게 갖는 애착이며, '사람'이 있기 때문에 비로소 '공간'이 된다는 마음의 표현이기" 때문이라고 했다. 따라서 그가 말하는 책방은 과거의 책방이 아니라 "기존 책방에는 없는, 앞으로의 시대로 이어지는 새로운 아이디어가 존재"하는 책방이다.

한국에서도 책방 붐이 일고 있다. 서점들의 폐업이 줄을 잇고 있는데도 독립 서점을 여는 이들이 크게 늘어났다. 학습참고서를 주로 취급하는 생계형 서점은 시간이 문제일 뿐 문을 닫는 것은 지극히 당연해 보인다. 그럼에도 '서점 열풍'이라니! 이 열풍은 일본과 한국만의 특수 현상이 아니다. 미국과 영국을 비롯한 독서 선진국에서 시작된 독립 서점 열풍은 전 세계에서 거세게 불고 있다. 그래서 국내 출판계에서마저 독립 서점이 출판의 대안이라는 말까지 나오고 있다.

그 이유는 무엇보다 눈앞의 이익만 추구하는 대형 서점들에 대한 실망감 때문일 수 있다. 지금의 대형 서점들은 독자들이 진정 원하는 책을 큐레이션해서 진열하는 것이 아니라 출판사가 팔고 싶은 책을 판매대를 팔아서 진열한다. 그러니 책은 넘치지만 독자들이 진정 원하는 책을 찾아보기 어렵다. 더구나 대형 서점들은 책을 오로지 다른 '물건'을 팔기 위한 풍선 정도로만 활용하려고 든다. 책을 이렇게 집객상품으로 활용하려드니 의미 있는 신간 서적들이 태어나자마자 바로 사장되는 일이 속출하고 있다.

우치누마 신타로는 "책방은 사람과 만날 수 있는 공간"이라고 강조한다. 그는 또 "책방은 교실이고 직장이며 숙소이자 술집이다. 역이기도 하고 광장이기도 하며 SNS이기도 하다. 한편, 다양한 사람과 우연히 이웃이 되는 곳"이라고도 했다. "불쑥 들어간 책방에서 우연히 눈에 띈 책을 무심코 집어 들었다가 구입"한 책이 인생을 크게 바꾸기도 한다. 구입한 책을 혼자 읽는 것보다 함께 읽는 것이 중요하다. 함께 읽고 토론하면 생각의 차이가 드러난다. 이 차이가 바로 상상력이다. 그러니 "책방에 진열된 책 한 권 한 권이, 무슨 일이 일어날지 모를 여행지로 향하는 티켓"이 된다. 이런 역할을 제대로 하는 책방은 규모의 크기가 아니라 점주의 안목이 좌우한다.

인공 지능 시대에 인간에게 가장 필요한 능력은 무엇일까? 그것은 검색만 하면 드러나는 정답이 아니다. 바로 상상력이다. 상상력을 키우기 위한 최선의, 그러면서도 가장 쉬운 방법이 책방에 자주 들르는 것이라 책방의 중요성은 갈수록 증대될 것이다. 이게 책방 열풍의 진정한 원인일 것이다.

《앞으로의 책방 독본》은 책방을 언젠가는 열어보겠다는 생각을 갖고 있는 사람뿐만 아니라 책을 좋아하는 사람이라면 누구나 꼭 읽어볼 만한 책이다. 저자는 15년 동안이나 책 세계에서 새로운 실험을 온몸으로 해온 이다. 게다가 이 책을 쓰는 데만 3년이나 걸렸다고 고백한다. 그래서 서점 운영에 대한 매우 세밀하고도 구체적인 노하우와 철학을 알려주는 이 책은 가히 독보적이다.

그러나 아쉬움이 없는 것이 아니다. 일본과 한국은 출판유통구조는 비슷하다. 하지만 일본은 서점이 대형 도매회사를 통해 거의 모든 책을 구입할 수 있는 데 반해 온라인 서점의 점유율이 너무 높은 한국은 북센, 인터파크송인서적, 한국출판협동조합, 리브로 등의 몇 도매상이 있지만 책을 제대로 공급해주지 못한다.

그래서 천하의 우치누마 신타로라 해도 한국에서는 서점을 제대로 운영하기가 쉽지 않다. 서점의 운영자가 책을 잘 골라놓아도 책을 공급해줄 수 있는 도매유통시스템이 사실상 붕괴되었기 때문이다. 더구나 도매상들마저도 채산성을 이유로 매출이 적은 '독립 서점'들과의 거래를 기피한다. 개성 있는 1인 출판사들도 그런 서점에 책을 공급하기가 만만찮다. 그러니 이들을 연결해주는 시스템

이 필요하다. 그래서 나는 물류를 중심으로 한 도매기구
의 탄생이 절실하다고 주장해왔다. 그 필요성을 공감하는
이들이 늘어나고 있으니 독립 서점과 독립 출판을 연결하
는 유통기구는 머지않아 탄생할 것으로 보인다.

하지만 그런 유통기구가 탄생하기 전까지는 책의 매
입에 대한 확실한 방안을 따로 마련해두어야 한다. 지역
의 독립 서점들이 연대해서 대책을 강구하는 것도 한 방
법이지만 독자적인 방안은 반드시 마련해두어야 한다. 그
것을 여기에 일일이 적시하기는 좀 구차하다. 그러니 경
험자들의 조언을 따로 받을 필요가 있다. 그래서 서점 문
을 열기 전에 반드시 잘 운영되고 있는 독립 서점을 순례
하는 수고만은 반드시 거칠 필요가 있다. 세상일에는 반
드시 통하는 길이 있다는 믿음을 갖고 임하면 길은 저절
로 열릴 것이다.

앞으로의 책방 독본

추천사

추천사

이기섭(땅스북스 대표)

　　우치누마 신타로의 새 책《앞으로의 책방 독본》이 한국어로 번역된다는 소식을 듣고 무척이나 기뻤다. 그는 고지식하고 원칙에 충실한 일본 사회에서 맥주를 파는 책방, 전자 담배와 책방이라는 아무도 실현하지 못한 혁신을 펼쳤다. 그리고 그의 전작《책의 역습》을 통해 책에 대한 애정과 유연한 생각을 널리 알렸다. 2016년《책의 역습》한국어판 출간 기념회를 위해 우리나라를 방문했을 때는 서울의 책방들을 둘러보고 일본과는 또 다른 속도감과 실험 정신에 자극을 받아《책의 미래를 찾는 여행, 서울》을 공저로 출판했다. 인터넷과 모바일의 영향으로 책을 둘러싼 환경이 바뀌는 변화의 시기에 누구보다 책에 대한 진지한 고민과 다양한 경험을 가진 그의 새 책을 기대하고 설레는 건 나뿐만이 아닐 것이다.

　　이 책《앞으로의 책방 독본》은 책을 좋아하고 책과 함께하는 인생을 살고 싶은 사람들을 위한 책이다. "운영하기 어렵고 돈벌이가 되지 않는다고 말하면서도, 왜 다들 책방에 애착을 가지고 계속 이어가길 바라거나 스스로 책방을 시작하는 것일까?" 우치누마 신타로는 이 질문에 대

461

한 다양한 관점을 탐구한다. 그에게 책과 책방은 여행이며, 만남이며, 물리적으로 압도당하는 기쁨이다. 그의 책에 대한 비유를 읽다 보면 어지간히 책을 좋아하는 사람이라도 두 손 들고 상대가 한 수 위라는 것을 인정하게 된다. 심지어 입가에 부드러운 미소를 지으며 상대를 동경하게 된다. 책에 대한 대책 없는 낭만과 지속 가능한 현실을 그만큼 잘 조율할 수 있는 사람을 나는 알지 못한다.

교토 세이코샤 점주 호리베 아쓰시와의 대담도 이 책의 중요한 매력이다. 도쿄가 아닌 지방에서 작은 서점의 경쟁력을 높이는 그의 경험과 철학은 책방을 운영하는 사람이라면 누구나 점검해봐야 할 중요한 체크리스트를 제공한다. 책방도 당연히 비즈니스고 돈을 벌어야 하지만 숫자로 된 목표보다는 어떤 태도로 살아갈지를 목표로 한다는 말에 큰 공감이 됐다. 돈이 중요하지 않아서가 아니라 돈보다 중요한 미의식과 가치관 같은 숫자로는 드러나지 않는 삶의 방식이 책방으로 사람들을 불러 모으고 돈을 돌게 하는 것이다. 오랫동안 가게를 운영하면서 스스로 축적해온 시간이 가게의 내용물이 되어가는 재미라는 것은 단기간에 성과를 보려는 조급한 목적을 가지고 시작하는 비즈니스가 많은 우리 사회에서는 접하기 어려운 태도다. 하지만 자영업하기 어렵다는 우리나라에서, 업종도 다름 아닌 책방이라면 누가 알아주건 말건 지치지 않고 묵묵히 자신의 길을 가겠다는 생각 없이는 시작하지 말아야 한다.

정보와 지식 습득의 기능만이라면 이제 책은 모바일 기기와 상대할 수 없다. 책은 이제 디지털 시대의 대표적인 아날로그 상품이 됐다. 일상생활에서 책을 소유하며 자유자재로 다루는 것은 예전에 단지 도서관에서 빌려 읽거나, 친구에게 빌려 읽는 것과는 차원이 다른 만족을 제공한다. 책은 오감을 자극하는 매력적인 오브제이고 책방은 가장 손쉽게 문화적 체험이 가능한 곳이다. 우치누마 신타로의 현실에 기반을 둔 창의적인 생각이 책 좋아하는 사람들에게 용기를 줘서 자신의 삶에 책을 더 적극적으로 끌어들일 수 있도록 만든다. 당장 목돈이 없더라도, 꼭 본업이 아니어도, 어떤 불리한 조건을 가지고 있더라도 자신의 삶에 긍정적인 힘과 활력을 불어 넣어주는 것이다. 뭐든지 긍정이 절반이다. 나는 그렇게 생각한다. 책과 함께하는 삶에 후회는 없다.

추천사

김진양(북바이북 대표)

책방을 지속 가능하게 유지하기 위해서는 기본적으로 책을, 공간을, 사람을 사랑하는 마음이 선행되어야 한다. 그런 점에서 저자인 우치누마 신타로가 책에서 나열한 일련의 경험들은 책을, 공간을, 사람을 사랑하는 시선을 고스란히 담고 있다.

'무엇이든지 곱셈이 가능하다'
'책방을 본업으로 끌어들일지, 본업에서 분리할지 고민해야 한다'
'자신은 싹싹한가, 무뚝뚝한가'

책방을 하기 위한 개인적인 성향 체크부터 책, 책방, 책방 주인으로서 갖춰야 할 덕목과 공간의 기능까지. 오랫동안 책방을 운영하면서도 그것을 사랑과 관심으로 돌보지 않으면 스쳐지나갈 저자의 따뜻하고 세심한 조언들이 담겨 있다. 책방을 준비하는 사람들에게는 실질적인 조언을 그렇지 않은 사람들에게는 나의 인생을, 나의 직업을 사랑으로 대하는 태도를 배울 수 있을 것이다.

역자 후기

일주일에 서너 번, 나는 세계 일주를 하러 동네 책방에 간다. 투명한 유리문을 열고 책방에 들어서면 책방지기의 다정한 미소와 책들이 뿜어내는 공기가 날 맞이한다. 익숙한 책 냄새에 안도한 나는, 서가에서 몸을 맞대고 사이좋게 늘어선 책들을 바라본다. 내가 가장 사랑하는 풍경이자, 어쩌면 지구상에서 제일 평화로운 광경일지도 모른다.

도쿄 시모키타자와에서 '책방 B&B'를 운영하는 저자 우치누마 신타로는 "책방을 둘러보는 일은 세계를 일주하는 것과 닮았다"고 말한다. 그의 말대로라면 책방의 서가는 입체적인 세계 지도인 셈이고, 우리는 마음만 먹으면 손쉽게 세계 여행을 떠날 수 있다. 방법은 간단하다. 그저 가까운 동네 책방을 찾아가 살며시 문을 열고 들어서면 되는 것이다.

《앞으로의 책방 독본》은 책을 통해 세계 일주를 떠나려는 사람뿐만 아니라 그 매개자를 자청하는 책방지기들에게, 앞으로 책방이 나아가야 할 방향을 제시해주는 길잡이와도 같은 책이다. 그래서일까. 번역하는 내내 나는, 어두컴컴한 망망대해를 헤매다 희미하게 반짝이는 등대의 불빛을 발견한 선장이 된 기분이었다.

15년이 넘는 세월 동안 오로지 책의 길을 걸어온 저자
는, 자신 또한 책방지기로서 책과 사람을 이어주는 책방
이 오래도록 지속하길 바라는 마음을 담아 이 책을 썼다
고 말한다. 나 역시 사서라는 직함으로 10년에 가까운 세
월을 책 속에 파묻혀 살아왔지만, 책을 향한 저자의 열정
앞에서는 당해낼 재간이 없었다. 이토록 책과 책방을 사
랑하는 이가 또 있을까. 나는 그 열정의 실체를 확인하기
위해, 번역을 마치자마자 '책방 B&B'를 찾아갔다.

매서운 칼바람을 맞으며 시모키타자와의 좁다란 골목
을 헤매던 끝에, 푸른 초목을 연상케 하는 간판을 발견했
다. '책방 B&B'는 그곳의 지하에 자리하고 있었다. 회색
테두리의 투명한 유리문을 열고 들어서니, 책방의 사물들
이 머금은 온기가 두 볼을 따스하게 어루만져 주었다. 도
미노처럼 정중앙을 차지한 서가에는 입체적인 세계 지도
들이 빼곡히 채워져 있었다. 그중에는 일본어로 번역된
한국 그림책도 있었고, 서울의 어느 독립 서점에서 제작
한 굿즈도 있었다. '책방 B&B'라는 이름에 걸맞게, 책뿐
만 아니라 맥주를 비롯한 음료를 판매하면서 매일 다양한
이벤트를 개최하고 있었다. 아지트와도 같은 그 공간에서,
사람들은 책과 함께 평화로이 숨 쉬며 세계 곳곳을 누비
는 여행자였다. 나는 요시모토 바나나의 책 몇 권과 책방

의 대표 로고가 그려진 배지를 구입한 뒤, 책방의 온기를 마음에 품은 채 조용히 그곳을 빠져나왔다.

저자는 공간으로서의 '책방'뿐만 아니라 책을 다루는 사람 모두를 '책방'이라 부른다. 책방에서 일하는 사람부터 책을 배달하는 운송업자, 책을 만드는 출판사나 북 디자이너, 자신의 아이에게 책을 사주는 부모, 그리고 나처럼 도서관에서 일하는 사람까지, 넓은 의미에서 모두가 책방이라는 것이다. 더불어 저자는 이러한 '책방'의 역할을 맡은 사람들이 이 세상에 더욱 많아지기를 염원한다.

《앞으로의 책방 독본》은 그러한 저자의 바람이 곳곳에 배어 있는 책이다. 이 책을 통해, 저자의 마음이 책과 책방을 사랑하는 사람들에게 고스란히 전달되기를 바란다.

아무쪼록 이 책을 읽은 "당신도 책방으로!"

앞으로의 책방 독본

2019년 5월 10일 초판 1쇄 인쇄
2019년 5월 17일 초판 1쇄 발행

지은이 우치누마 신타로
옮긴이 양지윤

펴낸이 정상석
편집 송유선
디자인 여만엽
브랜드 haru(하루)
펴낸 곳 터닝포인트(www.turningpoint.co.kr)
등록번호 제2005-000285호
주소 (03991) 서울시 마포구 동교로27길 53 지남빌딩 308호
전화 (02) 332-7646
팩스 (02) 3142-7646
ISBN 979-11-6134-050-0 03300
정가 16,500원

haru(하루)는 터닝포인트의 인문·교양·에세이 임프린트입니다.

이 도서의 국립중앙도서관 출판예정도서목록(CIP)은 서지정보유통지원시스템 홈페이지(http://seoji.
nl.go.kr)와 국가자료공동목록시스템(http://www.nl.go.kr/kolisnet)에서 이용하실 수 있습니다.
(CIP제어번호: CIP2019014158)